国際経済学入門

木村福成
Kimura Fukunari

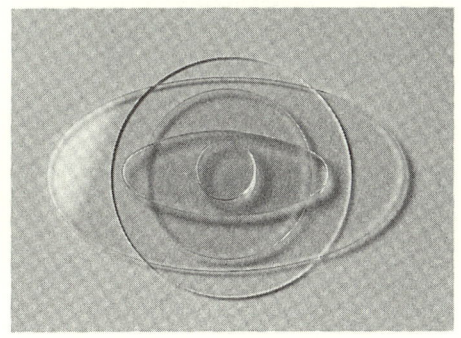

日本評論社

はしがき

　本書は国際経済学のうち、とくにミクロ面の国際貿易論について解説した教科書です。

　国際経済学は、少なくとも次のような3種類のグループに属する方々に興味を持って勉強していただける学問分野だと思います。第1は、現実のさまざまな国際経済問題に興味を持っている人たちです。ここ数年の新聞をながめてみても、国際競争力の変遷、内外価格差、企業の海外進出と国内産業の空洞化、サービス産業の自由化、国際間資本移動とアジア経済危機、WTO(世界貿易機関)を軸とする国際経済体制の再編成など、国際経済学からのアプローチを抜きにしては分析枠組みさえ定まらない経済問題が生じていることがわかります。国際経済学がすべての国際問題について解決策を示してくれるわけではありませんが、しかし不可欠な学問体系であることは明らかです。国際経済学の基礎がわかっていると、現実を明確に把握でき、解決の糸口が見つかることも多いのです。

　第2は、経済理論一般に興味を持っている人たちです。国際経済学、とくに国際貿易はかつて一般均衡分析の中心的な応用分野でしたので、それを学ぶことによって経済問題を部分均衡ではなく一般均衡の枠組みでとらえる思考法を学ぶことができます。また、伝統的な厚生経済学では政府の介入のない状態でパレート最適な均衡が実現されるケースをベンチマークとしていま

すが、それに基づいて政策論を展開する練習にもなります。応用問題を解く前に、まず経済学における標準的な考え方を学んでおくことは大変重要であり、そのためにも国際貿易論を勉強しておくことは大いに役に立ちます。

　第3は、そもそも経済学は現実経済とどのような接点を持ちうるのか、経済学の社会的役割は何なのか、を考えている人たちです。経済学は、演繹的な構造を持つ経済理論と現実経済の観察という、全く方法論の異なる2つのアプローチがせめぎ合いながら成り立っている学問分野です。なかでも国際経済学は、理論体系の成熟度と政策論からの強い需要を背景に、2つのアプローチの間に建設的な緊張関係が成立しうる分野です。2つのアプローチの間のすり合わせがどの程度うまくいくのかを見ていただくことを通じて、経済学がどう現実社会の役に立ちうるかを判断することができるでしょう。

　本書は、ミクロ、マクロの入門コースを終えて初めて国際経済学を学ぼうという学部生から学部上級、大学院初級の学生諸君、さらには官庁や民間の研究所で経済分析に携わっているがこれから新たに国際経済学を勉強しようと考えている人たちを、主たる読者と想定しています。英語で書かれたものも含めこれまでの国際貿易論の教科書では、とくに理論の説明において、平易な内容にとどめてしかも紙幅を節約しようとするあまり、かえってわかりにくくなってしまっていることも多いように思います。学生諸君を子供扱いして不完全な説明に終わってしまうよりも、少々難しくてもきちんと考えれば全部理解できるようにした方が、むしろ知的興味をかきたてることができると、私は考えています。したがって本書ではあえて内容的に妥協せず、一度わかっていただければその応用ができるところまで書き込んだつもりです。とくに、卒業論文などのテーマ探しや最初のとっかかりとなる文献を見つけるためにも役立つよう、かなり上級向けのものも含めて多くの論文を紹介しました。とはいえ、経済原論の基礎固めが十分でない読者にも読んでもらえるように、私の能力と紙幅の許す限り、丁寧に説明しました。

　また、大半の既存の教科書には含まれていない特殊要素モデルや市場の歪み理論、さらに新たな展開が見られた貿易政策の政治経済学、貿易と経済成

長の関係、サービス貿易、海外直接投資、地域経済統合とWTO、為替変動と国際貿易などのトピックも盛り込みました。したがって、時事的経済問題を取り上げる学部・大学院の講義や演習などで、本書を部分的に使っていただくことも可能でしょう。大部の本となりましたので、章単位で取捨選択して使っていただくこともできるように工夫したつもりです。

　国際経済学は決して学ぶのが難しい分野だとは思いませんが、ジャーナリストやエコノミストの発言を聞くにつけ、十分に理解されていないと感じることもしばしばあります。国際経済学はある1つの分析的な断面を提供するに過ぎません。しかし、国際経済学の基礎があればはっきりと誤っていることがわかったり、背後にある前提条件が明らかになったりすることもよくあります。本書を通じて皆さんが国際経済学の基礎を身につけ、それを現実の経済問題の理解に応用していってくださることを願っています。

2000年3月

　　　　　　　　　　　　　　　　　　　　　　　　　　　　木村福成

国際経済学入門

目　次

はしがき iii

序　章　国際経済学の守備範囲と本書の構成 ……………………………3

　　1．国際経済学の守備範囲　3
　　2．本書の構成　6
　　3．本書の使い方　8

第1部　国際貿易パターン決定の理論

第1章　国際貿易モデルの構造 ……………………………………………13

　　　　この章のポイント　13
　　1．復習：ミクロの一般均衡モデル　13
　　2．2財の国際貿易モデル　18
　　3．生産構造と各種国際貿易モデル　23
　　　　練習問題　25

第2章　リカード・モデル ………………………………………………27

　　　　この章のポイント　27
　　1．なぜリカード・モデルを学ぶのか　27
　　2．標準的な設定　28
　　3．貿易がない場合の均衡　30
　　4．自由貿易下の均衡　34
　　5．2国多財モデル　40
　　　　練習問題　45

第3章　ヘクシャー＝オリーン・モデル …………………………………47

　　　　この章のポイント　47
　　1．ベンチマークとしてのヘクシャー＝オリーン・モデル　47
　　2．2財2要素2国モデル　48
　　3．生産面を表現する5種類の図　50

4．要素集約度逆転　62
　　5．ストルパー＝サムエルソンの定理　63
　　6．リプチンスキーの定理　69
　　7．要素価格均等化定理　72
　　8．ヘクシャー＝オリーンの定理　74
　　9．4つの定理に必要な諸仮定　77
　　10．高次のヘクシャー＝オリーン・モデル　78
　　　　練習問題　83

第4章　特殊要素モデル………………………………85
　　　　この章のポイント　85
　　1．基本構造　85
　　2．*VMPL*ダイアグラム　88
　　3．財価格が変化した場合　89
　　4．労働賦存量が変化した場合　94
　　5．資本賦存量が変化した場合　96
　　6．政策論における短期と長期　98
　　　　練習問題　99

第5章　国際間生産要素移動　………………………101
　　　　この章のポイント　101
　　1．国際貿易モデルと生産要素移動　101
　　2．生産要素の国際間移動の厚生効果　105
　　3．財の貿易と代替的な生産要素移動　109
　　4．財の貿易と補完的な生産要素移動　113
　　5．ヘルプマンの多国籍企業モデル　114
　　　　練習問題　116

第6章　「新」国際貿易理論　…………………………117
　　　　この章のポイント　117
　　1．規模の経済性と「新」国際貿易理論　117

2．規模の経済性　119
　　3．マーシャルの外部性　122
　　4．不完全競争と製品差別化　126
　　5．製品差別化モデルと産業内貿易　129
　　　練習問題　132

第2部　国際貿易の厚生効果と貿易政策

第7章　完全競争下の貿易政策の厚生効果 ……………………135

　　　この章のポイント　135
　　1．貿易政策論の重要性　135
　　2．貿易政策とは何か　137
　　3．関税・輸出補助金の厚生効果　139
　　4．数量的貿易制限政策の厚生効果　149
　　5．国内政策の厚生効果　152
　　　練習問題　155

第8章　市場の歪み理論 ……………………………………………157

　　　この章のポイント　157
　　1．ミクロ経済学と政策論　157
　　2．市場の失敗と厚生経済学の大原則　159
　　3．市場の歪み理論　161
　　4．市場の歪みと政策例　164
　　5．最適な政策選択　168
　　　練習問題　170

第9章　規模の経済性・不完全競争と戦略的貿易政策…………171

　　　この章のポイント　171
　　1．戦略的貿易政策論の台頭　171
　　2．外国の独占に対する貿易政策　173
　　3．ブランダー＝スペンサー・モデル　175

4．イートン＝グロスマン・モデル　180
　　5．その後の研究動向　182
　　6．戦略的貿易政策論の評価　184
　　　練習問題　186

第10章　貿易政策と政治経済学　……………………………………187

　　　この章のポイント　187
　　1．政治経済学的アプローチの必要性　187
　　2．貿易政策とレント・シーキング活動　188
　　3．貿易政策についての政治経済学モデル　192
　　4．政治経済学に関する実証的観察　195
　　5．今後の研究課題　198
　　　練習問題　200

第3部　国際貿易と経済成長

第11章　経済成長が貿易に与える影響　……………………………203

　　　この章のポイント　203
　　1．貿易と成長　204
　　2．経済成長と貿易パターン　205
　　3．経済成長要因と生産可能性フロンティア　209
　　4．貿易パターンの変化と社会的厚生　215
　　5．輸入代替と輸出化　218
　　　練習問題　221

第12章　貿易が経済成長に与える影響　……………………………223

　　　この章のポイント　223
　　1．国際貿易の経済成長に対するインパクト　223
　　2．ステープル理論とオランダ病　224
　　3．プロダクト・サイクル論　228
　　4．幼稚産業保護論と動学的な規模の経済性　231

5．貿易自由化と経済成長　234
研究課題　237

第4部　企業活動の国際化と国際経済

第13章　国際収支統計とサービス貿易 …………………………241

この章のポイント　241
1．重要性高まる国際収支統計とサービス貿易　241
2．居住者概念と国際収支統計　243
3．企業活動の国際化と既存の統計体系の限界　248
4．サービス貿易とは何か　249
5．サービス貿易の統計的把握　255
6．サービス貿易をめぐる政策論　257
研究課題　259

第14章　海外直接投資と企業活動の国際化 …………………261

この章のポイント　261
1．直接投資の特殊性　261
2．直接投資決定の理論　264
3．直接投資をめぐる実証研究　271
4．直接投資関連政策と投資ルール構築　277
研究課題　280

第15章　地域経済統合と新しい国際経済体制 …………………281

この章のポイント　281
1．重層的な国際通商政策チャンネル　282
2．地域経済統合とは何か　284
3．地域経済統合の理論　286
4．地域主義とWTO　291
5．ウルグアイ・ラウンドとWTO体制の成立　293
6．WTOの基本理念　296

7．地域主義と多角主義をめぐる最近の動き　299
　　研究課題　301

第5部　為替変動と国際貿易

第16章　為替レートと貿易 …………………………………………305
　　この章のポイント　305
　　1．為替レートと国際貿易の関係　305
　　2．国際貿易モデルと為替レートの決定　306
　　3．為替レートの決定理論　309
　　4．貿易が為替レートに与える影響　314
　　5．為替レートが貿易に与える影響　315
　　練習問題　319

第17章　為替変動のミクロ的帰結 ……………………………………321
　　この章のポイント　321
　　1．代替の弾力性と商品裁定　321
　　2．輸入価格の浸透と貿易障壁　326
　　3．為替変動と輸出価格　331
　　研究課題　336

練習問題のためのヒント・略答　337
あとがき　345
引用文献　347
索引　361

国際経済学入門

序章
国際経済学の守備範囲と本書の構成

　ここでは、第1部以下の本論に入る前に知っておいていただきたいことをまとめておきます。はじめに、国際経済学あるいは国際貿易論という分野について概説します。次にそれを踏まえて本書の構成を説明します。最後に、本書を大学での講義の教科書や参考書、勉強会の教材、あるいは自習用の読み物としてお使いいただく場合、どのように使われることを意図したものであるかを説明します。

1．国際経済学の守備範囲

国際経済と移動性

　国際経済学、とくに国際貿易論の理論モデルの不可欠な要素となっているのは、国が複数存在し、しかも国境を越えて動かない何かが存在するということです。これが閉鎖経済モデルと一線を画すものとなります。国際経済モデルを見る時には、まず何が国境を越えて動くことができ、何が動けないことになっているかを、しっかりと確認することが大切です。

　国際間の移動性が問題となるものとしては、まず財（goods）と生産要素（productive factors；資本や労働のこと）が挙げられます。第2章、第3章でお話しするリカード・モデルやヘクシャー＝オリーン・モデルの標準的な

ケースでは、財は国内、国際間を問わず自由に移動できるが、生産要素は国内でのみ自由に動けると設定しています。第4章の特殊要素モデルではさらに、一国内の産業間の生産要素移動にも一定の制限が設けられます。一方、第5章のように資本や労働の国際間移動を議論する際には、生産要素が国際間で移動しないという仮定をはずしてやることになります。また、財の中でも国際間で動くもの（貿易財）と動かないもの（非貿易財）を区別することもあります。第7章以下で議論する貿易政策の厚生効果についての分析では、貿易政策は第一義的には財の国際間移動を阻害するものとして登場します。

さらに第13章、第14章で解説するように、近年の企業活動の国際化やサービス貿易の拡大に伴い、国境という地理的概念ではとらえきれない取引形態の重要性も増してきています。例えばサービス貿易とは、サービスという目に見えないものがフワフワと国境を越えていくのではなく、地理的な位置はどうであれ、居住する国の異なる経済主体間のサービスの売買です。ここでは移動性がモノの場合と違う形でとらえられることになります。また直接投資の本質は、企業の活動が国境をまたいで展開されるところにあり、ここでも国境をはさんで動きうるものとそうでないものが問題となってきます。

生産技術の国際間の移動性も、モデル設定の際の重要なポイントとなります。第2章のリカード・モデルにおいては、技術は国際間で異なると仮定されますが、これは技術を国際間で自由に移動できないものとしていると解釈することもできます。それに対し第3章のヘクシャー＝オリーン・モデルでは、生産技術は国際間で共通と設定されています。これは技術がどこへでもコストなしで動きうるとの設定がなされていると考えることもできます。

その他、規模の経済性や政府の政策も、国境をめぐる移動性にかかわってきます。第6章でお話しする「新」国際貿易理論では、規模の経済性がどのような範囲で生まれるのかが重要な問題となります。また、大半の政府施策の適用範囲は、国境内あるいは国境線上に限られています。それに対し、第14章で見るように企業活動は近年急速に国境をまたがるものとなってきてお

り、政府施策との境界の食い違いがこれからの国際貿易論の重要な課題となってくることが予想されます。第15章で取り上げる地域統合や多角主義の動きは、複数の国に横断的に適用される政策ルールの構築の動きとも解釈できます。

実態面で国境の概念が次第に希薄となっていく中、国際経済学の守備範囲は次第に狭まってきているのではないかという人もいます。しかし逆に、国境を越えて動くものと動かないものが変化していく時代であるからこそ、国際経済学の出番は増えるかもしれません。また、理論の適用範囲を国境線をめぐる議論に限定する必要はないわけで、空間的（spatial）な要素をモデルに入れようとする時にはいつも応用可能性が存在するとも考えられます。

国際貿易論と国際金融論

国際経済学は伝統的には、国際貿易論と国際金融論（近年は国際マクロ経済学とも呼ばれる）に分けられてきました。この2つの分野の境界線は必ずしも明確でない部分もありますが、ベースとなる理論モデルの出自は明らかに異なっています。

国際貿易論では、国際貿易パターンがいかに決定されるかを説明する理論の構築と、貿易・産業政策の経済効果の分析がなされます。ベースとなる理論はミクロ経済学であり、通常は貨幣の存在しない実物経済を分析対象とします。貿易パターンを議論するためには複数の財をモデルに入れざるをえず、モデルの複雑化を避けるために静学的枠組みにとどまるものが主流となります。また、ミクロの均衡に注目するという意味で、財・生産要素市場における需給が均衡した後の超長期均衡の分析が前面に出てきます。

一方国際金融論では、国際収支、為替レートの決定、開放経済下のマクロ経済学、途上国の債務累積問題、マクロ政策の国際協調などが主要なトピックとなります。ベースとなっているのはマクロ経済学です。多くの場合貨幣を含めたモデルを分析のベースとし、動学的モデルへの拡張もしばしば行われます。単純化のため、多くの場合、1時点では（貨幣あるいはアセットを

除き）1財のみ存在するという設定がなされます。マクロ経済学がベースであることから、短期の均衡に対する関心が強いという傾向もあります。本元のマクロ経済理論の方はますますミクロ的基礎（microfoundation）を重視するようになってきたのに対し、国際金融論の方にはむしろ昔風のケインジアンの考え方が色濃く残っています。

経済理論全体でミクロ的基礎に基づくパラダイムの共通化が進む中、国際貿易論と国際金融論の間の境界は次第に不明確になりつつあります。また実態面でも、両方の分野にまたがる経済問題の重要性が増してきています。本書は国際貿易論を中心とするものですが、このような両方にまたがる新しい分野もできるだけカバーしていきます。第13章では国際収支、第14章では直接投資に伴う諸問題を取り上げますが、これらの分析には両分野からのインプットが不可欠です。また、為替変動の内外価格差や産業構造変化に与える影響の問題などは、従来は両分野の中間に埋没してしまってどちらでも十分に扱われてこなかったわけですが、第16章、第17章でまとめて議論します。さらに貿易と経済成長の関係についても、過去10年の経済成長理論の発展を踏まえて第11章、第12章で解説します。

2．本書の構成

国際貿易論は、貿易パターンの決定を議論する positive な部分と、貿易・産業政策の経済効果を分析する normative な部分に分けられます。"positive"、"normative" という言葉はそれぞれ「実証的」、「規範的」と訳されますが、あまりわかりやすい訳語ではないかもしれません。"positive" の方は経済メカニズムを解明しようとするもの、"normative" の方は厚生水準や政策効果を分析するもの、と理解しておけばよいでしょう。前者は国際分業論、後者は貿易政策論と呼ばれることもあります。

私の限られた教職経験に照らしてみると、学部の国際経済学や国際貿易論の講義では、前者だけで大半の時間を費やしてしまい、実際の経済問題に関

心を持つ学生諸君が知りたい後者についてはゆっくり議論できぬまま終わってしまうことも多いようです。国際分業論のところがある程度理解できていないと、その応用という側面の強い貿易政策論を語れないという事情ももちろんあります。しかし、貿易論を応用経済学の一分野としてとらえ、政策論議の役に立つものとして学ぼうとするならば、後者にかなりの時間をさくべきだと私は思います。したがって、既存の教科書よりも貿易政策論の部分がやや大きくなるように、次のように目次立てをしました。

第1部　国際貿易パターン決定の理論
　　　　第1章　国際貿易モデルの構造
　　　　第2章　リカード・モデル
　　　　第3章　ヘクシャー＝オリーン・モデル
　　　　第4章　特殊要素モデル
　　　　第5章　国際間生産要素移動
　　　　第6章　「新」国際貿易理論
第2部　国際貿易の厚生効果と貿易政策
　　　　第7章　完全競争下の貿易政策の厚生効果
　　　　第8章　市場の歪み理論
　　　　第9章　規模の経済性・不完全競争と戦略的貿易政策
　　　　第10章　貿易政策と政治経済学
第3部　国際貿易と経済成長
　　　　第11章　経済成長が貿易に与える影響
　　　　第12章　貿易が経済成長に与える影響
第4部　経済活動の国際化と国際経済
　　　　第13章　国際収支統計とサービス貿易
　　　　第14章　海外直接投資と企業活動の国際化
　　　　第15章　地域経済統合と新しい国際経済体制
第5部　為替変動と国際貿易

第16章　為替レートと貿易
　　　第17章　為替変動のミクロ的帰結

　第1部と第2部がそれぞれ、positive な議論と normative な議論の核の部分に当たります。第1部はごくオーソドックスな構成ですが、省略されることも多い特殊要素モデルについても1章を当てて理論に幅を持たせることにしました。第2部では、分析のベンチマークとなる歪みのない経済を明確に示して、政策論を行う上での道筋を意識してもらうように心がけたつもりです。また、貿易政策をめぐる政治経済学についても、最近の研究の進展を紹介しました。第3部はどちらかといえば positive な議論が中心となっていますが、経済成長の貿易に対する影響という伝統的なアプローチだけでなく、近年の新経済成長理論の成果を意識して、貿易が経済成長に与える影響についても断片的に触れておきました。第4部の経済活動の国際化にかかわる分野は将来 normative な議論へと発展していくことが望まれるものですが、現実の変化があまりに速いために、現状の数量的把握も遅れ、経済学の分析枠組みも十分な発達を見せていません。ここでの記述はすぐに改訂を必要とする可能性もありますが、政策論の緊急性を考えてあえて3章を当てて解説しています。第5部は従来、重要でありながら国際貿易論と国際金融論の隙間に沈んでしまっていた部分であり、これまでの国際貿易論の教科書ではほとんど記述のないものですが、あえて取り上げました。

3．本書の使い方

　本書は、ミクロ、マクロの入門コースを終えて初めて国際経済学を学ぼうという学生から大学院初級までの幅広い読者を想定していますので、目的に応じて自ずから読み方も変わってくるだろうと思います。内容的にはかなり高度で、しかも近年の研究成果を踏まえたものとなっていますので、相当 challenging と感じられる向きもあるでしょう。しかし、中途半端にやさし

く書こうとするより、きちんと理解すれば全部わかるようにした方が、むしろ読者の役に立つのではないかと考え、このような本ができあがったわけです。

　学部の授業で教科書として使用していただく場合、通年週1回もしくは半期週2回のクラスですべての章を取り上げるのはかなり難しいでしょう。したがって、第1部の国際分業論に重きを置くか、第2部の貿易政策論を中心に取り上げるか、もしくは第4部や第5部の新しいトピックを主たる対象とするかを、最初から決めておく必要があるかもしれません。いずれの方式に従っても使っていただけるように書いたつもりです。各章の冒頭に「この章のポイント」と題する要約をつけておきましたので、とりあえずその章をスキップするという場合などには、それによって全体の流れをつかんでいただければと思います。

　ゼミや勉強会でお使いいただく場合には、第1章から第11章、第16章の章末につけた練習問題にぜひ挑戦してください。経済学という道具は、手を動かして学ばなければ、実際に使えるようになりません。これらの練習問題が解けるようになれば、その章の内容はほぼマスターしたと考えてもいいでしょう。とりわけ第2章から第4章、それに第7章は苦労されるかもしれませんが、大変重要です。また、教科書を複数並べて同じトピックのページを開いてみて、違った角度からの説明を対照しながら勉強するのも、遠回りのようで実は効率的な学習方法です。

　本書は、卒業論文や修士論文のトピック探しのためにもぜひ使っていただきたいと思います。本文中および注には、かなり上級向けのものも含め、参考文献を数多く挙げておきました。もちろん、これら全部に目を通せ、などとすべての読者に要求しているわけではありません。しかし、現代の研究者がどのような問題に関心を抱いているのか、また実際の経済問題との関係で何が課題になっているのかを肌で感じるには、これらの文献をsurfするのが一番です。英語の文献が大半となっていますが、残念ながらほとんどの重要論文は英語で書かれているというのがこの分野の現状なのです。これを機

会に、ぜひ英語アレルギーを打ち破ってください。それらの中に、論文のテーマなどは山ほど転がっています。また、第12章から第15章、第17章の章末の研究課題も、そのまま論文の種となりうるものです。

　本書は理論の解説を主眼としていますので、読者が自分で実証研究を試みたいと考えるのであれば、本書の「姉妹編」も参照してください。『実証｜国際経済入門』（日本評論社、1995年、共著）には、さまざまな実証研究の実例を示しておきました。『テキストブック経済統計』（東洋経済新報社、2000年、共著）の第8章「国際経済関係」では、各種統計データの解説をしました。また、論文をまとめる際には、『経済論文の作法』（日本評論社、1998年増補版、共著）も役に立つはずです。

第1部●国際貿易パターン決定の理論

第1章
国際貿易モデルの構造

[この章のポイント]
・国際貿易理論の核となっているのは、ミクロ経済学の一般均衡モデルである。そこでは、生産者の利潤最大化問題、消費者の効用最大化問題に基づいて、財市場と生産要素市場において財価格、生産要素価格が決定される。
・市場の歪みのないベンチマーク・モデルでは、1）規模に関して収穫一定の生産技術、2）財市場における完全競争、3）生産要素市場における限界生産物価値による生産要素価格の決定、という3つの設定がなされる。
・国際貿易モデルでは最低2つの財が導入される。各種国際貿易モデルの特徴の多くは、財空間の上の生産可能性フロンティアの形状に集約的に表現される。
・市場の歪みのない経済は、貿易がない場合、自由貿易がなされる場合とも、限界変形率、限界代替率、財価格比が一致する均衡に達する。
・貿易の利益は、消費可能性フロンティアを生産可能性フロンティアよりも外側に張り出させることができる点に見出される。

1．復習：ミクロの一般均衡モデル

本章では国際分業論（positive theory of international trade）を議論す

図1-1 ミクロの一般均衡モデル

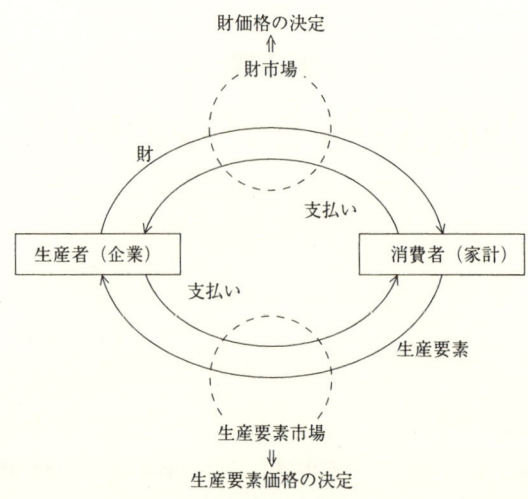

 るための準備をしておきましょう。国際貿易理論の中心に据えられているのは、ミクロ経済学の一般均衡モデルです。企業と家計がどのような経済行動をとり、市場においてどのように価格が決定され、均衡が得られるのかをきちんと理解しておくことは大変重要です。一般均衡分析については、ミクロの原論の授業でも時間がなくなって駆け足になってしまうことが多いようです。家計の経済学と企業の経済学を別々に学んだだけでは、経済全体でどのように価格が決定されるのかがよくわからないでしょう。不安があれば、ミクロ経済学の教科書に戻って、一般均衡分析の部分をざっと復習しておいてください。

　図1-1はミクロの一般均衡モデルを簡単に図解したものです。単純化のため、とりあえず外国のことは考えない閉鎖経済モデルで、しかも経済主体（economic agents）は生産者と消費者のみで、政府は存在しないものとします。動学的な貯蓄、投資などもない単純な静学的な枠組みを考えましょう。このような経済では、財は生産者によって生産され、消費者によって購入、消費されます。一方、消費者は生産要素（労働や資本など）を保有してい

て、それを生産者に売り、所得を得ます。生産者はそれらの生産要素を投入して財を生産します。図1-1でいえば、財と生産要素は時計回りに回り、それぞれの対価であるお金が時計と反対方向に回ります。なお、生産に投入されるのは正確には生産要素そのものではなく、それら生産要素を使用することにより生み出されるサービスです。資本とは具体的には機械や工場建屋のことですが、それらを直接生産に投入するのではなく、それらを使用することによって生まれてくる資本サービスを投入するのです。労働の場合も同様に、人間そのものを投入するのではなく、人間が働くことによって生まれてくる労働サービスを投入します。

市場の歪みがない場合の一般均衡では、財市場、生産要素市場において生産者、消費者ともにプライステイカーとなっており、財と生産要素の価格を所与としてそれぞれ利潤最大化問題と効用最大化問題を解き、最適な財、生産要素の供給量と需要量を決定します。財市場については、生産者側から財の供給条件が財価格の関数として示され、消費者側から財の需要条件が同じく財価格の関数として提示されます。生産要素市場においても同様に、供給条件と需要条件がそれぞれ消費者側と生産者側から、生産要素価格の関数として示されます。その上で、財と生産要素の需要と供給が一致して市場がクリアされるところに財と生産要素の価格が決定されます。これが一般均衡です。

生産者側のモデル設定をもう少し詳しく見ておきましょう。市場の歪みのない一般均衡モデルでは、通常、1）規模に関して収穫一定（constant return to scale、1次同次ともいう）の生産技術、2）財市場における完全競争（perfect competition）、3）生産要素市場における限界生産物価値（value of marginal product）による生産要素価格の決定という3つの設定がなされます。いきなり話が難しくなりますが、これがベンチマーク・モデルとなりますから、ちょっとした数学が我慢できる人は以下の説明を注意深く追ってみてください。

「規模に関して収穫一定の生産技術」は、例えば生産要素が資本（K）と

労働（L）の2つである場合、次のような生産関数として表現されます[1]。

$$Y = f(K, L)$$

ここでYは財の生産量、KとLは資本、労働の投入量です。関数fはスムースで(K, L)について規模に関して収穫一定、すなわちKとLをk倍するとYもk倍になる（$k > 0$）という関係が成り立っているものとします[2]。この生産関数は便利な数学的性質を持っています。数学におけるオイラーの定理[3]というのを用いると、上の式は次のように変形することができます。

$$Y = (\partial Y/\partial K)K + (\partial Y/\partial L)L$$

ここで$\partial Y/\partial K$と$\partial Y/\partial L$はYをKとLで偏微分したもので、資本（労働）の限界生産物（marginal product）を表します。両辺に財価格pをかけると、

$$pY = p(\partial Y/\partial K)K + p(\partial Y/\partial L)L$$

となります。$p(\partial Y/\partial K)$、$p(\partial Y/\partial L)$はそれぞれ資本と労働の限界生産物価値ですので、「限界生産物価値による生産要素価格の決定」が行われているとすれば、

$$pY = rK + wL$$

と書き直すことができます。ここでr、wはそれぞれ、資本サービス価格（rental price of capital）、賃金（wage）です。ここで左辺は企業の総収入、右辺は総費用となっていますから、企業の利潤はゼロとなることがわかります。

---

1) 生産要素の数が1つ、あるいは3つ以上存在する場合にも、以下の議論はそのまま成り立ちます。
2) 片方の生産要素（例えばL）の投入量を固定しておいてもう1つの生産要素（例えばK）の投入量を増やしていく場合には、追加的生産量はだんだんと小さくなっていきます。これは「限界生産力逓減（diminishing marginal productivities）」と言われているもので、「規模に関して収穫一定（constant return to scale）」であることと両立可能であることに注意してください。
3) オイラーの定理については今井・宇沢・小宮・根岸・村上（1971、148〜150ページ）、奥野・鈴村（1985、281ページ）、西村（1990、142ページ）などを見てください。

以上の設定は、「財市場における完全競争」の設定と整合的にできています。完全競争とは、規模の小さい企業がたくさん存在し（すなわちすべての企業がプライステイカーということ）、市場への参入や市場からの退出が費用なしに自由に行われ（すべての企業の利潤がゼロとならなくては均衡とならないことを意味する）、しかも情報の不完全性などの問題もない、ということです。その場合には、企業の利潤がゼロとならなければ均衡となりません。なぜなら、利潤がゼロより大きければさらに新規参入が起きるはずですし、ゼロより小さければ退出が起きなければならないからです。「規模に関して収穫一定の生産技術」と「限界生産物価値による生産要素価格の決定」という設定の下ではすべての企業の利潤がゼロとなるので、理論上、「財市場における完全競争」を満たす均衡を得ることができるのです。そしてその場合には、経済全体として最も効率的な資源配分が実現します[4]。3つの設定が一組となって、市場の歪みがないベンチマークとなるモデルができていることをよく理解しておいてください。どれか1つがはずれていると、モデルを大幅に改変しなくてはならなくなります。

　消費者側も、たくさんの規模の小さい家計が存在していて、財、生産要素の両市場においてすべての消費者がプライステイカーであると設定されます。なお通常の国際貿易モデルでは、単純化のため、生産要素の供給は非弾力的、すなわち生産要素価格にかかわらず生産要素供給量は一定とする場合がほとんどです。

　以上が、ミクロの一般均衡モデルの概要です。国際貿易モデルは、これをベースとして作られていくことになります。

---

[4] 正確には、パレート最適な均衡の存在やその一意性などを確認する必要がありますが、ここでは単純に、経済全体のパイを最大にするような均衡が実現するものとして話を進めます。

2．2財の国際貿易モデル

　さて、骨と皮だけでできた国際貿易モデルを作ってみましょう。貿易が起きるには少なくとも2つの財が必要です。実際の経済の描写としては抽象化されすぎているとお考えになるかもしれませんが、まず出発点として2財の一般均衡モデルを考えましょう。財はとりあえずx財、y財と名付けておきますが、具体的な名前をつけた方がわかりやすい読者は、リンゴとミカン、あるいは農産品と製造業品とでも名付けておいてください。ここでも経済主体は生産者と消費者だけで、しかも静学的なモデルを用います。生産要素は、国内の2産業の間については自由に動けるけれども、国際間では移動できないものとします。また、貿易収支（ここでは経常収支と同視しています）は均衡しているものとします。言い換えれば、国際間の貸し借りがない、すなわち資本収支もゼロということです。

　国際貿易モデルの説明には、いろいろな図が用いられます。数式でモデルを書くよりも図を用いた方が、直観的によく理解できる場合が多いためです。図1-2は2つの財の量をそれぞれ縦軸と横軸に置いた財空間と呼ばれるものです。これから最もよく登場する図となります。

財の供給面

　一国の経済が両財をどれだけ生産する能力があるかは、財空間の上の生産可能性フロンティア（production possibilities frontier：PPF）によって表されます（図1-2(a)参照）。生産可能性フロンティアは生産可能性曲線と呼ばれることもあります。この曲線は、両財を生産するための技術とその国の生産要素の保有量（賦存量と呼ばれる）という物理的（physical）条件が与えられれば、それだけで描くことができます。ここでは、財価格や生産要素価格などの情報は必要ありません。生産可能性フロンティアの形状は両財の生産関数の形により異なってきますが、それについては次節で述べることとし、ここでは図のように原点に向かって凹の形（concave）をしているも

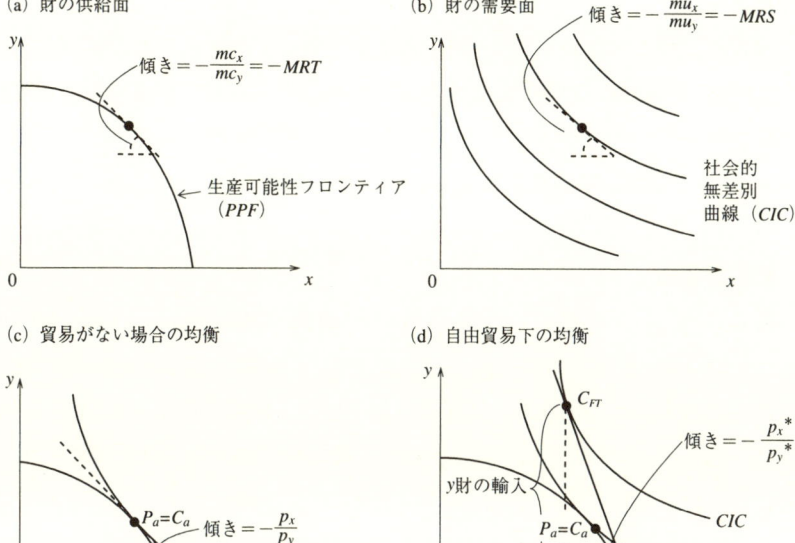

図1-2 2財の一般均衡モデル

のとします。この国は、生産可能性フロンティアの上もしくは内側であればどのx財とy財の組み合わせも生産できます。その意味で、生産可能性フロンティアの上およびその内側の部分を生産可能性領域と呼ぶこともあります。効率的な生産技術を用いてちょうどすべての生産要素を使いきった時には、生産可能性フロンティアの上のどこかに生産点がくることになります。

規模に関して収穫一定の生産技術を用いて完全競争下で企業が利潤最大化を行ったならば、価格と限界費用が等しくならなくてはなりません。財の価格、p_xとp_yが与えられた時、両方の財を同時に生産しているとすれば、$p_x = mc_x$と$p_y = mc_y$が同時に成り立っていることになります(mc_iはi財を1単位追加的に生産するための限界費用)。ここで図が役に立ちます。生

第1章 国際貿易モデルの構造 19

産可能性フロンティアの傾きの絶対値は、ちょうど限界費用の比率 (mc_x/mc_y)、別名限界変形率 (marginal rate of transformation: MRT) と等しくなっているのです[5]。財の価格が均衡により与えられた時、すべての生産要素が雇用され効率的に生産が行われたとすれば、生産は生産可能性フロンティアの上で傾きがちょうど財価格の比にマイナスをつけたもの、$-p_x/p_y$ となっている点で行われることになります。

財の需要面

財の需要については、社会的無差別曲線 (community indifference curve: CIC) を用います (図 1-2 (b) 参照)。社会的無差別曲線は、通常の消費者個人の無差別曲線と同じく、右下がりで原点に向かって凸形 (convex)、互いに交わらない、などの条件を満たしているものとします。右上方にいくほど高い社会的厚生 (social welfare) が得られます。

社会的無差別曲線のベースとなる社会的厚生関数を消費者 1 人 1 人の効用関数と整合的に設定するか、またいかなる条件の下で扱いやすい形状の社会的無差別曲線を設定することができるかという問題は集計問題 (aggregation problem) と呼ばれ、それ自体ミクロ経済理論の一大課題です。ここではこの問題には立ち入らず、「お行儀の良い (well-behaved)」社会的無差別曲線が存在しているものとし、各消費者が効用最大化を行えば同時に社会的厚生も最大化されるものと仮定します。

消費者は財と生産要素の価格を所与として、予算制約の下で効用を最大化します。生産要素の供給は非弾力的で、供給量は固定されているものとします。生産要素の賦存量と生産要素価格が与えられれば消費者の所得が決まり

---

5) MRT は、資源配分の効率性を保ったまま生産可能性フロンティア上で生産要素を 1 つの産業からもう 1 つの産業に移す際の生産量変化の比率 ($-dy/dx$) と考えても結構です。x 財の生産を dx ($dx<0$) だけ変化させれば y 財の生産を dy ($dy>0$) だけ増やすことができるということですから、$-mc_x dx = mc_y dy$ が成り立っているはずで、したがって $MRT = -dy/dx = mc_x/mc_y$ となるのです。

ます。貿易収支が均衡しているということは国際間の貸し借りのバランスがゼロということですから、国民全体の所得と支出は一致します。したがって、生産点を通って傾きが $-p_x/p_y$ となる直線が消費者全体の予算制約線となります。消費者は、その予算制約線の上もしくは内側で、社会的厚生を最も高くできる点を消費点として選びます。それは、予算制約線と社会的無差別曲線とが接する点となります。社会的無差別曲線の傾きは、各財を追加的に1単位消費した場合の限界効用の比にマイナスをつけたもの、$-mu_x/mu_y$ になっています（mu_i は i 財の限界効用）。この限界効用の比は限界代替率（marginal rate of substitution：MRS）とも呼ばれます。効用最大化の結果選ばれた消費点では、限界代替率と両財の価格比が一致します。

貿易がない場合の均衡

以上のように、生産者と消費者はそれぞれ、財と生産要素の価格を所与として、最適化問題を解いて、財の供給量と需要量を両財の相対価格の関数として求めます。国際貿易が行われない場合（autarky と呼ばれる）は、両財の国内供給と国内需要が一致するような財の価格が均衡価格となります。図1-2(c)に見るように、生産点（P_a）と消費点（C_a）はともに、生産可能性フロンティアと社会的無差別曲線の接する点となります。この点では、限界変形率（MRT）、限界代替率（MRS）、および両財の相対価格（p_x/p_y）が一致しています。

自国の消費者が消費可能な両財の組み合わせを考え、その外側をなぞった線を消費可能性フロンティア（consumption possibilities frontier）と呼ぶこともあります。貿易がない場合には、消費可能性フロンティアと生産可能性フロンティアとは一致しています。

自由貿易下の均衡

国際貿易が行われる場合には、どのような均衡が実現するのでしょうか。

両財について自由貿易が行われ、国際間の輸送費が存在せず、国内価格と外国価格が一致するケースを考えましょう。国際貿易の下での外国の財価格については、自国の貿易量が小さく外国価格には影響を与えないとする「小国の仮定」を置く場合と、自国の貿易が外国価格に影響を与えるという「大国の仮定」を置く場合があります。ここではどちらの仮定の下で考えても構いませんが、単純化のため自国は小国であると仮定しましょう。外国の x 財と y 財の価格がそれぞれ p_x^*、p_y^* と与えられたとします。図 1-2 (d) の場合には、貿易がない場合（図 1-2 (c)）と比べ、x 財の価格が相対的に高く、y 財の価格が低くなっています。

国内の生産者はこの財価格を所与として生産を行いますから、生産点は図 1-2 (d) の P_{FT} 点になります。この図のケースでは、貿易のない場合に比べ x 財の価格が相対的に高くなっているので、x 財の生産が増え、代わりに y 財の生産が減っています。

一方、国際市場では x 財と y 財を相対価格に基づいていくらでも交換できます。貿易がバランスしていると仮定していますので、自国の消費についての予算制約線は生産点を通っていることになります。すなわち消費は、生産点 P_{FT} を通る生産可能性フロンティアに接する直線（貿易線と呼ばれます）の上かその内側であればどこでも可能となります。その意味で、小国の場合、貿易線は同時に消費可能性フロンティアともなります[6]。貿易が行われることにより、消費可能性フロンティアが外側にシフトしたわけです。この消費可能性フロンティアのシフトこそが「貿易の利益 (gains from trade)」を集約的に表現するものとなります。

消費点は、貿易線と社会的無差別曲線とが接する C_{FT} 点となります。自国は、x 財を輸出し y 財を輸入することにより、貿易がない場合よりも高い

---

[6] 大国の場合には、貿易量により外国価格が変化するので、自由貿易下の消費可能性フロンティアはボールドウィンの自由貿易軌跡 (the Baldwin free-trade locus) と呼ばれる原点に向かって凹の曲線となります。詳しくは Bhagwati, Panagariya, and Srinivasan (1998, pp.73-76) を見てください。

社会的厚生を得ることができるわけです。一般に、貿易がない場合の財の相対価格とある場合の相対価格が食い違っていれば、貿易が行われることにより、より高い社会的厚生水準を達成できます。なお、$C_{FT}P_{FT}$ を斜辺とする直角三角形は、貿易の三角形と呼ばれることもあります。また、輸出されている財と輸入されている財の相対価格は、交易条件と呼ばれます。この例では、p_x^*/p_y^* がそれに当たります。

3．生産構造と各種国際貿易モデル

次章以降さまざまな国際貿易モデルを学んでいくことになりますが、それらがどのような構造をしているのか、2財モデルの場合の生産構造と生産可能性フロンティアの形状に注目してまとめておきます。各モデルの主要な相違点は生産構造に集約されているので、このような整理も理論体系全体を鳥瞰するには有用です。

まず最初に示したのがエンダウメント（endowment）・モデルです。このモデルでは両財の生産量が初めから固定されています。生産点は図1-3(a)のように点となり、生産可能性フロンティアをしいて描けばその点を先端とする長方形となります。

次に、第2章で取り上げるリカード・モデルを見てみましょう。標準的な設定では、生産要素が1つ（労働：L）、財が2つ（x、y）で、しかも生産関数は規模に関して収穫一定となっています。x財とy財それぞれを1単位生産するのに要する労働量（労働投入係数と呼ばれる）を a_{Lx}、a_{Ly} とすると、労働の完全雇用を表す式、言い換えれば生産可能性フロンティアの方程式は、$a_{Lx}x + a_{Ly}y = L$ となります（ここでLは一国全体の労働賦存量を表す）。これは変形すれば傾き $-a_{Lx}/a_{Ly}$ の右下がりの直線となることがわかるでしょう（図1-3(b)参照）。

第3章のヘクシャー＝オリーン・モデルになると、もう少し複雑になります。2生産要素（資本と労働：K、L）、2財（x、y）のモデルでは、ど

図1-3 各種国際貿易モデルにおける生産可能性フロンティア

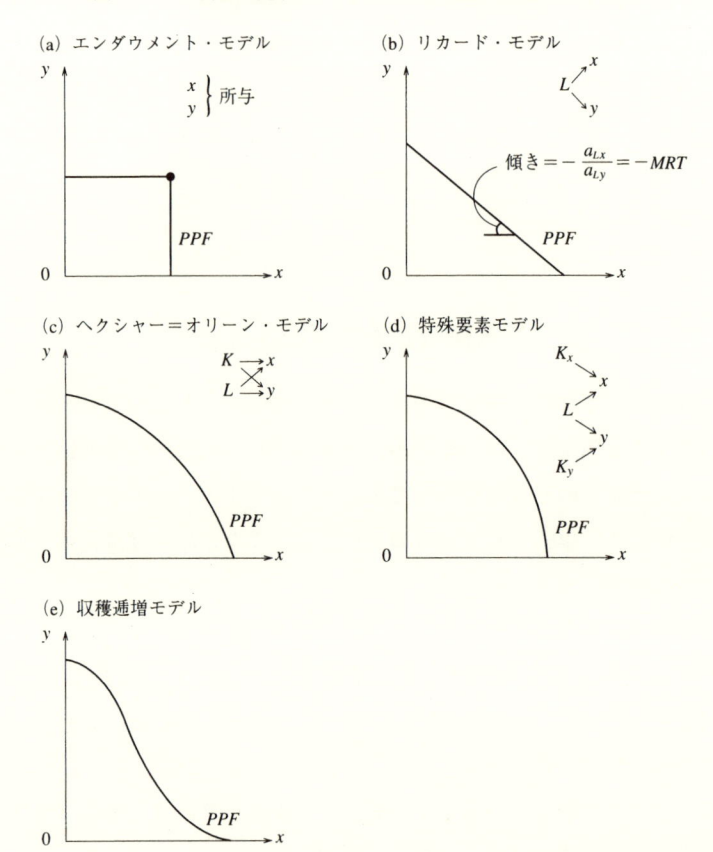

(a) エンダウメント・モデル

$\left.\begin{array}{l} x \\ y \end{array}\right\}$所与

PPF

(b) リカード・モデル

$L \begin{array}{l} \nearrow x \\ \searrow y \end{array}$

傾き$=-\dfrac{a_{Lx}}{a_{Ly}}=-MRT$

PPF

(c) ヘクシャー=オリーン・モデル

$K \longrightarrow x$
$L \longrightarrow y$

PPF

(d) 特殊要素モデル

$K_x \searrow x$
$L \begin{array}{l} \nearrow \\ \searrow \end{array} y$
$K_y \nearrow$

PPF

(e) 収穫逓増モデル

PPF

　ちらの財を生産する際にも両方の生産要素を使用するという設定がなされています。しかも、各財を生産する時の資本と労働の投入比率は生産要素の価格によって可変的となっています。したがって、詳しい説明は第3章で行いますが、生産可能性フロンティアは図1-3 (c)のように原点に向かって凹となります。両財の資本・労働比率が近いほど生産可能性フロンティアは直線に近くなり、大きく異なっているほどふくらみが大きくなります。
　第4章で取り上げる特殊要素モデルは、生産要素と財との関係がヘクシャ

ー＝オリーン・モデルと少々異なっています。x財、y財の生産に当たり、それぞれの産業に特殊な生産要素が存在することになっているのです。例えば、両産業で共通に用いられる労働（L）に加え、それぞれの産業に特殊な資本、K_xとK_yが存在するというような設定となっています。このモデルでも、生産可能性フロンティアは図1-3(d)のように原点に向かって凹となります。

　ここまではすべて、生産関数が規模に関して収穫一定であるモデルでした。最後に、どちらかの産業の生産関数が規模に関して収穫逓増（increasing return to scale）となっている場合について述べておきましょう。例えばヘクシャー＝オリーン・モデルの枠組みに収穫逓増の生産関数を入れたならば、その財の生産量が増えるほど生産効率が良くなるわけですから、部分的あるいは全体にわたって原点に向かって凸となっている生産可能性フロンティアを持つ場合も出てきます（図1-3(e)）。このようなケースについては第6章で議論します。

練習問題

(1) ミクロ経済学の復習(1)：資本と労働という2つの生産要素を用いてある財を生産している時、「規模に関して収穫一定（constant return to scale）」と「生産要素の追加的投入（増投）に関する限界生産物逓減（diminishing marginal product to additional factor input）」とは両立しうることを示しなさい。また、「規模に関して収穫一定」を仮定した時には、固定費用と限界費用についてはどのような設定がなされていると考えられるでしょうか。

(2) ミクロ経済学の復習(2)：完全競争でかつ限界生産物価値に等しく生産要素価格が決定されるにもかかわらず、生産関数が規模に関して収穫逓増あるいは収穫逓減である場合には、企業の利潤がゼロとならないことを示しなさい。

(3) 限界変形率・限界代替率・価格比：2財の国際貿易モデルにおいて、

限界変形率と財の価格比が一致していない場合には、生産者はどのような行動をとると考えられるでしょうか。同様に、限界代替率と財の価格比が一致していない場合には、消費者はどうするでしょうか。

(4) 財の相対価格と貿易パターン：図1-2において、貿易がない場合のx財の相対価格（p_x/p_y）が外国のそれ（p_x^*/p_y^*）よりも高い場合には、どうなるでしょうか。両者がたまたま一致していたとしたら、どうなるでしょうか。それぞれのケースにつき、図1-2(d)に対応する図を描きなさい。

(5) 貿易と資本収支：資本収支がゼロでない場合、すなわち国際間で貸し借りが可能な場合には、図1-2(d)はどのように改訂されるでしょうか。例えば、現在の日本のように資本収支が赤字（外国にお金を貸している）場合について、図を描きなさい。

第2章
リカード・モデル

[この章のポイント]
・リカード・モデルは貿易パターンの決定を記述する最も単純な一般均衡モデルの1つである。
・一番単純なヴァージョンでは、財、生産要素、国の数はそれぞれ2、1、2である。
・国際間の生産技術の違いが比較優位を決定し、そこから貿易の利益が生ずる。
・絶対優位と比較優位の関係を例示するのに便利なモデルである。

1. なぜリカード・モデルを学ぶのか

　応用経済学における理論モデルは、現実経済を細部に至るまで忠実に描写することを目標とするものではありません。理論分析の主眼はむしろ、現実経済の一断面の経済論理を演繹的に記述することを通じて経済的な因果関係を分析し、現実経済を理解する上での視点を提供することにあります。本章で取り上げるリカード・モデルも、現実味という点ではあまりに抽象化、単純化された理論モデルであり、現実をそのまま描写するものとはなっていません。しかし、論理構造として副次的なものを取り除いていった時にどのよ

うに貿易パターンが決まってくるのかを考えるには、大変有用なモデルです[1]。

リカード・モデルは、生産要素が1つ（労働）しかない単純なモデルです。一般均衡の国際貿易モデルがどのような構造をしているのかをよく見てください。またこのモデルは、国際貿易論の中でとくに重要な概念である比較優位を説明するのに便利です。絶対優位と比較優位とがどのように違うのかをよく理解してください。比較優位の源泉は生産要素賦存度、規模の経済性などさまざまでありえますが、ここでは両国の技術の違いが比較優位を生み出すことになります。

2．標準的な設定

まず最初に、一番単純なヴァージョンのモデルの基本設定を提示しておきます[2]。

第1に、財、生産要素、国の数はそれぞれ、2、1、2であるとします。貿易が行われるためには少なくとも2つの財と2つの国が必要です。1つしかない生産要素は通常労働と呼ばれます。

第2に、財の生産は完全競争下で、しかも規模に関して収穫一定の生産関数の下で行われるものとします。生産要素が労働しかなく、しかも規模に関して収穫一定ですから、生産関数は線形、すなわち労働投入係数が一定のものとなります。第1章で説明したように、完全競争、規模に関して収穫一定で、しかも企業の収入はすべて労働者に分配されると仮定すれば、均衡では

---

1) リカード・モデルが実証的データをどこまで説明できるのかについては木村・小浜 (1995) の第1章第1節に詳しく説明しました。

2) 以下の議論はいわゆる「通俗的」、「教科書的」解釈に基づくリカード・モデルについてのものであり、リカード自身の提示したものとは異なったものであるかもしれないことをあらかじめお断りしておきます。Negishi (1982) によれば、リカードのもともとのモデルは労働価値説をベースとしており、貿易論の教科書のモデルとはかなり異なるものであるとのことです。

すべての企業の利潤がゼロとなります。また、ここで重要なのは、国によって生産関数が異なっていることです。これが比較優位の源泉となります。

第3に、財の需要に関しては、右下がり、原点に向かって凸で、互いに交わらないといった通常の仮定を満たしている社会的無差別曲線（community indifference curve：CIC）が存在するものと仮定します。両財とも必ず消費される（essential であると言います）ように、社会的無差別曲線は縦・横両軸と交わらないこととします。第3章で紹介するヘクシャー＝オリーン・モデルでは社会的無差別曲線の形状をホモセティック、すなわちすべての財の需要の所得弾力性が1となるように規定しなければなりませんが、リカード・モデルではその必要はありません。

第4に、国境をめぐる移動性に関しては次のように設定します。財については両財とも、自由貿易（free trade）により国境をまたいで取引されるものとします。国際間の輸送費も無視します。したがって自由貿易均衡では、財の価格は国際間で均等化することになります。生産要素（労働）については、国内では自由に摩擦なく動けるけれども、国際間は移動できないものとします。したがって要素価格は一般に、国際間では均等化しません。

第5に、モデルは静学的なものとし、貿易収支は均衡しているものとします。貿易収支と経常収支を同視すれば、資本収支がゼロ、すなわち国際間の貸し借りがないという仮定を置いていることになります。モデルは貨幣のない世界を描写していますが、第16章で見るように通貨をそれぞれの国に導入して為替レートを定義するならば、貿易収支がちょうどゼロとなるように為替レートが調整されるものと解釈することもできます。

以上のような標準的な設定の下で得られる主要な結論は次の2点です。第1に、自由貿易下においては、両国はそれぞれ比較優位を持つ商品を生産することになります。第2に、自由貿易下の両財の相対価格は両国の需要により決定されますが、それは貿易がない場合（autarky）の両国における相対価格のどちらかと一致するかもしくはそれらの間になります。なぜこのような結論が得られるのか、これらの結論にどのような意味があるのかを、モデ

表 2-1　労働投入係数

	a_{Lc}^k	a_{Lw}^k
自国(h)	10［時間］	12［時間］
外国(f)	9［時間］	6［時間］

ルの説明をしながら見ていくことにしましょう。

3．貿易がない場合の均衡

　まず本節では貿易がない場合の均衡を考え、次節で自由貿易の場合の均衡を考察します。

技術と生産要素賦存

　自国（h）と外国（f）がそれぞれ労働を投入して、繊維（c）とワイン（w）を生産しているものとします。繊維、ワインそれぞれ1単位（例えば1平方メートル、1リットル）を生産するために要する労働時間（人×時間）は、表2-1のように表されることとします。これらの数字は労働投入係数と呼ばれ、k国におけるi財1単位の生産に要する労働量（L）であればa_{Li}^kと表されます（$i=c,w;\ k=h,f$）。各財の単位は、両国について共通でさえあれば、どのような物理的単位をとっても構いません。

　労働1単位当たりの生産量は労働生産性と呼ばれますが、ここでは労働投入係数の逆数、すなわち$1/a_{Li}^k$がそれに当たります。a_{Li}^kが低いほど、効率の良いすぐれた生産技術です。これらの労働投入係数で表された技術を生産関数で表現すれば、次のようになります。

$$x_i^k = f_i^k(L_i^k) = L_i^k/a_{Li}^k \qquad (i=c,w;\ k=h,f)$$

　ここでx_i^kはk国におけるi財の生産量、L_i^kはk国でi財を生産するために投入される労働量、$f_i^k(\cdot)$は関数であることを表します。労働投入係数

図 2 - 1　生産可能性フロンティア

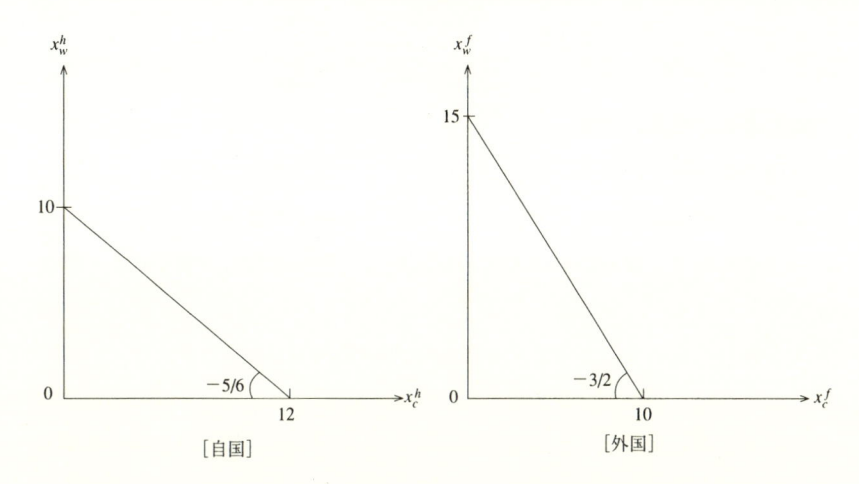

[自国] / [外国]

が固定されていて、しかも労働が唯一の生産要素となっていますから、生産関数はこのように線形になります。この生産関数はもちろん、規模に関して収穫一定となっています。

　以上のような技術に加え労働賦存量が与えられれば、各国の生産可能性フロンティア（production possibilities frontier：PPF）を描くことができます。両軸にそれぞれの財の生産量をとったのが図 2 - 1 です。生産可能性フロンティアはすべての生産要素が使用しつくされた場合の両財の生産量の組み合わせを表すものです。両国の労働賦存量（L^h、L^f）が例えば120時間、90時間だったとすれば、生産可能性フロンティアは次のような完全雇用条件（full employment condition）、すなわち労働の需給均衡条件として表現できます。

$$a_{Lc}^h\, x_c^h + a_{Lw}^h\, x_w^h = 10x_c^h + 12x_w^h = L^h = 120$$

$$a_{Lc}^f\, x_c^f + a_{Lw}^f\, x_w^f = 9x_c^f + 6x_w^f = L^f = 90$$

これらを変形すれば、図 2 - 1 に示したような生産可能性フロンティアが描けることを確認してください。生産可能性フロンティアの上およびその内側が生産可能性領域（production possibilities area または feasibility area）

第 2 章　リカード・モデル　31

です。なおここでは、労働供給は固定されていて、賃金水準が変化しても変わらない、すなわち労働供給は非弾力的であると仮定しています。

需要条件の導入と均衡

財価格は一般に供給面と需要面の条件によって決定されます。しかしこのモデルの生産関数は線形であるため、両財とも必ず消費されるものと仮定すれば、それだけで貿易がない場合の財価格と生産要素価格（賃金）との関係を特定化できます。これは、第3章でお話しするヘクシャー＝オリーン・モデルと異なる点です。どうしてそうなるのかを説明しましょう。

ここで重要なのが完全競争の仮定です。この仮定の下では、すべての企業の利潤がゼロとならなくてはなりません。さもないと、新たな企業が市場に参入したり、既存企業が市場から退出したりするため、均衡となりません。利潤ゼロの条件（zero profit condition）は次のように表されます。

$$p_c^h = a_{Lc}^h w^h = 10 w^h\,;\ p_w^h = a_{Lw}^h w^h = 12 w^h$$
$$p_c^f = a_{Lc}^f w^f = 9 w^f\,;\ p_w^f = a_{Lw}^f w^f = 6 w^f$$

ここで p_i^k は貿易がない場合の k 国における i 財の価格、w^k は k 国における賃金を表します。これらの式の左辺は企業が1単位の生産物を販売した時の企業の収入、右辺は1単位の生産を行うための費用を表しています。したがってこの等号が成り立つということは、利潤がゼロであることを意味します。この利潤ゼロの条件は、先に述べた完全雇用条件とともに均衡を性格づけるものとして他のモデルの時にも出てきますので、覚えておいてください。ここから、両国における財の相対価格は次のように決まります。

$$p_c^h / p_w^h = a_{Lc}^h / a_{Lw}^h = 5/6$$
$$p_c^f / p_w^f = a_{Lc}^f / a_{Lw}^f = 3/2$$

このことは、図2-1を用いても説明できます。貿易がないのに両財とも消費されるためには、両財とも生産されていることが必要です。生産が効率的に行われていてすべての労働が雇用されているならば、生産点は生産可能性フロンティアの上でかつ両軸と交わった点以外のどこかであるはずです。

図2-2　オファー・カーブ

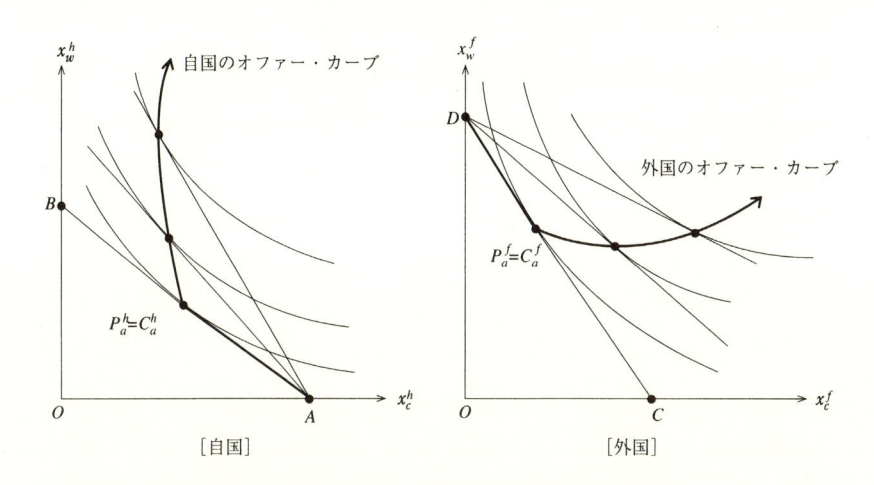

[自国]　　　　　　　　　　　[外国]

その点では、両財の限界変形率（marginal rate of transformation：MRT）と価格比が等しくなります。限界変形率とは両財の生産の限界費用の比であり、自国では $a_{Lc}^h/a_{Lw}^h = 5/6$、外国では $a_{Lc}^f/a_{Lw}^f = 3/2$ となっています。これらが価格比、p_c^h/p_w^h、p_c^f/p_w^f と等しくなっているわけです。図2-1では、限界変形率にマイナスをつけたものが生産可能性フロンティアの傾きとなっており、均衡では財の相対価格にマイナスをつけたものがそれと一致します。

このように貿易がない場合には、両財とも必ず消費されるという設定になっていさえすれば、貿易がない場合の財価格と賃金は需要面の詳しい情報なしで決定できます。

しかし、均衡で生産点が生産可能性フロンティアの上のどこに来るのかを決めるためには、社会的無差別曲線の形状を知る必要があります。貿易がない場合、生産点と消費点は一致します。その点は、生産可能性フロンティアと社会的無差別曲線とが接したところになります（図2-2参照）。そこでは、財の価格比と限界代替率（marginal rate of substitution：MRS）すなわち社会的無差別曲線の傾きとが一致します。

絶対優位と比較優位

ここで絶対優位と比較優位の関係を見ておきましょう。

絶対優位とは、物理的な意味で2国のどちらが財を効率的に生産できるかを見るものです。ここでの例では、1単位の繊維を生産するのに自国では10時間の労働投入が必要なのに対し、外国では9時間で足ります。すなわち、$a^h_{Lc} > a^f_{Lc}$ となっています。したがって、繊維生産に関し外国が絶対優位を持っているといいます。同様に、$a^h_{Lw} > a^f_{Lw}$ ですから、ここではワインについても外国が絶対優位を持っています。

比較優位を見る時には、2つの財の生産に要する費用の相対的な関係に注目します。自国では、1単位の繊維を生産するためには5/6単位（$a^h_{Lc}/a^h_{Lw} = 5/6$）のワインの生産が置き換えられなければなりません。それに対し外国では、1単位の繊維が3/2単位（$a^f_{Lc}/a^f_{Lw} = 3/2$）のワインに対応しています。したがって、自国は繊維生産に比較優位を持つといいます。同様に、外国はワイン生産に比較優位を持っています。比較優位の反対語として比較劣位という言葉が使われることもあります。

ここからわかるように、どちらか一国がすべての財について絶対優位を持つということはありえますが、すべての財について比較優位を持ったり比較劣位となったりすることは（両国のそれが一致する場合を除けば）ありません。これはもちろん、国際間で生産要素（労働）が移動しないという設定に依存しています。以下で説明するように、両国はそれぞれ比較優位を持つ商品を輸出するので、両国でどんなに技術水準の差があっても、一方の国が「何も輸出できない」という状態は生じえないことになります。

4．自由貿易下の均衡

いよいよ国際貿易を導入します。貿易がない状態から出発して、貿易障壁がいっさい撤廃され自由貿易が始まったものとします。

オファー・カーブ

ここでオファー・カーブ（offer curve）という概念を導入します。これは、ミクロ経済学の教科書では価格消費曲線（price consumption curve）と呼ばれているものです。財の相対価格が変化する時に消費点がどのように動くかを示すものです。

図2-2を見てください。貿易がない時には生産可能性フロンティアが同時に消費者の予算制約となっていますから、自国の消費は生産可能性フロンティアと社会的無差別曲線が接するC_a^h点で行われます。ここでもし繊維の相対価格が上昇すると、生産点はA点に移動します。これは繊維の生産が相対的に有利になるためと考えてもよいですし、あるいは限界変形率と価格比を一致させようとして端点解（corner solution）に至ってしまうと考えても結構です。消費者はこの生産点を通る価格線と社会的無差別曲線が接する点を消費点とします。価格を少しずつ変化させていった時の消費点の軌跡がオファー・カーブです。A点を起点として、消費者は消費点がちょうどオファー・カーブの上にくるように、繊維を輸出しワインを輸入したいと欲することになります。繊維の相対価格が下落する場合については、同様にB点を起点とするオファー・カーブが描けます。この場合には、自国は繊維を輸入しワインを輸出することになります。外国についても同様にオファー・カーブが描けます。

自由貿易均衡

両国のオファー・カーブを1枚の図に同時に描いたのが図2-3です。第2象限（図の左上の4分の1のこと）に自国、外国のオファー・カーブを描く時には、図2-2のA点とD点をそれぞれ図2-3の原点Oに持ってきます。同様に、第4象限（図の右下の4分の1のこと）についての原点は、図2-2のB点とC点に対応しています。両国の輸出と輸入がちょうど対応したところ、すなわち2国のオファー・カーブの交点であるE点で貿易が行われることになります。オファー・カーブの定義上E点では、両国の社会的無

図2-3 自由貿易均衡

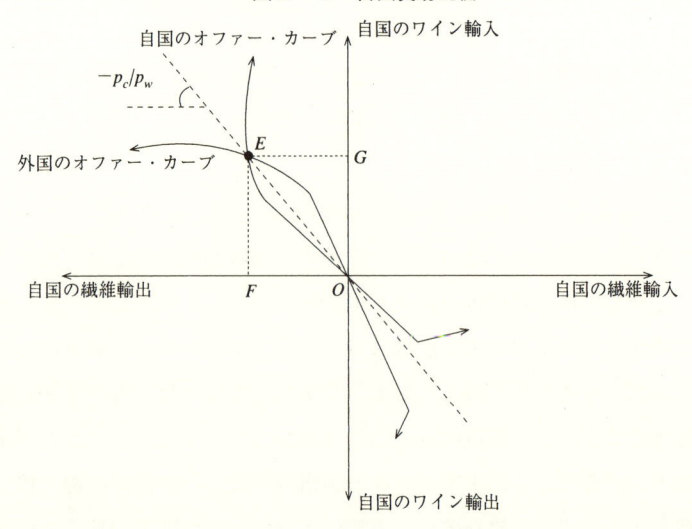

自国のオファー・カーブ
自国のワイン輸入
$-p_c/p_w$
外国のオファー・カーブ
E
G
自国の繊維輸出
F
O
自国の繊維輸入
自国のワイン輸出

差別曲線が原点 O と E 点を結ぶ直線と接していることを確認してください。自由貿易下の財の相対価格（p_c/p_w、ただし p_c、p_w は自由貿易下の繊維、ワインの価格）は直線 OE の傾きのマイナスをとったものとなり、自国は OF だけの繊維を輸出し OG だけのワインを輸入します。この自由貿易均衡の状態を図2-2に書き込めば、両国の「貿易の三角形」は同じ形、同じ大きさになるはずです。両国の消費点は、貿易が始まる前の消費点よりも高い社会的無差別曲線上にありますから、貿易によって社会的厚生が高まることがわかります。

さまざまな均衡の可能性

ここでは両国の貿易がない場合の相対価格の中間に自由貿易下の相対価格が決まる例をお見せしましたが、両国の大きさが極端に異なる場合には図2-4のように、一方の国の貿易前の価格と自由貿易価格とが一致してしまうこともあります。外国のオファー・カーブの直線部分は、図2-2でいえば

図2-4 国の大きさが極端に異なる場合の自由貿易均衡

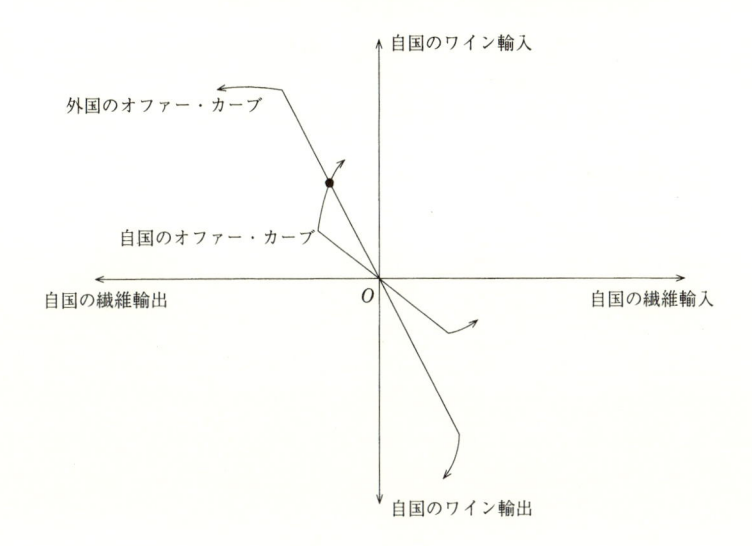

生産点が C_a^h と A との間を動く場合に対応しています。財の相対価格と生産可能性フロンティアの傾きの絶対値が一致している限り消費点はいずれにせよ C_a^h のままであり、したがって外国は、貿易をしてもしなくてもかまわないという状態にあるわけです。

生産パターンを見ると、図2-3のような状況では両国とも1つの財のみしか生産しないいわゆる完全特化と呼ばれるパターンになっていますが、図2-4の場合には外国は両財とも生産している不完全特化というパターンになっていることがおわかりいただけるでしょう。

また理論上は、図2-5のように両国のオファー・カーブが何度も交わってしまい、複数の自由貿易均衡が存在する可能性もあります。このような場合には、両曲線の交わり方によって安定的な均衡と不安定な均衡とが交互に出てきます。

図2-5 オファー・カーブが複数回交わる場合の自由貿易均衡

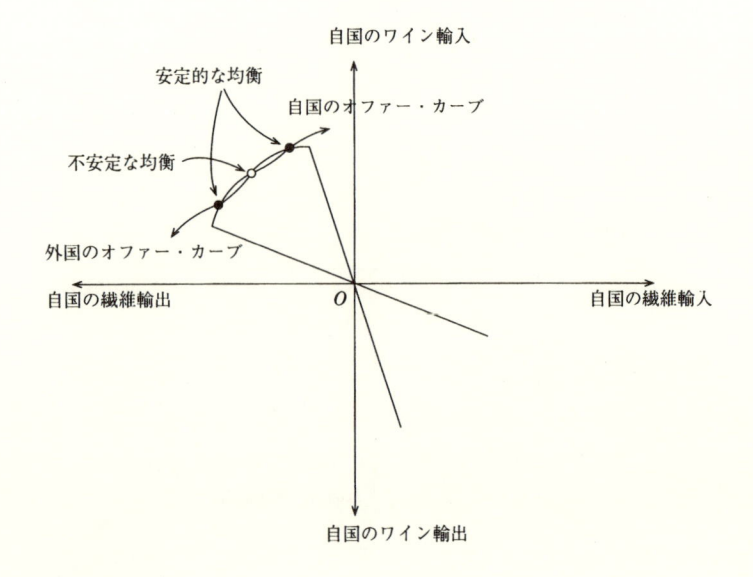

（図中ラベル：自国のワイン輸入／安定的な均衡／自国のオファー・カーブ／不安定な均衡／外国のオファー・カーブ／自国の繊維輸出／自国の繊維輸入／自国のワイン輸出）

2国の相対賃金

　自由貿易均衡では図2-4のような場合を除けば完全特化が起きるため、生産パターンがわかっただけでは財の相対価格や賃金が決まらず、単にその範囲を特定化することができるにとどまります。社会的無差別曲線の形状がわからないと、均衡価格が求められません。言い方を変えると、1つの生産パターンがたくさんの相対価格に対応しているわけです。これも第3章で登場するヘクシャー＝オリーン・モデル（不完全特化の場合）との違いになります。

　社会的無差別曲線の情報がない場合に類推される自由貿易下の財の相対価格の範囲は、貿易がない場合の両国における相対価格の間となります。すなわち、上の例では次のような関係が成り立っています。

$$p_c^h/p_w^h = a_{Lc}^h/a_{Lw}^h = 5/6 \leq p_c/p_w \leq p_c^f/p_w^f = a_{Lc}^f/a_{Lw}^f = 3/2$$

図2-4のように一国が極端に大きい場合には、大きい国の方の不等号が等号となります。図2-3のように両国のオファー・カーブがそれぞれ曲線の

部分で交わっている時には、両方の不等号が等号なしの厳密な意味で成り立つことになります。生産パターンについて見ると、不等号が厳密な意味で成り立っている場合には完全特化、すなわち1財のみを生産するという状況になっているはずです。

利潤ゼロの条件を使ってこれを変形すると、両国の賃金比の範囲を特定できます。完全特化するかどうかにかかわらず、自由貿易下で自国が繊維、外国がワインを生産することは明らかですから、p_c、p_wのところに利潤ゼロの条件、$p_c = a_{Lc}^h w^h$、$p_w = a_{Lw}^f w^f$ を代入します。それを整理すると、次の関係式が導けます。

$$a_{Lw}^f / a_{Lw}^h = 1/2 \leq w^h / w^f \leq a_{Lc}^f / a_{Lc}^h = 9/10$$

労働生産性の低さを反映して、自国の賃金水準は外国のそれの1/2から9/10の範囲に決まることがわかります。左側の不等号が等号となるのは自国が極端に大きい時、右側が等号となるのは外国が大きい時です。この式は後で多財モデルの話をする時にも使いますので、よく理解しておいてください。

世界全体の生産可能性領域と国際分業パターン

両国の生産可能性領域を足し合わせて、世界全体の生産可能性領域を描くこともできます。図2-6を見てください。まず自国の生産可能性領域の三角形を置き、その斜辺の上で外国の三角形をスライドさせると、世界全体の生産可能性領域が描けます。世界全体が自由貿易下で効率的な生産を行うと、生産点はその外側の縁である生産可能性フロンティアの上にきます。

この生産可能性フロンティアは2つの直線と1つの角から成っています。図中に見るように、それぞれの場所が3種類の両国の生産パターンに対応しています。角の点はとくにリカード点と呼ばれており、両国とも1つの財の生産に特化している場合に当たります。この図に価格線を描けば、リカード点が上に示した範囲の財の相対価格に対応していることがおわかりいただけるでしょう。

図2-6　世界全体の生産可能性領域

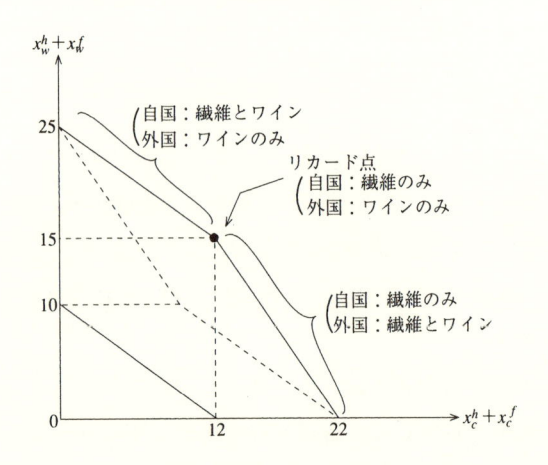

```
    x_w^h + x_w^f
         ↑
      25 ┤  自国：繊維とワイン
         │  外国：ワインのみ
         │        リカード点
         │         自国：繊維のみ
         │         外国：ワインのみ
      15 ┤─────●
         │     │
         │     │    自国：繊維のみ
      10 ┤─────┼────  外国：繊維とワイン
         │     │
       0 └─────┴──────→  x_c^h + x_c^f
               12      22
```

5．2国多財モデル

　ここまで2国2財のリカード・モデルを解説してきました。それは理論モデルを読む練習としてはなかなか有用なモデルでしたが、そこから直接、現実経済の問題を考えるのは難しいかもしれません。しかし、モデルを2国多財に拡張すれば、統計データを乗せるところまではいきませんが、さまざまな政策論に使えるものとなります[3]。ちょっと込み入った説明をしなければなりませんが、おもしろいところなので我慢してください。

　まず財の供給面の説明をします。簡便化のため、財を両国の労働生産性比の順に並べ直します。自国が最も強い比較優位を持っている財を財1と呼び、以下財2、財3と順番に自国の比較優位が弱まっていくようにします。

---

3) 2国多財のリカード・モデルはDornbusch, Fischer, and Samuelson（1977）により定式化されました。伊藤・大山（1985、73～80ページ）に丁寧な解説がありますので、関心のある人は参照してください。多国2財や多国多財へのモデルの拡張に興味のある読者は、Bhagwati, Panagariya, and Srinivasan（1998, Chapter 4）やCaves, Frankel and Jones（1993, pp.631-637）を見てください。

図2-7 2国多財モデルにおける境界財の決定

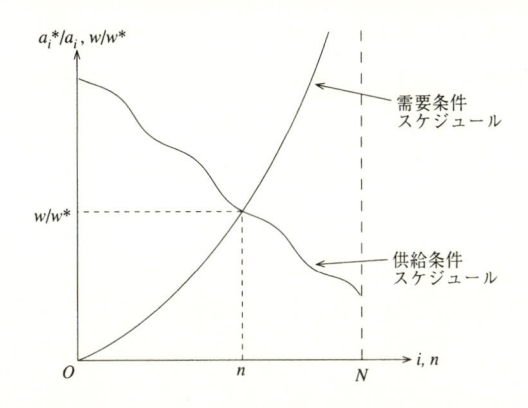

全部でN種類の財があるとして、財nがちょうど境界財 (marginal good) すなわち自国の比較優位が比較劣位に変わる財であるものとしましょう。この関係は以下のように書けます。

$$a_1^*/a_1 > a_2^*/a_2 > \cdots > w/w^* = a_n^*/a_n > \cdots > a_N^*/a_N$$

ここでa_iはi財についての労働投入係数(「L」は省略していますが2財モデルの場合と同じものです)、無印は自国、*印は外国を表します。この関係は、図2-7の供給条件スケジュールのような形に書き表せます。横軸には財の種類(財の量ではないことに注意)、縦軸には両国の労働投入係数の比をとっています。この図では便宜上、財の種類を「1、2、3……」というような離散的 (discrete) なものではなく連続的 (continuous) なものとして扱っています[4]。財1から財 ($n-1$) までは自国のみが生産・輸出し、財 ($n+1$) から財Nまでは外国のみが生産・輸出することになります。もし財nのようにちょうど$a_n^*/a_n = w/w^*$となるような財が存在するならば、その財だけは両国が同時に生産している可能性があります[5]。

境界財nは、需要面の条件を導入することにより決定されます。両国の所

---

4) 以下の説明では、財の種類につき離散的な表現と連続的な表現が混じっていて数学的にはややルースですが、誤解を生むことはないでしょう。

得比（wL/w^*L^*）は、それぞれの国の生産物の需要シェアの比と等しくなるはずです。すなわち、財1から財（$n-1$）までは自国のみ、財（$n+1$）から財Nは外国のみが生産するもの（単純化のため、両国が同時に生産しているかもしれない財nは無視します）とすると、貿易収支がゼロとならねばならないことから、次のような関係式が導けます。

$$wL/w^*L^* = (d_1^* + d_2^* + \cdots + d_{n-1}^*)/(d_{n+1} + \cdots + d_N)$$

ただし、d_i（$i = 1, 2, \cdots, N$）は自国の、d_i^*（$i = 1, 2, \cdots, N$）は外国の総需要に占めるi財のシェアを表します。d_1からd_Nまで（d_1^*からd_N^*まで）を足し上げると1になります。ここで単純化のため、d_i（$i = 1, 2, \cdots N$）は両国共通ですべて固定されている、あるいはちょっと専門用語を使えば社会的厚生関数が両国共通でしかもコブ＝ダグラス型であると仮定します。そうすると、両国の所得比は境界財の位置を表すnの正の関数、すなわち

$$wL/w^*L^* = g(n),\ (dg(n)/dn > 0)$$

と表せます。これを変形して

$$w/w^* = g(n)L^*/L$$

とし、図2-7の横軸、縦軸をそれぞれn、w/w^*と読み代えてやれば、右上がりの需要条件スケジュールを描くことができます。

　この需要条件スケジュールと供給条件スケジュールとの交点のところで、境界財nと両国の賃金比w/w^*が決まります。2つの曲線それぞれで両軸の定義が異なっているところに注意してください。また、これらは通常の需要曲線、供給曲線とは全く別物ですので混乱しないでください。

　これで政策論を行う準備ができました。このモデルから得られる結論の1つは、一国経済の成長を考える際に境界財の存在が重要だということです[6]。例えば、技術革新が2国の厚生水準に与える影響を考えてみましょう。図2-8は2種類の技術革新を図解したものです。ここでいう技術革新

---

[5] 完全特化が極端な形で出てきてしまうのがリカード・モデルの特徴で、それが直接統計データを乗せようとする時の障害となります。詳しくは木村・小浜（1995）第1章第1節を見てください。

図2-8 技術革新と2国間の所得分配

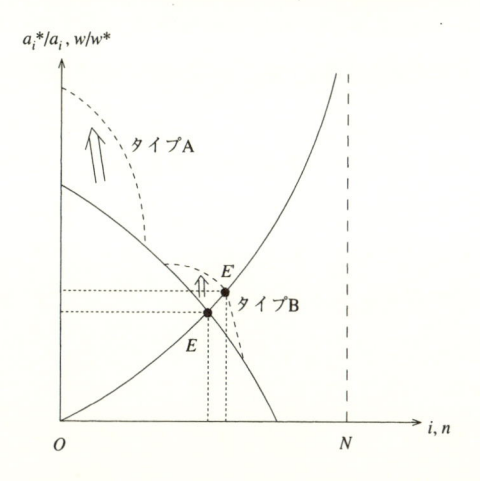

とは、自国の生産過程において労働生産性を上昇させるもののことです。技術革新の起きた産業では、自国の労働投入係数が低下します。話を単純化するため、技術革新のためにかかるコストは無視し、また外国では技術革新は起こらないものとします。各財の需要シェアも固定されているものとします。そうすると、需要条件スケジュールの方は動かない一方で、技術革新が起きた産業の労働投入係数比（a_i^*/a_i）は上昇し、供給条件スケジュールの形状が変化します。

自国がもともと比較優位を持っていた産業で技術革新が起きた場合が、図中のタイプAの技術革新です。例えば自国は発展途上国で、もともと比較優位のあった一次産品について技術革新があったものとします。この場合には、需要条件スケジュールと供給条件スケジュールの交点は点Eから動きま

---

6) 以下の議論は Itoh and Kiyono (1987) に拠っています。この論文では、通常の完全競争モデルでは社会的厚生を低下させるものと結論づけられる輸出補助金も、境界財を動かす目的のために用いられれば自国の厚生を上昇させうることが示されています。また Krugman (1987) は、learning-by-doing により生産性が上昇することを考慮すると、境界財周辺の産業政策がとくに重要であることを示しています。

せんので、両国の生産・輸出パターンには変化がなく、したがって両国の賃金比（w/w^*）、所得比（wL/w^*L^*）も変わりません。一方で技術革新のあった財の価格は低下し供給量が増加しますから、厚生水準は両国とも確実に上昇することになります。

それに対し、タイプBは境界財の周辺で技術革新が起こった場合です。この場合には、両スケジュールの交点は点 E' へと移動し、自国の輸出財の種類が増え、外国のそれは逆に減少します。例えば、途上国が先進国から一部の製造業についての比較優位を奪った場合がこれに当たります。自国製品はより大きな需要シェアを占めるようになりますから、自国の相対賃金（w/w^*）および相対所得（wL/w^*L^*）は上昇します。したがって自国は、タイプAのような技術革新からくる利益を享受するだけでなく、世界全体の所得のより大きな部分を手中にすることにより、さらに厚生を上昇させることができます。一方外国は、タイプAと同様の利益を受ける一方、世界全体の所得における相対的な取り分は小さくなりますので、厚生水準は低下してしまう可能性もあります。

自国としては、外国から比較優位を奪ってくるような技術革新の方が望ましいわけです。とくに需要シェアの大きい産業の比較優位を獲得すれば、相対所得に対する大きなインパクトが期待できます。戦後の日本も含めた東アジア諸国の経済発展パターンを見ると、繊維・衣料、鉄鋼、家電、自動車など需要シェアの大きい産業の比較優位を先進国から奪っていくと同時に為替レートが切り上がり、世界全体における所得シェアが上昇していったことがわかります。これは、2国多財のリカード・モデルから得られる結論と整合的です。工業化が経済発展においてとくに重要であるということも、ここからおわかりいただけると思います。

一方比較優位を奪われていく先進国側では、相対所得のみならず絶対的な厚生水準さえも低下する可能性があります。したがって、比較優位を奪われていく境界財産業をめぐって保護主義的な政治力学が働きやすくなるのは当然です。また中長期的戦略としては、新しい産業、新しい製品を次々と生み

出すことにより、自国製品の世界需要に占めるシェアを低下させないようにしていくことが重要との結論も得られます。

本章では、国際分業論の最初の理論モデルとしてリカード・モデルを見てきました。供給と需要の条件から均衡が求められること、国境を越えて動くものと動かないものがあることから国際貿易モデル特有の結果が得られることを確認してください。また、理論モデルの政策論への貢献は、必ずしも現実を忠実に表現することではなく、現実の裏側にある経済論理を記述して新たな観察視点を提供することであることも、ぜひ理解していただきたいと思います。

練習問題

(1) 国ごとに異なる技術の意味：2財の生産関数が2国の間で全く同じであったならば、自由貿易下の均衡はどのようなものとなるでしょうか。生産関数は異なっていても、2財の労働生産性の比が2国の間で一致している場合にはどうなるでしょうか。これらの場合、両国の賃金比はどのように決まるでしょうか。

(2) 規模の経済性と生産可能性フロンティアの形状：生産規模により労働投入係数が変化する場合には図2-1の生産可能性フロンティアはどのような形になるでしょうか。両財が規模に関して収穫逓増の場合と収穫逓減の場合について考えてみよう。

(3) 生産要素が国際間で移動可能な場合：リカード・モデルにおいて、労働が国際間で自由に動けるとすると、どのような均衡が達成されるでしょうか。

(4) 完全特化と利潤：貿易がない場合の相対価格と自由貿易下の相対価格とが異なっているために自由貿易下で完全特化が起きている場合、生産されない財の方は仮に生産されたとしても利潤が負となってしまうことを確認しなさい。

(5) 世界全体の生産可能性領域と貿易がない場合の均衡：2国の間で貿易

が行われなかったとしたら、世界全体の生産点は図2‐6の中のどこにくるでしょうか。

(6)　2国多財モデルにおける供給条件スケジュールの形状：一部の財については一国のみが生産技術を持っているとしたら、図2‐7の供給条件スケジュールはどのような形になるでしょうか。また、新たな種類の財が生み出されていく状況はどのように表現できるでしょうか。

第3章
ヘクシャー＝オリーン・モデル

[この章のポイント]
- ヘクシャー＝オリーン・モデルは国際貿易理論の中心をなす一般均衡モデルである。
- 単純なヴァージョンでは、財、生産要素、国の数はそれぞれ2である。
- 国際間の生産要素賦存比率の違いが比較優位を決定し、そこから貿易の利益が生ずる。
- 一定の条件下では、4つの定理（ストルパー＝サムエルソンの定理、リプチンスキーの定理、要素価格均等化定理、ヘクシャー＝オリーンの定理）が成り立つ。
- とくにヘクシャー＝オリーンの定理は、生産要素の賦存比率が貿易パターンを決定することを示すものとして重要である。
- 多財多要素モデルへの拡張にはさまざまな困難を伴う。

1. ベンチマークとしてのヘクシャー＝オリーン・モデル

　本章で取り上げるヘクシャー＝オリーン・モデルは、国際貿易論の中心を占めるモデルです。このモデルは20世紀前半、2人のスウェーデンの経済学者ヘクシャー（Eli Heckscher）とオリーン（Bertil Ohlin）によって考案さ

れ、さらに第2次世界大戦後、サムエルソン (Paul Samuelson)、ジョーンズ (Ronald Jones) らの手によって、洗練された一般均衡モデルとして展開されました。リカード・モデルが国際間の生産技術の相違を貿易の起こる源泉とするのに対し、ヘクシャー＝オリーン・モデルでは国際間の生産要素の賦存比率の違いが貿易を生じさせます。

　以下に見るように、モデルはエレガントではありますが、厳しい仮定にがんじがらめになった制約の大きいものとなっています。ミクロの一般均衡モデルを国際貿易の文脈で記述しようとすれば、どうしてもこのようにしばりのきついものとならざるをえないのです。諸仮定を列挙してみると、それらが文字通り成り立つような状況は実証的にはほとんどありえないことがわかるでしょう。それにもかかわらずわれわれがヘクシャー＝オリーン・モデルを学ばねばならないのは、このモデルが貿易理論から得られるさまざまな直観の源泉となっているからです。これをベンチマークとして使い、どの点がこのモデルと乖離しているのかを考えることによって、現実経済を理解する上での重要な示唆を得ることができるのです。

　このモデルを学部生に教えるのはなかなか難しいものです。これをしっかり説明しておかないと、その先の貿易論の理解が皮相的なものに終わってしまいます。教える側がよく陥る落とし穴は、説明をやさしくしようとするあまりやや不正確な議論をし、かえって学生を混乱させてしまうことです。以下では内容的に妥協せず、少々難解であってもよく読めばわかる説明を試みたいと思います。

2．2財2要素2国モデル

　前章のリカード・モデルの時と同様に、まず一番単純なヴァージョンのモデルの基本設定をまとめて提示します。

　第1に、財、生産要素、国の数はそれぞれ2とします。そのためこのモデルは2×2×2モデルと呼ばれることもあります。生産要素は資本 (K)、

労働（L）とします。両国の生産要素の賦存量は固定されていて、しかも資本と労働の賦存比率が両国で異なっているものとします。これがこのモデルにおける比較優位の源泉となります。財にはとくに名前をつけず財1、財2と呼びますが、農産品と工業製品、あるいは繊維と鉄鋼などと考えてくださっても結構です。国はA国、B国とします。

第2に、財の生産は完全競争下で、しかも規模に関して収穫一定（1次同次）の生産関数の下で行われるものとします。さらにここでは、リカード・モデルとは違って、それぞれの財につき両国は全く同じ生産技術を持っているものとします。これは、生産技術が国境をまたいで容易に模倣されうると仮定されていると解釈してもよいですし、あるいは主として先進国同士の貿易の話をしているために技術が似通っていると考えておいても結構です。さらに、2つの財の生産に当たって生産要素の集約度の順番は変わらない（no factor intensity reversal）、すなわち生産要素価格が変わっても一方の財が他の財と比べ労働集約的なものから資本集約的なものに変わることはない、というややわかりにくい仮定を置きます。これの意味するところは後で説明します。

第3に、財の需要面については、ホモセティック（homothetic）でしかも両国に共通の社会的厚生関数が存在するものとします。ホモセティックな社会的厚生関数とは、財価格が与えられれば所得水準にかかわらず両財を同じ比率で消費するような社会的厚生関数、言い換えれば両財の所得弾力性が1となるような社会的厚生関数のことです。食料に対する支出比率は所得水準が上がるに従って下がってくるというエンゲルの法則について聞いたことのある人もいるでしょう。ここでいうホモセティシティの仮定は、この食料のような財を排除するものでもあります。

第4に、国境をめぐる移動性については、リカード・モデルの場合と同様に、財は自由貿易の下で国際間輸送費なしで貿易されるものとします。したがって財の価格は国際間で均等化します。一方、生産要素は、国内では自由に摩擦なく動けるけれども、国際間では移動できないものとします。以下で

述べる要素価格均等化定理は、生産要素が国際間で移動しないにもかかわらずその価格が均等化するところが定理と呼ばれるゆえんです。

第5に、モデルは静学的なものとし、貿易収支もバランスしていて国際間の貸借はないものとします。

このモデルから得られる結論は次の4つの定理の形でまとめられます。

①ストルパー＝サムエルソンの定理（Stolper-Samuelson theorem）：生産要素の賦存量一定の下、労働（資本）集約的財の相対価格が上昇すると、賃金（資本サービス価格）はそれ以上に上昇し、資本サービス価格（賃金）は下落する。

②リプチンスキーの定理（Rybczynski theorem）：財の価格一定の下で、労働（資本）の賦存量が増加すると、労働（資本）集約的財の生産はそれ以上に増加し、資本（労働）集約的財の生産は減少する。

③要素価格均等化定理（factor price equalization theorem）：両国が両財を同時に生産している時には、生産要素の価格は両国で同じとなる。

④ヘクシャー＝オリーンの定理（Heckscher-Ohlin theorem）：労働（資本）が相対的に豊富な国は、労働（資本）集約的な財を輸出する。

以下ではまず、これらの定理を説明するための下準備をしましょう。

3．生産面を表現する5種類の図

国際貿易論のモデルは数式で解くとかなり面倒な場合が多いため、説明には図が多用されます。図ならやさしいだろうと思われるかもしれませんが、実はなかなか奥が深く、きちんと理解するにはそれなりの訓練が必要です。ヘクシャー＝オリーン・モデルの説明ではとくに5種類の図、すなわち要素空間の図、要素空間のエッジワース・ボックス、要素価格空間の図、財空間の図、サムエルソン＝ジョンソン・ダイアグラムがよく用いられます。目的によってどの図が便利かは変わってくるのですが、同じ現象をこれら5種類の図で書き表してみることも大事です。これらの図は主として、一国内の生

図3-1 要素空間と等量曲線

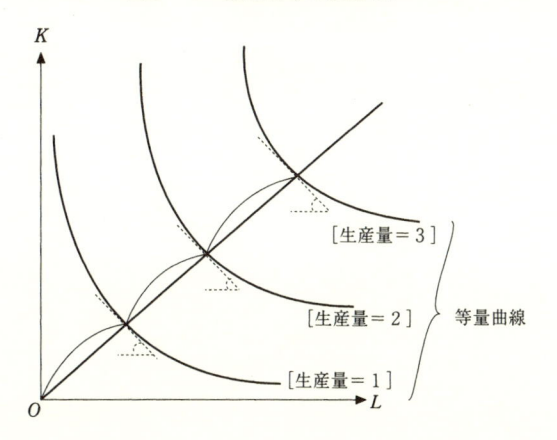

[生産量＝3]
[生産量＝2]　｝等量曲線
[生産量＝1]

産者の利潤最大化問題を描写するために利用されます。財価格が与えられた時に要素価格はどうなるか、両財の生産に当たっての要素集約度（資本・労働比率のこと）はどうなるか、両財はどれだけ生産されるか、を明らかにするために用いられるのです。これら5つの図を同時に使うことによって、4つの定理がよく理解できるはずです。

要素空間

2つの生産要素、資本（K）と労働（L）を縦軸、横軸に置いたのが要素空間です。財の生産関数が与えられれば、図3-1のように等量曲線 (isoquants) を描くことができます。等量曲線とは、ある一定の生産量を生み出すために必要な資本と労働の組み合わせを示すものです。通常、それぞれの生産量について1本の等量曲線を引くことができます。生産量1単位に対応する等量曲線はとくに単位等量曲線 (unit isoquant) と呼ばれます。

この図では、生産関数が規模に関して収穫一定となっていることに注意してください。規模に関して収穫一定ということは、資本と労働の投入量を x 倍（$x>0$）すれば、生産量も x 倍となることを意味します。この性質から、すべての等量曲線の傾きは原点を通る任意の直線上で等しくなり、しかもそ

図3-2 単位価値等量曲線と不完全特化錐

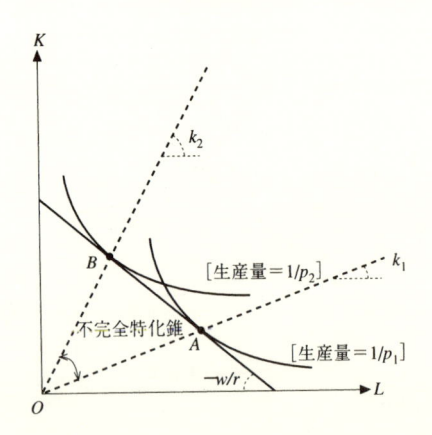

の直線上で原点からの距離がx倍（$x>0$）になれば生産量もx倍となります。

この図を用いて生産パターンがどのように決定されるかを見るためには、まず最初に財の価格を所与として単位価値等量曲線（unit-value isoquant）を描く必要があります。単位価値等量曲線とは、（通貨単位は何でもよいですが）1ドルの価値を持つ量、すなわち$1/p_i$（p_iは財iのドル建て価格、$i=1,2$）の量の生産に対応する等量曲線のことです。財の価格が変わっても単位等量曲線の位置は変わりませんが、単位価値等量曲線は移動します。例えば財1の価格（p_1）が上昇すれば、財1の単位価値等量曲線は内側にシフトします。図3-2には2つの財の単位価値等量曲線が同時に描かれ、さらに両曲線に共通の接線が引かれています。

もしこの国が両財を同時に生産している（不完全特化）とすれば、要素価格の比率（w/r、wは賃金、rは資本サービス価格）は両曲線に共通の接線の傾きの絶対値と一致します。さらに、両財の生産に当たっての要素集約度（$k_i = K_i/L_i; i=1,2$）は、それぞれの単位価値等量曲線と共通の接線とが接する点（財1についてはA点、財2についてはB点）と原点Oとを結んだ直線の傾きと一致します。この図では$k_1<k_2$であることから、財1の方が

労働集約的な財、財 2 の方が資本集約的な財です。

　どうしてそうなるのかを、もう少し詳しく説明しましょう。この共通の接線は実は単位費用線、すなわち数式で書けば $rK + wL = 1$ となっています。単位価値等量曲線と単位費用線とが接している点（A 点、B 点）では、企業の収入と費用が一致しており、利潤ゼロで完全競争下の均衡となっています。単位費用線の上で接点からはずれている点では、費用が 1 ドルであるのに対して、1 ドル未満の価値に対応した量の生産物しか生産できないので、利潤は負となってしまいます。そのため A 点と B 点は、不完全特化の均衡での両財の要素集約度を示す点となるのです。

　この図は次のようにも解釈できます。ある点における等量曲線の傾きを $-dK/dL$ と表現すると、等量曲線の性質から次の関係が成り立ちます。

$$-(dK)(MPK) = (dL)(MPL)$$

ここで MPK、MPL はそれぞれ資本と労働の限界生産性です。これを変形すれば、

$$-dK/dL = MPL/MPK$$

となります。企業の利潤最大化により

$$MPL/MPK = w/r$$

となりますから、均衡では等量曲線の傾きの絶対値と要素価格比が一致することがわかります。両財が同時に生産されているとすれば、両産業で要素価格が一致していなくてはなりません。さらに、2 本の単位価値等量曲線の上の点は、1 ドルの価値を持つ生産量と対応していますから、利潤ゼロとなるためにはそれだけの量を生産するための生産コストも両産業で 1 ドルとならなくてはなりません。したがって、A、B の両点が均衡での要素集約度を示す点となるのです。

　対象国が不完全特化の状態にあるかどうかは、その国の資本、労働の賦存量を表す点が原点 O と点 A、B を結んだ 2 本の直線にはさまれた角、すなわち不完全特化錐（cone of diversification）の中にくるかどうかで判定することができます。図 3-3 を見てください。資源賦存点（endowment point）

図3-3 資源賦存点とパターン

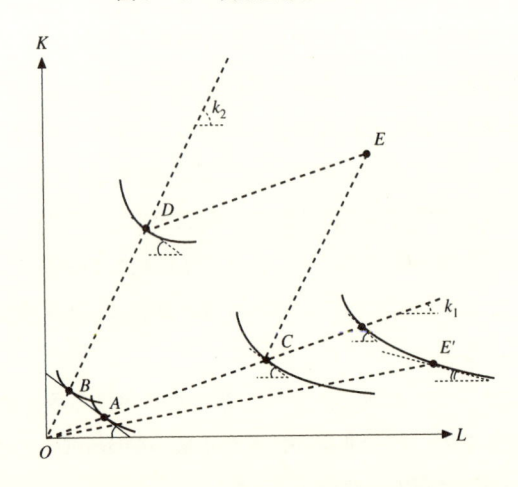

がE点だとすると、両産業の要素集約度はそれぞれk_1、k_2となり、財1の生産にはOCに対応する資本と労働、財2の生産にはODに対応する資本と労働が投入されます。したがって両財の生産量はそれぞれ、C点とD点を通る等量曲線に対応する量となります。ここで$ODEC$は平行四辺形であり、両生産要素の完全雇用が実現しています。

資源賦存点が不完全特化錐の外にある時には、どちらか片方の財のみが生産されます。例えば資源賦存点がE'点だとすると、その国は財1の生産に特化します（完全特化）。その時の要素価格比（w/r）は、直線OE'上の財1の等量曲線の傾きの絶対値と等しくなります。この要素価格の下では、財2は生産されません。なぜならば、単位費用線（直線OE'上の財1の単位価値等量曲線の接線）が財2の単位価値等量曲線よりも下にきてしまうため、仮に財2を生産しても利潤が負となってしまうからです。言うまでもなく、資源賦存点が不完全特化錐の反対側にはずれている時には、財2の生産に完全特化します。

「5種類の図」の中には含まれていませんが、財価格を所与として要素賦存比率と要素価格比の関係を表す図も便利です（図3-4参照）。図3-4の

図3-4　資源賦存比率と要素価格比

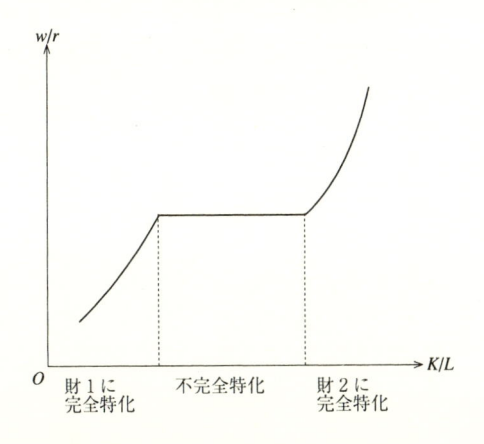

(図：縦軸 w/r、横軸 K/L。左から「財1に完全特化」「不完全特化」「財2に完全特化」の3領域に分かれ、両端で曲線が上昇し、中央では水平となる)

左から右に、労働豊富国から資本豊富国の方へと目を移していくと、財1に完全特化している時には要素価格比 w/r は上昇し、不完全特化錐の中にあって不完全特化する時には一定となり、さらに財2に完全特化すると再び上昇することがわかります。

要素空間のエッジワース・ボックス

要素空間の図は、図3-5のように、両財についての原点を対角線上に置いたエッジワース・ボックスの形で描くこともできます。エッジワース・ボックスは2人の消費者、あるいは2国から成る交換経済の場合にも用いますが、ここでは2つの生産要素の2産業への効率的配分を見るために利用します。

財1の原点 O_1 を左下、財2の原点 O_2 を右上に置き、両方の原点からそれぞれの財の等量曲線を描きます。ボックスの縦横の長さはそれぞれ、対象とする国の資本と労働の総賦存量を表しています。図3-5の O_1O_2 が図3-3の OE と対応しているわけです。両財の等量曲線の接する点を結んだものが、契約曲線（contract curve）です。この曲線上の点はそれぞれ、財の価格比が与えられた時の最適な資源配分を表しています。財1の方が財2よ

第3章　ヘクシャー＝オリーン・モデル　55

図 3 - 5　要素空間のエッジワース・ボックス

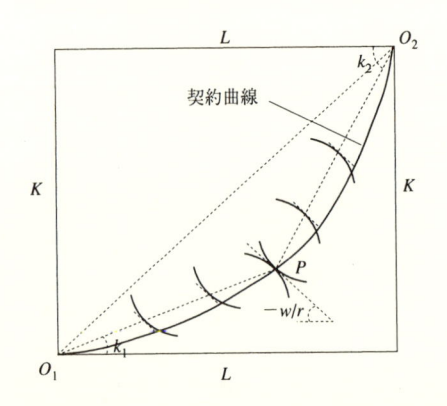

りも労働集約的である場合には、契約曲線は図 3 - 5 のように対角線 O_1O_2 よりも下に垂れ下がった形になります。1 次同次の生産関数を仮定していることから、契約曲線は、2 つの原点を結ぶ対角線と一致する場合を除けば、対角線と原点以外で交わったり、各原点から任意に引いた直線と原点以外で 2 回以上交わったりすることはありません。

例えば図 3 - 5 のケースでは、エッジワース・ボックスでは O_1P（図 3 - 3 の OC）に当たる資本と労働が財 1 の生産に投入され、O_2P（図 3 - 3 の OD に当たる）だけの資本と労働が財 2 の生産に投入されます。P 点での両等量曲線の傾きの絶対値は要素価格比 w/r となります。等量曲線の曲がり方から、より高い（低い）要素価格比に対応する均衡点は、この契約曲線上で P 点よりも上方（下方）に位置することがわかるでしょう。要素価格比が極端に大きかったり小さかったりする場合には、資源配分の点は O_1 あるいは O_2 となり、生産パターンは完全特化となります。

要素価格空間

要素空間の図と同様のことを、賃金（w）と資本サービス価格（r）を縦軸、横軸に置いた要素価格空間上で表現することもできます。図 3 - 6 の要素価格空間に描かれた曲線は財 i についての要素価格フロンティア（factor

図 3 - 6　要素価格空間と要素価格フロンティア

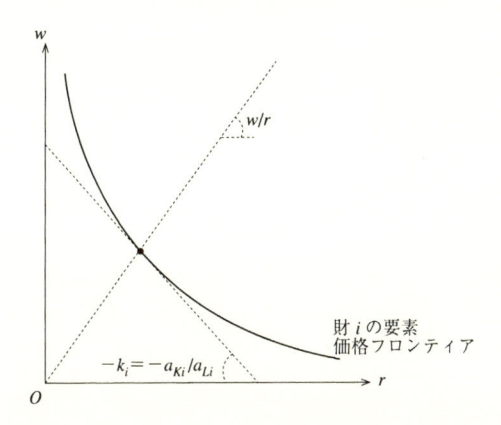

price frontier）あるいは単位等費用曲線（unit iso-cost curve）と呼ばれるもので、財価格を所与とした時に利潤がゼロとなるような賃金と資本サービス価格の組み合わせを示すものです。この曲線よりも上では利潤が負となってしまうため、生産は行われません。この曲線より下では利潤が正となるので、参入が自由な完全競争の設定の下では均衡となりません。費用最小化問題が解かれた結果、この曲線が描かれるわけです。要素価格フロンティアは、財価格が上昇（下落）すると上方（下方）にシフトします。

　数学的表現に慣れてもらうために数式を用いて書くと、実はこの曲線は財 i についての利潤ゼロの条件、

$$a_{Li}(w/r)w + a_{Ki}(w/r)r = p_i$$

となっています。なおここで、$a_{Li}(w/r)$、$a_{Ki}(w/r)$ は労働と資本の投入係数、すなわち 1 単位の財 i を生産するために要する労働と資本の量を表しており、それぞれ要素価格比 w/r の負の関数、正の関数となっています。もし投入係数が固定されていたならばこの利潤ゼロの条件は傾き $-a_{Ki}/a_{Li}$ の直線となりますが、実際にはこの傾きは要素価格比 w/r が大きくなるほど急になるので、図のような曲線となるわけです。

　要素空間の図と要素価格空間の図はよく似ているのにお気づきでしょう。

図3-7 要素価格フロンティアと生産パターン

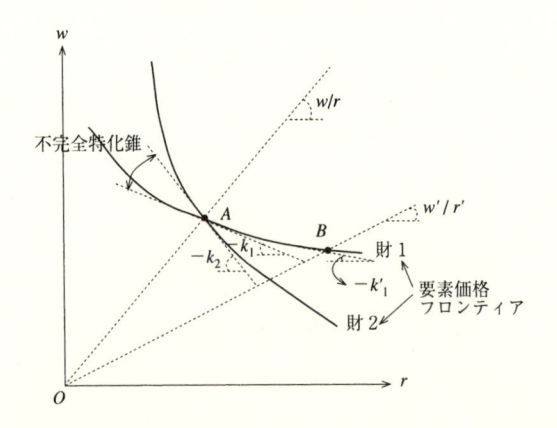

要素空間では原点からの直線の傾きが要素集約度（$k_i = K_i/L_i = a_{Ki}/a_{Li}$）となっていましたが、要素価格空間では要素価格フロンティアの傾きが$-k_i$となっています。要素価格空間における原点からの直線の傾きは要素価格比（w/r）ですが、要素空間では等量曲線の傾きが$-w/r$となります。このような関係のことを双対的関係（dual relation）と呼ぶこともあります[1]。

図3-7は、2つの財の要素価格フロンティアを同時に描いたものです。不完全特化の均衡は、要素価格比w/rを表す原点からの直線がちょうど2本の要素価格フロンティアの交点Aを通っている場合に対応しています。その時の両産業の要素集約度k_1、k_2は、それぞれの要素価格フロンティアのA点における傾きの絶対値と等しくなります。このA点における2つの接線の作る角が、この場合の不完全特化錐となります。国全体の要素賦存比率がk_1とk_2の間に入っていれば、その国は両財とも生産することになります。

完全特化の場合は、要素価格比を表す原点からの直線が2本の要素価格フ

---

1) 双対的関係について詳しく勉強したい人は奥野・鈴村（1985、第7章）を見てください。

図3-8 財空間と生産可能性フロンティア

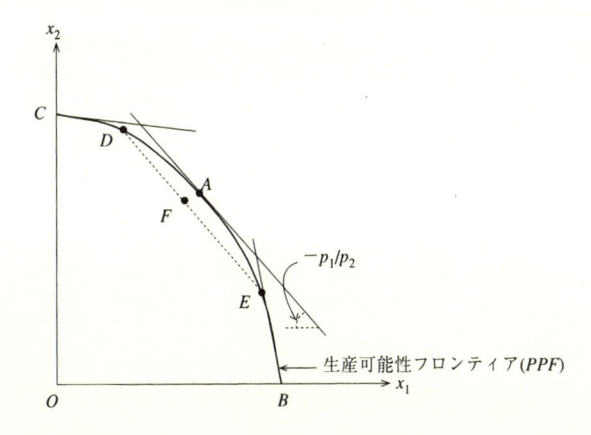

ロンティアの交点を通らないケースに対応しています。例えば要素賦存比率が図3-7のように k_1 よりも小さい k_1' ならば、要素価格比は w'/r' となり、財1の生産に特化します。この場合の要素価格は B 点として表現されていますが、その要素価格の下では仮に財2の生産を行っても利潤は負となってしまうのです。したがって、財2はこの国では生産されません。

財空間

両軸に各財の生産量 x_1 と x_2 を置いた財空間の図は、第2章のリカード・モデルの説明にも用いました。財空間には、国内の生産要素を完全雇用し、最適な生産技術を用いた場合に対応する生産可能性フロンティアを描くことができます（図3-8参照）。

資本と労働の投入比率が可変的な生産関数に基づくヘクシャー＝オリーン・モデルでは、生産可能性フロンティアは通常、原点に向かって凹（concave）となります。その理由は次のように説明できます。生産可能性フロンティアの上で任意の2点（例えば D 点と E 点）をとると、両点に対応する技術を組み合わせることによって、線分 DE の上のどの点（例えば F 点）に対応する生産も可能であることがわかります。しかし F 点では異なる生産

図3-9　サムエルソン＝ジョンソン・ダイアグラム

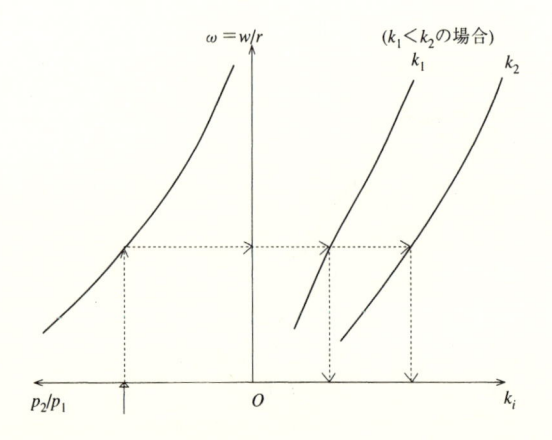

技術を組み合わせるという非効率なことをやっているわけで、適切な技術を選択すれば、それよりも多くの生産を行うことができるはずです。したがって、生産可能性フロンティアは通常、原点に向かって凹となるのです。ちなみに、もし両産業の要素集約度に大きな差がなければ、生産可能性フロンティアは直線に近くなります。

　財の価格比 p_1/p_2 が与えられると、それにマイナスをつけた傾きの直線と生産可能性フロンティアとが接する点で生産が行われます。財の価格比 p_1/p_2 が極端に大きかったり小さかったりした時には、生産点は B 点や C 点にきて、完全特化が起こります。

サムエルソン＝ジョンソン・ダイアグラム

　最後にサムエルソン＝ジョンソン・ダイアグラムと呼ばれる図を説明します（図3-9参照）。これは縦軸の要素価格比 w/r をはさんで2つの図をつなげたもので、財価格、要素価格、要素集約度の関係を示すものです。最初にお断りしておきますが、この図はとくに、両財を生産している場合（不完全特化）の変数間の関係を示すものです。

　まず左側の図で、財価格比 p_2/p_1 が均衡によって与えられた時に、要素価

格比がどの水準に決定されるのかを見ます。財価格比と要素価格比の関係は、財1の方が財2よりも労働集約的である時（$k_1<k_2$）には、図3-9のように原点から見て負の傾きの曲線として表すことができます。不完全特化のケースでは、労働集約的財の価格が相対的に上昇すると賃金・資本サービス価格比も上がります。どうしてそうなるのかは、要素空間の図に戻って考えてみてください。実はこの曲線はそれ自体、後で出てくるストルパー＝サムエルソンの定理の表現となっています。完全特化の場合には、財価格比と要素価格比との間にこのような関係はありません。

右側の図は、要素価格比と両産業の要素集約度（k_1、k_2）との関係を表しています。賃金が相対的に高くなると、企業は労働雇用を減らして資本をより多く用いようとします。そのため、k_1、k_2に対応する曲線は右上がりとなります[2]。ここでは財1の方が財2よりも労働集約的であると仮定したため、財1についての曲線が財2についての曲線より左側に描かれています。

サムエルソン＝ジョンソン・ダイアグラムの中に両国の要素賦存比（k^A、k^B）を書き込むと、財の価格比と両国の生産パターンの関係を明らかにすることができます。図3-10を見てください。A国の要素賦存比（$k^A = K^A/L^A$）が図のように与えられたとすると、A国で不完全特化となるためには、要素価格比がω_1とω_2の間にこなくてはなりません。ω_1よりも相対賃金（w/r）が低い場合には、それだけ財2の相対価格が高いということですから、A国は資本集約的な財2の生産に特化します。逆に相対賃金がω_2よりも高い時には、労働集約的な財1に特化します。左側の図の方へ戻っていくと、A国が不完全特化する場合に対応する財の価格比の範囲を読みとるこ

---

2) 要素価格比と要素集約度の関係は、数学的には利潤最大化問題から導くことができます。財iの生産関数を$x_i = F(K_i, L_i)$とすると、1次同次の仮定より、$x_i/L_i = F(K_i/L_i, 1) = f(k_i)$（ただし$k_i = K_i/L_i$）と書き直すことができます（$df(k_i)/dk_i > 0, d^2f(k_i)/dk_i^2 < 0$）。この$k_i$を用いると、利潤最大化問題の1階の条件は$r = p_i df(k_i)/dk_i$, $w = p_i\{f(k_i) - k_i df(k_i)/dk_i\}$と表現できます。ここから、$w/r = \omega = f(k_i)/\{df(k_i)/dk_i\} - k_i$が得られます。これを$k_i$で微分すれば、曲線$k_i$が右上がりとなることを証明できます。

図 3 - 10　両国の要素賦存比率と生産パターン

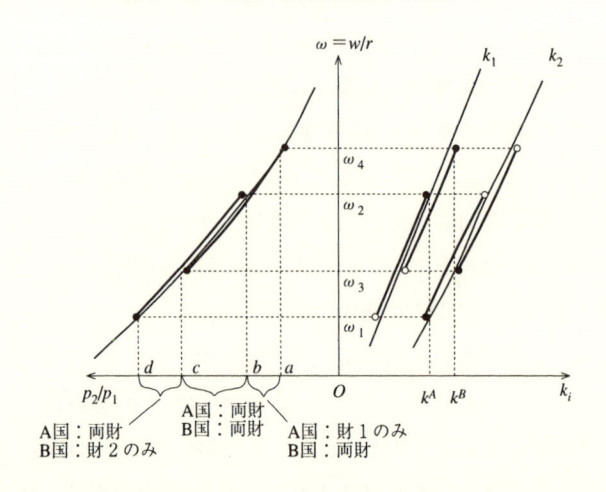

とができます。

　B国はA国よりも資本が豊富である（$k^A<k^B$）として同じ図に重ねて書き込むと、財の価格比に対応する両国の生産パターンがわかります。図3－10のように不完全特化の起こる範囲が重複している場合には、重複している部分に両国が両財を同時に生産する場合に対応する財の価格比（bとcの間）がきて、それよりも財1の価格が相対的に高い時（aとbの間）にはA国は財1に特化し、財2の価格が相対的に高い時（cとdの間）にはB国が財2に特化します。今、両国の社会的厚生関数はホモセティックと仮定していますから、世界全体では両財とも作られているはずであり、財の相対価格がaより小さくなったりdより大きくなることはありません。なお、両国が不完全特化する財価格比の範囲が重複していないケースでは、両国が異なる財に完全特化する場合も出てきます。

4．要素集約度逆転

　以上、5種類の図についてお話ししました。これらの図を使いこなせるよ

うになっていれば、ヘクシャー＝オリーン・モデルから導かれる4つの定理もしっかりと理解できるはずです。その説明に入る前に、要素集約度が逆転するという少々面倒なケースについて、手短にお話ししておきます。

2財の単位価値等量曲線を描いた時に、共通の接線が2本もしくはそれ以上引ける場合も、理論的には存在します。図3-11のケースでは、2本の共通の接線が引けるために2つの不完全特化錐が生じており、下方の不完全特化錐では財1は財2よりも労働集約的ですが、上方の不完全特化錐では財1が逆に資本集約的となっています。このような場合を要素集約度が逆転するケースと呼んでいます。

要素集約度の逆転をサムエルソン＝ジョンソン・ダイアグラムで表現すると、図3-12のようになります。図の右側で要素集約度を示す2本の曲線（k_1、k_2）が交わっていますが、これがまさに要素集約度逆転ということです。図の左側も、要素集約度の逆転のために、曲線の傾きの符号が逆転しています。

一般に生産関数を1次同次と限定しても、要素集約度逆転の可能性を排除することはできません[3]。しかし逆転が起きると、以下に見ていく諸定理の成立が保証されなくなってしまうので、多くの場合は逆転が起こらないものと仮定を置くことになります。

5．ストルパー＝サムエルソンの定理

ようやく理論上の道具立ての説明が終わりましたので、4つの定理の説明に入っていきましょう。以下では紙面の関係上、それぞれの定理について2枚の図のみを用いますが、その他の図もぜひ自分で描いてみてください。

3）両財の生産関数がコブ＝ダグラス型、もしくはCES（constant elasticity of substitution）型でかつ資本と労働の代替の弾力性が一致している場合には、要素集約度逆転はありえません。両財の生産関数がCES型であれば、要素集約度逆転はたかだか1回しか起きません。

図 3-11　要素集約度が逆転する場合（1）

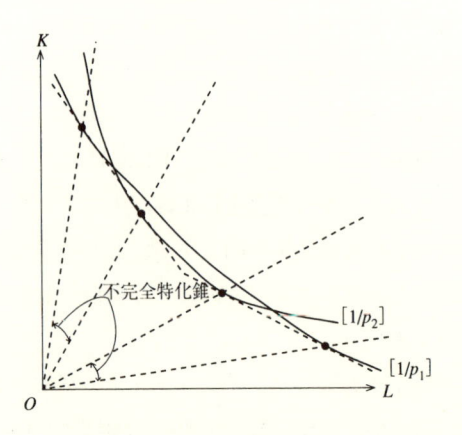

図 3-12　要素集約度が逆転する場合（2）

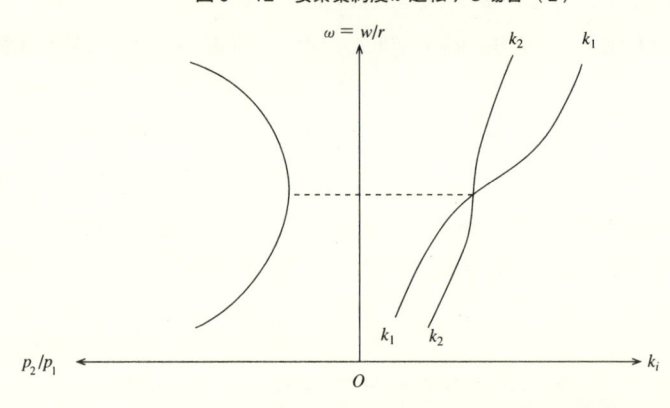

　まず最初はストルパー＝サムエルソンの定理です。ストルパー＝サムエルソンの定理は、「生産要素の賦存量一定の下、労働（資本）集約的財の相対価格が上昇すると、賃金（資本サービス価格）はそれ以上に上昇し、資本サービス価格（賃金）は下落する」というものです。2つの財を財1（例えば繊維）、財2（例えば鉄鋼）と名付け、例えば財1の方が財2に比べ労働集約的な生産技術を用いて生産されている（$K_1/L_1 = k_1 < K_2/L_2 = k_2$）ものとしましょう。ここで何かの原因で外生的に財1の相対価格（p_1/p_2）が上昇

図3-13 ストルパー＝サムエルソンの定理（1）

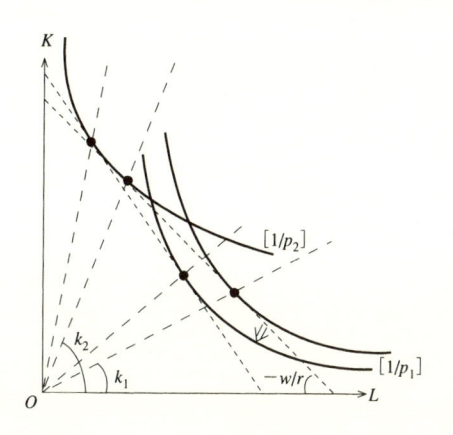

した（$\hat{p}_1 > \hat{p}_2$）とします（" ^ "は変化率であることを意味します）。そうすると、実質賃金は上昇し（$\hat{w} > \hat{p}_1$）、資本サービスの実質価格は下落する（$\hat{p}_2 > \hat{r}$）のです。ここで「実質」という言葉を用いたのはなぜかと言いますと、賃金、資本サービス価格はそれぞれ、どちらの財をニューメレールとしても上昇、下落しており、したがって2財をどのようにウェイト付けして要素価格を実質化しても不等号の向きが変わらないからです。労働者の厚生水準は上昇し、資本家のそれは低下します。価格変化の不等号は $\hat{w} > \hat{p}_1 > \hat{p}_2 > \hat{r}$ と書けます。要素価格が財価格よりも大きく変化することをとくに拡大効果（magnification effect）と呼んでいます。ここでは両財が同時に生産されているもの（不完全特化）と仮定されていることに注意してください。また、財価格が与えられたところから考えるわけですから、貿易体制が自由貿易であろうと autarky（貿易がない状態）であろうと、この定理は成立します。

図3-13は、要素空間に両財の単位価値等量曲線を描き、共通の接線を引いたものです。財1が労働集約的、財2が資本集約的な生産技術で生産されています。不完全特化が起きている時には、共通の接線の傾きの絶対値が要素価格比（w/r）となっています。ここで財1の価格（p_1）が外生的に上昇

図3-14 ストルパー＝サムエルソンの定理（2）

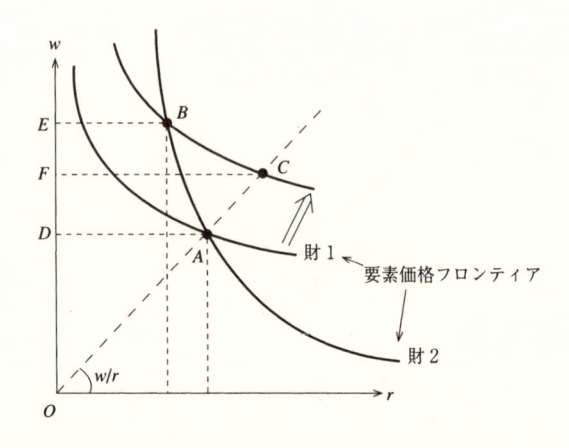

すると、財1の単位価値等量曲線が内側に移動します[4]。財1はより少ない量で1ドルの価値を持つようになるので、下方に動くのです。移動した後も、単位価値等量曲線の傾きは、原点からの同じ直線上では変わらないことに注意してください。図に見る通り、不完全特化の下での要素価格比（w/r）は上昇します。この図では拡大効果の不等号まで読み取るのは難しいのですが、要素価格比が定理の指し示す方向に動いていることは確認できます。賃金が相対的に高くなっていることから、要素集約度（k_1, k_2）は両財ともより資本集約的になります。国全体の要素賦存量は変わっていないのですから、財1の生産は増加し、財2の生産は減少します。これは、図3-3にならって図3-13に資源賦存点を書き込み、平行四辺形を描くことによって、確認できます。

要素価格空間の図を用いた定理の説明が図3-14に示されています。財1の価格（p_1）が上昇すると、財1の要素価格フロンティアは外側にシフトします。これは、価格が上昇したため、利潤をゼロとするような賃金（w）と

[4) 今ここでは財2の価格は変化しない（$\hat{p}_2 = 0$）ものとしていますが、相対価格（p_1/p_2）が変化するという一般的な設定に議論を拡張することは容易です。

資本サービス価格（r）がより高くなるためです。ここでも要素価格フロンティアの傾きは、原点からの同じ直線上では変わりません。2本の要素価格フロンティアの交点がA点からB点へと移り、それに伴い要素価格比（w/r）も上昇します。この図では拡大効果も読み取れます。資本サービス価格（r）が下落していることは図から明らかです（$\hat{p}_2=0>\hat{r}$）。また、財1の価格の上昇率（$\hat{p}_1$）は図ではDF/ODであり、賃金の上昇率（$\hat{w}=DE/OD$）の方が大きいことがわかります。このように、$\hat{w}>\hat{p}_1>\hat{p}_2>\hat{r}$であることが確認できます。

　この定理の内容を日本語で表現するとどうなるでしょうか。言葉を用いた直観的な説明にはどうしてもあいまいな部分が残りますが、あえて試みると次のようになります。労働集約的な財1の価格が上昇すると、その産業は当然生産を拡大しようとしますから、生産要素が産業2から産業1の方に移動します。その際、産業1は産業2よりも労働集約的ですから、労働の需要が高まり、逆に資本はあまりぎみとなります。そのため賃金は上昇し、資本サービス価格は下落します。このような要素価格の変化は両産業の要素集約度をより資本集約的なものにするので、再び完全雇用の均衡に達することができるわけです[5]。

---

5) 以下、数学的表現に慣れている読者のために、ロナルド・ジョーンズのアプローチを紹介します（Jones(1965)）。貿易理論を勉強する時には、数式、図、直観的説明という3つの「言語」を用いて同じことを説明し直してみるというトレーニングが大変大切です。数学がどうしても嫌な人はスキップしても結構ですが、我慢できそうな人は以下の式の展開を追ってみてください。

　完全競争下の企業の利潤最大化問題から導かれる利潤ゼロの条件（zero-profit condition）は、次の2式で表されます。

$$a_{L1}w+a_{K1}r = p_1$$
$$a_{L2}w+a_{K2}r = p_2$$

ここで、a_{ji}は財iを1単位生産するために投入される要素jの量（投入係数と呼ばれる）、p_iは財iの価格、w、rはそれぞれ賃金、資本サービス価格です。財1についての式を全微分すると、

$$a_{L1}dw+a_{K1}dr+wda_{L1}+rda_{K1} = dp_1$$

ストルパー＝サムエルソンの定理は、さまざまな実証的場面において経済学的直観を示すものとして用いられています。1つの代表的な応用例は、貿易政策の所得分配に対する効果をめぐる議論です[6]。例えば、ある発展途上国が労働集約的な財を輸出し、資本集約的な財を輸入していたものとします。ここでもし、重工業化を促進するための輸入代替政策として途上国政府

となります。均衡では単位等量曲線の傾き（da_{K1}/da_{L1}）は要素価格比にマイナスをつけたもの（$-w/r$）と等しくなっていますから、

$$wda_{L1} + rda_{K1} = 0$$

であり、したがって

$$a_{L1}dw + a_{K1}dr = dp_1$$

が導かれます。両辺を p_1 で割って若干の操作をすると、

$$(a_{L1}w/p_1)(dw/w) + (a_{K1}r/p_1)(dr/r) = dp_1/p_1$$

となります。ここで $a_{L1}w/p_1$、$a_{K1}r/p_1$ はそれぞれ、労働と資本の分配率となっていますので、θ_{L1}、θ_{K1} と呼ぶことにします。θ_{L1} と θ_{K1} の合計はちょうど1になっています。また、dw/w、dr/r、dp_1/p_1 はそれぞれ w、r、p_1 の変化率なので、＾をつけて表します。以上の作業を財2についても行うと、次の2本の式を得ることができます。

$$\theta_{L1}\hat{w} + \theta_{K1}\hat{r} = \hat{p}_1$$
$$\theta_{L2}\hat{w} + \theta_{K2}\hat{r} = \hat{p}_2$$

ただしここで $\theta_{L1} + \theta_{K1} = 1$、$\theta_{L2} + \theta_{K2} = 1$ です。

この2式を使えば、ストルパー＝サムエルソンの定理を簡単に証明できます。財1が労働集約的ならば、

$$\theta_{L1} - \theta_{L2} = \theta_{K2} - \theta_{K1} > 0$$

となります。ここでもし $\hat{p}_1 > \hat{p}_2 = 0$ ならば、両式より

$$\theta_{L1}\hat{w} + \theta_{K1}\hat{r} > \theta_{L2}\hat{w} + \theta_{K2}\hat{r}$$

となり、整理すれば

$$\hat{w} > \hat{r}$$

がわかります。これと2番目の式を組み合わせれば

$$\hat{w} > 0,\ \hat{r} < 0$$

が確かめられ、さらに1番目の式から

$$\hat{w} > \hat{p}_1$$

が明らかです。したがって、$\hat{w} > \hat{p}_1 > \hat{p}_2 > \hat{r}$ であることがわかります。

6）ここでいう所得分配とは生産要素間の所得分配（functional distribution）のことであり、個人や家計ベースの所得分配（size distribution）とは異なるものであることに注意してください。

が資本集約的財について関税を設けると、生産要素価格はどうなるでしょうか。定理により、資本サービス価格は上昇し、賃金は下落することが示唆されます。拡大効果を考慮すると、資本家の厚生は改善される反面、労働者のそれは悪化します。これを政治経済学的な文脈で考えれば、資本家はこの輸入代替政策を支持するが、労働者は反対するであろうとの結論が導かれます。

2つの生産要素の保有者が正反対の政策志向を持ちうるとの結論が導かれる点は、ヘクシャー＝オリーン・モデルの特徴の1つと言えます。しかし現実の経済では、1つの産業の資本家と労働者が結託して貿易保護を設けようとする場合も少なくありません。このような現象は、例えば第4章で紹介する特殊要素モデルの論理を用いて説明する必要があります。

6．リプチンスキーの定理

リプチンスキーの定理は、「財の価格一定の下で、労働（資本）の賦存量が増加すると、労働（資本）集約的財の生産はそれ以上に増加し、資本（労働）集約的財の生産は減少する」というものです。ここでも拡大効果が登場します。K、L を当該国の資本と労働の賦存量、x_1、x_2 を財1、財2の生産量とし、財1の方が労働集約的であるとすると、労働賦存量が増加した際の拡大効果は次のように表されます。

$$\hat{x}_1 > \hat{L} > \hat{K}(=0) > \hat{x}_2$$

この定理が成り立つためにも、当該国が両財を生産していること（不完全特化）が必要です。

図3-15のような要素空間のエッジワース・ボックスを用いると、この定理は次のように説明できます。例えば労働の賦存量が増加したものとします。エッジワース・ボックスはその分だけ横幅が大きくなります。図を描く時にはボックスを左右どちらに拡大しても構いませんが、ここでは財2の方の原点 O_2 を右にシフトさせます。ここでは財価格は変化しないものと仮定

図3-15 リプチンスキーの定理（1）

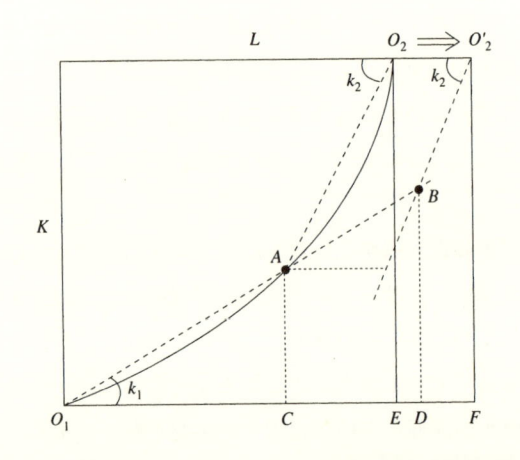

していますから、財空間の図（図3-2）の単位価値等量曲線を思い出せばわかる通り、要素価格（w/r）も両産業の要素集約度（k_1、k_2）も変化しません。したがって、変化前の均衡点がA点であったとすると、変化後はO_1Aの延長線とO_2Aに平行でO'_2を通る直線とが交わるB点へと均衡点が移動します。この図からは拡大効果を直接読み取ることができます。まず、O'_2Bは明らかにO_2Aよりも短いので、資本集約的な財2の生産量が減少する（$\hat{x}_2<0$）ことは明らかです。また、財1の生産量の増加率はAB/O_1AまたはCD/O_1Cと表せますが、労働の増加率はEF/O_1Eですから、前者の方が大きい（$\hat{x}_1>\hat{L}$）ことがわかります。このように、$\hat{x}_1>\hat{L}>\hat{K}(=0)>\hat{x}_2$であることが証明できます。

　財空間には図3-16のような図が描けます。労働の賦存量が増加すると、生産可能性フロンティアは労働集約的である財1の方に偏りながら外側に拡大します。今、財価格は一定と仮定していますから、生産点はA点から生産可能性フロンティアの傾きの等しいB点へと移動します。資本の賦存量を固定したまま労働を少しずつ増加させていった時の生産点の軌跡のことを、リプチンスキー線（Rybczynski line）といいます。この線が右下がりでしかも直線となることは、図3-15を用いて証明できます。図に見るように、財

図3-16 リプチンスキーの定理(2)

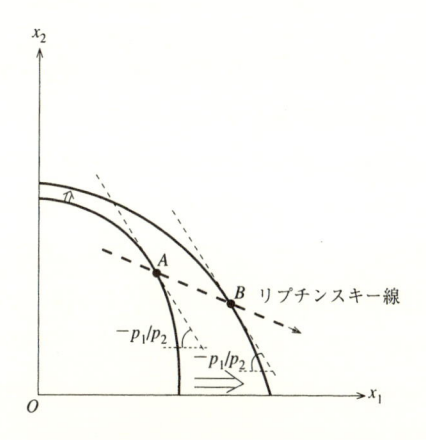

1の生産量は増加し、財2の生産量は減少します。

　リプチンスキーの定理を言葉で直観的に説明すると次のようになります。今、財価格は一定と仮定していますから、要素価格と両産業の要素集約度も一定であるはずです。したがって労働の賦存量が増大した時には、労働集約的な財（財1）の生産量が増えて資本集約的な財（財2）の生産量が減らないと、労働と資本の完全雇用が達成されません。まず増加した分の労働が産業1に投入されたとします。産業1では、要素集約度を一定に保つために、産業2から資本を移動させてこなくてはなりません。一方産業2では、やはり要素集約度を一定に保つために、資本の投入量が減っていますから労働も一部放出しなければなりません。このような生産要素の再配分によって財1の生産量は増加、財2の生産量は減少し、新しい均衡に到達するのです。

　このリプチンスキーの定理も、さまざまな場面で理論的直観を示すものとして用いられています。例えば第11章で詳しく説明するように、経済成長とともに資本蓄積が起こると、資本集約的な財の生産が増え、工業の高度化が進行することが、この定理からわかります。その際、労働賦存量と技術が一定ならば、労働集約的産業の規模は縮小しなければなりませんから、産業調整の問題が生じてくることが予想されます。

また、例えば先進国において海外から労働が流入すると、当然その国の2産業の生産量は変わります。しかしヘクシャー＝オリーン・モデルでは、不完全特化でかつ財価格が一定でありさえすれば、賃金水準の下落は起きません。労働流入が賃金水準を下落させると主張するのであれば、財価格の変化や技術進歩があったかどうかをまずチェックする必要がありますし、場合によってはヘクシャー＝オリーン以外のモデル（例えば特殊要素モデル）をベースに考える必要が生じてきます。このような考え方は、労働集約的財の輸入増加と非熟練労働者の賃金との関係を分析する際にも応用できます[7]。なお、財の価格が変化しないという設定は、当該国が世界価格に影響を与えないような小国でありさえすれば満たされるわけですから、それほど非現実的なものではありません。

7．要素価格均等化定理

　要素価格均等化定理は、「両国が両財を同時に生産している時には、生産要素の価格は両国で同じとなる」というものです。これが成り立つためには、要素集約度の逆転が起こらないこと、両国が不完全特化していることが必要です。財価格が国際間で均等化したところから考え始めればよいので、両国の社会的厚生関数に関する仮定は必要ありません。

　ここでも生産要素は国際間で移動しないと仮定していますが、それにもかかわらず生産要素価格が国際間で均等化するという点が、定理の定理たるゆえんです。自由貿易下で国際間を摩擦なく移動できる財の価格が均等化するのは当然ですが、動かない生産要素の価格も両国で等しくなるのです。

---

[7] 1990年代に入り、アメリカその他の貿易論研究者、労働経済学者の間で、発展途上国からの労働集約的財の輸入急増と国内の非熟練労働者の賃金の相対的低下との関係をめぐって、大きな論争が巻き起こりました。それについては *Journal of Economic Perspective* 誌の1995年夏季号に掲載された3編の論文、および Baldwin and Cain (1997) などを参照してください。

図3-17 要素価格均等化定理（1）

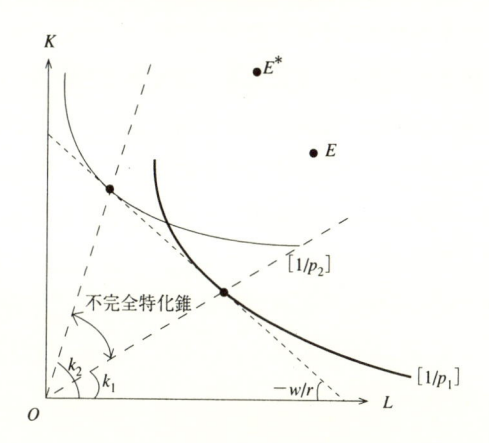

図3-18 要素価格均等化定理（2）

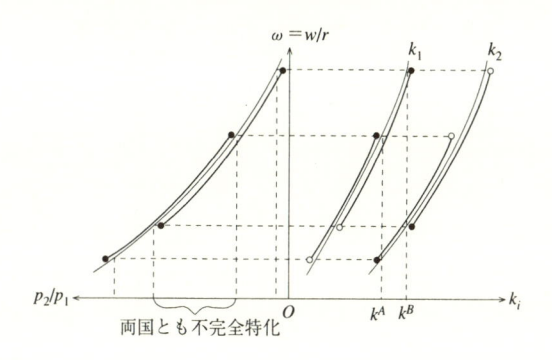

　その根拠は簡単に示すことができます。図3-17は要素空間の図です。両財についての生産関数が2国で同一かつ1次同次で、しかも両国の要素賦存点（E、E^*）が同じ不完全特化錐の中にあるならば、両国とも両財を同じ要素集約度（k_1、k_2）で生産し、要素価格比も両国で同じ（w/r）となるはずです。生産関数が1次同次であることを考慮すれば、両国の生産要素価格（w、r）が一致することは明らかです。図3-18はサムエルソン＝ジョンソン・ダイアグラムです。ここでも、両国とも不完全特化している場合には要

第3章　ヘクシャー＝オリーン・モデル　73

素価格比が均等化されることがわかります。

　文言どおりの要素価格均等化は、現実には成立していません。とくに賃金水準が発展途上国と先進国との間で大きく異なることはいうまでもありません。ここでの理論の役割は、現実を忠実に描写することではなく、現実を理解するためのベンチマークを提供することにあります。例えば国際間の賃金格差を説明したい場合、この定理が成立する条件を出発点として、1人当たりあるいは労働1時間当たりの賃金ではなく、労働の質を考慮して1効率単位当たりの賃金と読み直せばどこまで説明できるのか、国際間の輸送費や貿易障壁の存在によってどこまで説明できるのか、あるいは生産関数の国際間の違いを導入しなければ説明できないのか、といった形で、分析を進めていくことができるのです。

8．ヘクシャー＝オリーンの定理

　ヘクシャー＝オリーンの定理は、「労働（資本）が相対的に豊富な国は、労働（資本）集約的な財を輸出する」というものです。これはヘクシャー＝オリーン・モデルから導かれる結論の中で最も重要なものであり、要素賦存比率の違いが貿易パターンを説明することを論じています。リカード・モデルでは生産技術の違いが貿易パターンを説明していたことを思い出してください。

　この定理が成り立つための条件のうちとくに強調しておく必要があるのが、要素集約度の逆転がないと仮定されていること、および両国で同一のホモセティックな社会的厚生関数が仮定されていることです。一方生産パターンについては、不完全特化である必要はありません。

　ヘクシャー＝オリーンの定理は、財空間の図を用いれば次のように説明できます。図3-19はA国とB国の生産可能性フロンティアを同時に描いたものです。財1の方が財2よりも労働集約的で、A国がB国とくらべ労働豊富国である（$K^A/L^A = k^A < K^B/L^B = k^B$）とすると、A国の生産可能性フロ

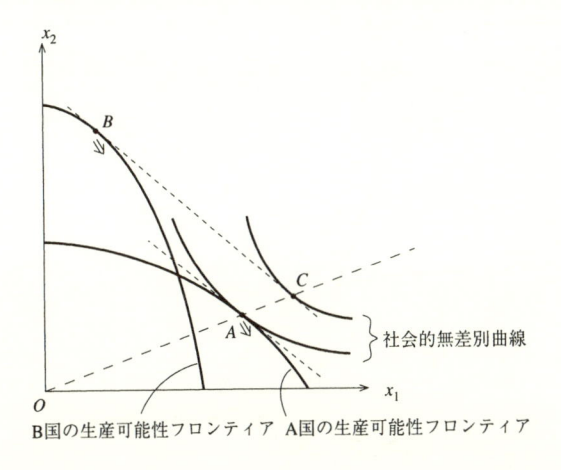

図3-19 ヘクシャー＝オリーンの定理（1）

ンティアは横軸の方に偏った形になります。A国の貿易がない場合（autarky）の生産点および消費点であるA点では、生産可能性フロンティアと社会的無差別曲線が接していて、その傾きの絶対値は財価格比（p_1^A/p_2^A）となっています。実際はそうはならないのですが、もしそのA国のautarkyの財価格比に基づいてB国も生産を行ったとすると、B点がその生産点となります。リプチンスキーの定理より、同じ財価格比の下では資本豊富国であるB国は資本集約的な財2をより大きな比率で生産するはずです。一方、両国が同一でホモセティックな社会的厚生関数を持っているという仮定から、その価格比の下でのB国の消費点はC点となるはずです。したがってこの価格比では、B国は財1の超過需要、財2の超過供給という状態にあることになります。そのため、貿易が始まると、財1の相対価格は上昇するはずです。同じことをB国のautarkyの財の相対価格について考えると、結局、自由貿易下の2財の相対価格は、両国のautarkyの相対価格の間に決まることがわかります。したがって、自由貿易下では、A国は財1をより多く生産して輸出する一方、B国は財2をより多く生産して輸出することになるのです。

図3-20　ヘクシャー＝オリーンの定理（２）

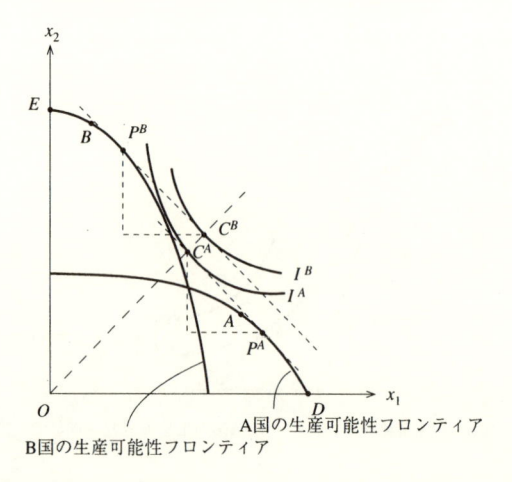

B国の生産可能性フロンティア
A国の生産可能性フロンティア

　自由貿易下の均衡は図3-20のようになります。自由貿易が行われると両国の財価格が均等化され、両国の生産は P^A 点、P^B 点で行われるようになります。両国の消費点は、それぞれの生産点を通る貿易線と社会的無差別曲線（I^A、I^B）が接する点（C^A、C^B）となります。今、両国は同一でホモセティックの社会的厚生関数を持っていると仮定していますから、両国の消費点、C^A、C^Bは原点からの同一の直線上に位置しているはずです。$C^A P^A$ と $P^B C^B$ を斜辺として２つの貿易の三角形が描けます。２国モデルの設定から２つの三角形は合同（形も大きさも同じ）となるはずです。ここでは、労働豊富国であるA国が労働集約的財である財１を輸出し、一方資本豊富国であるB国が資本集約的財である財２を輸出していることがわかるでしょう。
　要素集約度の逆転が起きる場合には、この定理は必ずしも成り立ちません。要素空間の図において両国の資源賦存点が異なる不完全特化錐の中にある時には、１つの財が一国ではもう１つの財に比べ労働集約的であるのに、もう一国では資本集約的ということもありえます。したがって、両国が財１と財２を輸出し合っている場合、両国の輸出財がそれぞれの国にとっては同時に資本集約的財であったり労働集約的財であることもありえます。

両国の社会的厚生関数が同一でなければ定理が成り立たない場合もあることもすぐわかるでしょう。同一でない一般的な社会的厚生関数を考えれば、例えば図3-20で、両国の消費点がそれぞれ生産点 P^A、P^B の反対側にきてしまうこともありえます。

なお、自由貿易均衡で一国もしくは両国で完全特化が起きても、定理はそのまま成り立ちます。図3-20でいえば、P^A や P^B が D 点や E 点と一致してもなんら差し支えありません。

2財のヘクシャー＝オリーンの定理の現実妥当性の検討は、資本豊富国であるはずのアメリカが労働集約的財を輸出しているという「レオンティエフの逆説」をめぐる一連の実証研究という形でなされてきました。ここでは詳しく述べませんが、2財2要素のヘクシャー＝オリーン・モデルによって現実の貿易パターンを説明するのにはかなり無理があることは事実です[8]。それでもなお、このモデルをベンチマークとして、なぜ現実の貿易パターンがここから乖離してしまうのかを考えることは、大変有益です。

9．4つの定理に必要な諸仮定

以上、2財2要素のヘクシャー＝オリーン・モデルから導かれる4つの定理について説明しました。最後に、それらの定理に必要とされる主な仮定をもう一度復習しておきましょう。

両財の生産関数が1次同次であることは、すべての定理について必要です。要素価格均等化定理とヘクシャー＝オリーンの定理についてはさらに、両国の生産関数が同じであることが必要です。

要素集約度の逆転が起こらないことも、すべての定理について通常必要とされます。正確にいえば、不完全特化錐が複数存在していても、両国の要素

---

[8] 2財2要素のヘクシャー＝オリーン・モデルにおけるヘクシャー＝オリーンの定理の現実妥当性については木村・小浜（1995）の第1章第2節で詳しく解説しましたので、興味のある方は参照してください。

賦存比率が同一の不完全特化錐の中に入っていれば、これらの定理は成り立ちます。

両財を同時に生産していること（不完全特化）は、ストルパー＝サムエルソン、リプチンスキー、要素価格均等化の各定理では必要ですが、ヘクシャー＝オリーンの定理では必要ありません。要素価格均等化定理ではとくに、両国とも不完全特化していることが必要です。

最後に、両国の社会的厚生関数が同一でホモセティックという仮定は、ヘクシャー＝オリーンの定理にのみ必要です。ストルパー＝サムエルソン、リプチンスキーの両定理は一国内の生産のみを問題としており、財価格さえ与えられれば外国の事情は関係ありません。要素価格均等化定理も、財価格が両国で均等化すればそれで十分です。

10. 高次のヘクシャー＝オリーン・モデル

2財2要素のヘクシャー＝オリーン・モデルは一般均衡モデルとして大変美しくできあがっており、多財多要素の設定の下でどこまで一般化できるかについて理論的関心が抱かれたのは当然のことです。またモデルの現実妥当性を考えても、財、要素がそれぞれ2つしかないというのはいかにも窮屈です。しかしながら、ヘクシャー＝オリーン・モデルの多財多要素への拡張は、リカード・モデルの場合などと比べるとはるかに面倒です。以下では、とくにヘクシャー＝オリーンの定理が多財多要素の設定の下でどの程度妥当性を持ちうるのかを中心に、高次モデルへの拡張の触りの部分のみをお話しします。

まず、要素価格が国際間で均等化しているケースを扱う場合とそうでない場合とで、モデル作りの戦略が大きく異なってくることに注意してください。前者を採用して要素価格均等化を前提とすれば、要素コンテンツ・アプローチというやり方を採ることによって、モデルを大幅に簡便化することができます。

図3-21 要素空間のボックス・ダイアグラム：2財2要素の場合

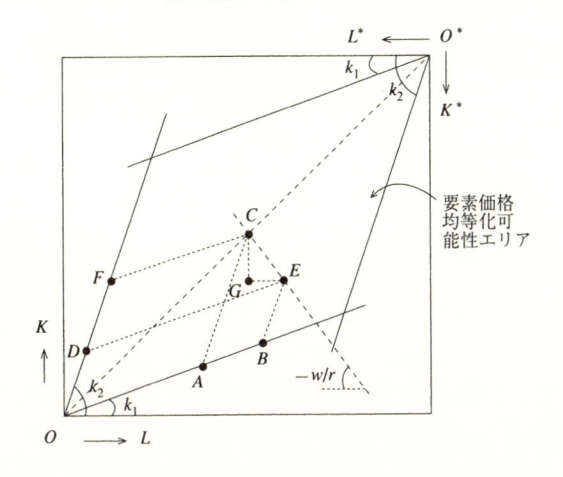

　図3-21は、2財2要素の場合の2国の要素空間の図を連結して、ボックス・ダイアグラムの形で表したものです。これは、前に用いた要素空間のエッジワース・ボックスとは異なる図ですので注意してください。ボックスの縦横の長さはそれぞれ世界全体の資本と労働の総賦存量を表します。自国の原点をO、外国の原点をO^*とすると、両国の要素賦存量はE点として表されます。ここでは自国が労働豊富国となっていることを確認してください。均衡で要素価格均等化が起きている場合、両産業の要素集約度（k_1、k_2）は両国に共通となりますので、両国の不完全特化錐を描くと図のような平行四辺形ができます。要素価格均等化が起きるためには、この平行四辺形の中に要素賦存点Eがこなくてはなりません。その意味で、この平行四辺形は要素価格均等化可能性エリア（factor price equalization possibilities area）と呼ばれます。両国の社会的厚生関数が同一でかつホモセティックであるという仮定から、消費点は対角線上の点（例えばC点）となり、線分ECの傾きの絶対値は要素価格比（w/r）となります。自国は線分ABに当たる資本と労働を投入して生産した財1を輸出し、線分DFだけの資本・労働投入に対応する量の財2を輸入します。要素コンテンツ・アプローチとは、貿

第3章　ヘクシャー＝オリーン・モデル　79

図 3-22　4 財 2 要素モデル：要素価格が均等化する場合

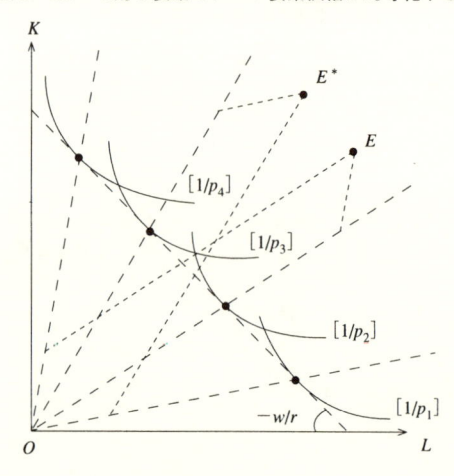

易される財に体化された生産要素のフローとして財の貿易をとらえようとするものです。ここでは、輸出財、輸入財を生産するのに用いられた生産要素を差し引きすると、自国は線分 GE だけの労働を純輸出し線分 GC だけの資本を純輸入しているものと読み替えることができます。財に体化された形で、労働豊富国は労働を純輸出し、資本豊富国は資本を純輸出するわけで、「要素コンテンツという意味での」ヘクシャー＝オリーンの定理が成り立っているのです。これをとくにヘクシャー＝オリーン＝ヴァーネックの定理 (Heckscher-Ohlin-Vanek theorem) と呼ぶこともあります。

　要素価格均等化を前提としたまま、財の数を増やすとどうなるでしょうか。図 3-22 は 4 財 2 要素の場合の要素空間の図です。要素価格均等化が起きている場合には、4 つの財の単位価値等量曲線は図のように共通の接線を持っていなければなりません。さもなくば、まったく生産されない財が出てきてしまいます。さてここで、自国、外国の資源賦存点がそれぞれ E 点、E^* 点であったとします。この場合、自国の方が労働豊富国ですから、労働集約的な財 1、財 2 を輸出し、資本集約的な財 3、財 4 を輸入するといえるでしょうか。実はそうとは限らないのです。財の数が要素の数よりも多い時

図3-23 要素空間のボックス・ダイアグラム：
4財2要素の場合

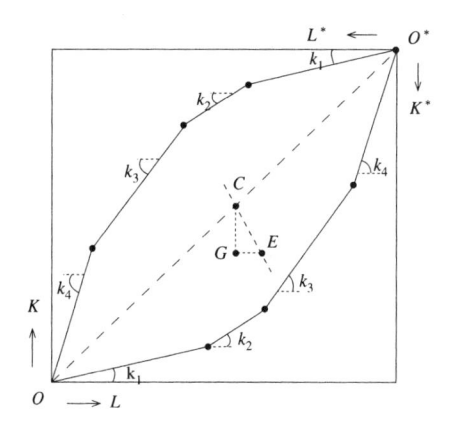

には、どの国がどの財をどれだけ生産するかは一意的に決まりません。例えば図に点線で示したように、自国のみが財2と財4を作り、外国のみが財1と財3を作るということもありえます。その時には、財2を輸出するのは自国で財3を輸出するのは外国となってしまいますから、「財の要素集約度の順序という意味での」ヘクシャー＝オリーンの定理は成立しません。しかし、「要素コンテンツという意味での」ヘクシャー＝オリーンの定理は成り立っています。図3-23を見てください。世界全体での各財の生産量が決まれば、図のように8角形の要素価格均等化可能性エリアが描けます。労働豊富国である自国は線分GEだけの労働を純輸出し、資本豊富国である外国は線分GCだけの資本を純輸出します。

　以下詳しくはお話ししませんが、多財多要素の設定においても、財の数が要素の数よりも大きいかもしくは同じであれば、要素価格均等化の下では「要素コンテンツという意味での」ヘクシャー＝オリーンの定理が成り立ちます。また、この要素コンテンツ・アプローチを3国以上のモデルに拡張するのも容易です。

　要素価格均等化が起きない場合も含めた枠組みでは、財の貿易を要素コン

図 3 - 24　4 財 2 要素モデル：要素価格が均等化しない場合

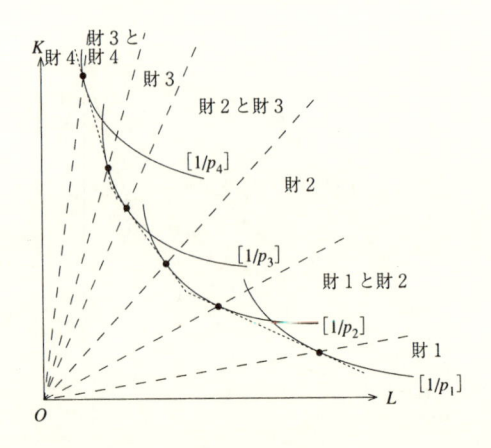

テンツの貿易と読み替えることができないため、モデルの性質を調べるのが大変難しくなります。ここでは 4 財 2 要素多国のケースのみ示しておきましょう。図 3 - 24 は要素空間に 4 財の単位価値等量曲線を描いたものです。このように各曲線が隣り合ったものとしか共通の接線を持たないとすると、各国の要素賦存点の位置によって図のように生産する財が決まります。この場合には、「財の要素集約度の順序という意味での」ヘクシャー＝オリーンの定理が成り立っていることになります。要素価格比（w/r）は、要素賦存点が横軸の方から縦軸の方に動いていくのに従って階段状に高くなっていきます。

　以上、高次のヘクシャー＝オリーン・モデルをめぐる議論の一部を紹介しました。現実の貿易パターンを説明しようとすれば、資本と労働だけしか含まない 2 要素モデルではどうしても満足のいくものとはならず、人的資本や天然資源などを第 3、第 4 の生産要素として導入したいと考えるのは当然のことです。そのため、とくに多要素モデルの要素コンテンツ・アプローチに基づく実証研究が、これまで数多くなされてきました。しかし過去の諸研究では、十分な現実妥当性が見出されなかった場合の方が多かったといえます[9]。極度に抽象化された一般均衡モデルがそのまま現実の描写となってい

なかったとしても、驚くに値しません。それでも多くの実証研究がなされてきた理由は、なぜモデルと現実とが食い違うのかを検討することによって、背後にある経済的メカニズムを見出したいと考えたからなのです。

練習問題

(1) 5種類の図を描く練習(1)：財1が財2よりも資本集約的である場合について、5枚の図を描いてみよう。

(2) 5種類の図を描く練習(2)：財1と財2の要素集約度が同一である場合について、5枚の図を描いてみよう。

(3) 要素空間のエッジワース・ボックス：契約曲線はなぜ、対角線と一致する場合を除けば、対角線と原点以外で交わらないのでしょうか。また、なぜ各原点から任意に引いた直線と原点以外で2回以上交わることはないのでしょうか。それぞれ、生産関数が一次同次であることを用いて証明しなさい。

(4) 2財の要素集約度と生産パターン：2財の要素集約度があまり変わらない場合と大きく異なる場合について、5枚の図を描いてみよう。どちらのケースの方が不完全特化となりやすいでしょうか。

(5) 2国の要素賦存比率と生産パターン：2国の要素賦存比率があまり変わらない場合と大きく異なる場合についての5枚の図を描いてみよう。どちらのケースの方が、両国ともに不完全特化となりやすいでしょうか。

(6) 要素集約度逆転のケース：図3-11、図3-12に対応する要素価格空間の図を描いてみよう。

(7) ストルパー＝サムエルソンの定理：資本集約的な財の価格が上昇した場合のストルパー＝サムエルソンの定理を、図を描いて示しなさい。

(8) リプチンスキーの定理：労働ではなく資本の賦存量が増加した場合のリプチンスキーの定理を、図を描いて示しなさい。

---

9) 多財多要素のヘクシャー＝オリーン・モデルをめぐる実証研究については、木村・小浜（1995）の第1章第3節を見てください。

(9) リプチンスキーの定理の数学的証明：注5）のストルパー＝サムエルソンの定理のケースに倣い、完全雇用条件式

$$a_{L1}x_1 + a_{L2}x_2 = L$$
$$a_{K1}x_1 + a_{K2}x_2 = K$$

から

$$\lambda_{L1}\hat{x}_1 + \lambda_{L2}\hat{x}_2 = \hat{L}$$
$$\lambda_{K1}\hat{x}_1 + \lambda_{K2}\hat{x}_2 = \hat{K}$$

（$\lambda_{Li} = a_{Li}x_i/L, \lambda_{Ki} = a_{Ki}x_i/K$）を導き、リプチンスキーの定理を証明しなさい（ヒント：ストルパー＝サムエルソンの定理の場合と異なり、今度は財価格、要素価格が一定なので、投入係数は変化しません）。

(10) 不完全特化の仮定の必要性：要素価格均等化定理のみならず、ストルパー＝サムエルソンの定理とリプチンスキーの定理も、対象国が両財を生産している（不完全特化）時にのみ成り立つことを確かめなさい。

(11) 要素集約度の逆転と要素価格均等化：要素集約度の逆転が起きると要素価格均等化が必ずしも実現されないことを、要素空間の図とサムエルソン＝ジョンソン・ダイアグラムを用いて示しなさい。

(12) 完全特化とヘクシャー＝オリーンの定理：一方もしくは両方の国が完全特化となってもヘクシャー＝オリーンの定理は成り立つことを、財空間の図を用いて示しなさい。

第4章
特殊要素モデル

[この章のポイント]
・特殊要素モデルはヘクシャー＝オリーン・モデルをわずかに変形したモデルであるが、政策論を行う上で有用なものである。
・ヘクシャー＝オリーン・モデルでは2つの生産要素とも両財の生産に用いられるという設定になっていたのに対し、特殊要素モデルでは1つの財の生産にのみ用いられる産業特殊の生産要素を導入する。
・産業に特殊な生産要素を資本と解釈すれば、生産要素が産業間で十分に動かないような短期を取り扱うモデルとして経済分析に用いることができる。
・また、資本、労働に加え、土地、天然資源などの第3の生産要素を含むモデルとして用いることもできる。

1．基本構造

　国際貿易モデルは、生産要素と財の関係を工夫することによって、さまざまな方向に展開することができます。その中で特殊要素モデル（specific-factors model）は、貿易論の中心的モデルであるヘクシャー＝オリーン・モデルをほんのわずか変形するだけでまったく異なる結論を導いており、なかなか切れ味のよいモデルです。このモデルはとくに、ヘクシャー＝オリー

図 4 - 1　モデル構造

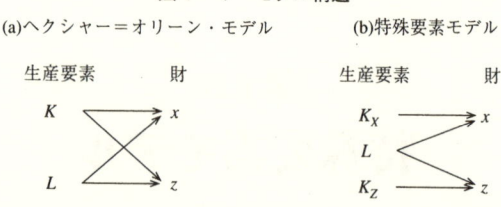

(a)ヘクシャー＝オリーン・モデル　　　(b)特殊要素モデル

```
生産要素    財           生産要素    財
  K  ⤨  x              Kx  ➘  x
     ⤩                   L
  L  ⤨  z              Kz  ➚  z
```

ン・モデルから導かれるストルパー＝サムエルソンの定理とリプチンスキーの定理がどのような前提の下で成り立っているのかを考える上で大変有用です。

　特殊要素モデルがヘクシャー＝オリーン・モデルと異なるのは、産業に特殊な生産要素（industry-specific productive factors）が存在していてその要素は産業間で移動しないという1点のみです。2財モデルの設定の下での両モデルの違いは、図4-1のように描けます。ヘクシャー＝オリーン・モデルでは、2つの生産要素KとLはともに、両方の財（x、z）を生産するために投入されます。それに対し特殊要素モデルでは、生産要素のうち1つ（ここではL）は両財の生産のために投入されますが、それ以外に産業に特殊な生産要素（K_xとK_z）が存在するという設定になっています。

　どのような解釈の下で特殊要素モデルが用いられることが多いのかを最初に述べておきましょう。第1にこのモデルは、何らかの外生的ショックによる産業構造変化を、短期と長期に分けて考えたい時に利用されます。短期と長期という言葉は経済学のあちこちで異なる意味で用いられるので、いつも定義をチェックする習慣をつけてください。例えばマクロ経済学では、生産要素市場（とくに労働市場）の需給が均衡しない状態を短期と呼んでいますが、ここでは短期といっても完全雇用が達成される場合を考えます。以下では、産業間で移動しない生産要素が存在する場合を短期、すべての生産要素が産業間で移動しうる場合を長期と定義します。ヘクシャー＝オリーン・モデルでは両生産要素とも産業間を摩擦なく自由に動けるという設定になって

いるので、長期の均衡を扱っているものと解釈できます。現実の産業間要素移動には時間がかかります。例えば労働は比較的短時間で移動できるとしても、資本はそうはいきません。繊維産業で用いていた機械を自動車工場に持ってきて使うというわけにはいかないのです。したがって、2〜3年のタイムスパンの話をする際には、労働は産業間で動けるけれども資本は動かないという設定を考えてもそれほど非現実的なものとはなりません[1]。短期均衡から長期均衡へと向かう調整過程をきちんと分析するためには、どうしても動学モデルが必要となります[2]。しかし、静学的な特殊要素モデルとヘクシャー＝オリーン・モデルを比較するだけでも、政策論に役立つ理論的直観を得ることができるのです。以下では、主としてこの短期モデルとしての特殊要素モデルに焦点を当てて解説していくことにします。

　第2に特殊要素モデルは、2つの特殊要素がまったく異なる要素であるという解釈の下でも用いられます。典型例は、一方の特殊要素が天然資源で農産品あるいは一次産品の生産に用いられる一方、もう1つの特殊要素は資本で製造業品の生産に使われるという設定です。ヘクシャー＝オリーン・モデルをまともに3要素モデルに拡張すると大変扱いにくくなってしまうので、可能であれば、天然資源と資本という2つの要素を特殊要素として処理してしまった方が賢明な場合もあるのです。例えば第12章でオランダ病の分析を取り上げますが、そこではしばしば特殊要素モデルが用いられます。

---

1) 一度投資された資本は、コストを支払ってスクラップするかもしくは減価償却の期間を経て、初めて他の産業に移すことができます。ここでは取り上げませんが、一度投資されて作られた資本は産業間で移動しないという設定になっている動学的モデルもあり、それらは putty-clay model（いったんパテで固めてしまった煉瓦は動かせないということから名付けられた）と呼ばれています。
2) 理論モデルの中で短期と長期を明示的に接続するのはかなり大変です。興味のある読者は、例えば動学的理論枠組みで産業調整を分析している Matsuyama (1992a) を見てください。

2. VMPLダイアグラム

以下ではまず、特殊要素モデルを用いた分析で多用される VMPL の図について解説します。財価格と生産要素がすでに与えられたものとし、需要面を切り離して生産面のみに議論を集中します。各財の国内生産と国内需要が食い違う部分は国際貿易によって埋め合わされるものと考えるわけです。2財モデルで、両産業とも労働と資本を投入要素とする1次同次の生産関数に基づき、完全競争下で生産を行うものとします。ヘクシャー＝オリーン・モデルとの違いは、資本が産業に特殊な生産要素となっている点のみです。

労働は産業間を自由に移動しうるものとしていますので、均衡における賃金は両産業で同じとなるはずです。また、生産要素市場が完全競争下にあるとすれば、賃金は、労働の限界生産性価値（value of marginal product of labor：VMPL）すなわち生産物の価格（p）と労働の限界生産性（marginal product of labor：MPL）の積と一致します。

この状況を描いたのが図4-2の VMPL ダイアグラムです。縦軸はそれぞれの産業（産業 x、産業 z）の VMPL（$VMPL_x$、$VMPL_z$）を示し、それを結ぶ横軸は国全体の労働賦存量（L）を表しています。VMPL 曲線は、各産業の特殊要素（K_x、K_z）の投入量が固定されていてかつ両財の価格（p_x、p_z）が一定という条件の下での、労働投入量と VMPL の関係を表したものです。産業 x についての VMPL 曲線は、左側の原点 O_x からみて右下がりの曲線となります。これが右下がりとなるのは、労働の限界生産性が労働投入の増加につれて逓減していくためです。産業 z の VMPL 曲線も右側の原点 O_z から同様に描けます。

2本の VMPL 曲線が交わった点を A 点と呼びましょう。ここでは両産業の VMPL、したがって賃金が一致しています。産業 x では O_xL_0、産業 z では O_zL_0 だけの労働が雇用され、完全雇用が実現しています。したがって、ここがこのモデルの均衡となります。

VMPL 曲線の下の部分を縦に短冊状に切ると、それぞれの短冊は追加的

図4-2 VMPLダイアグラム

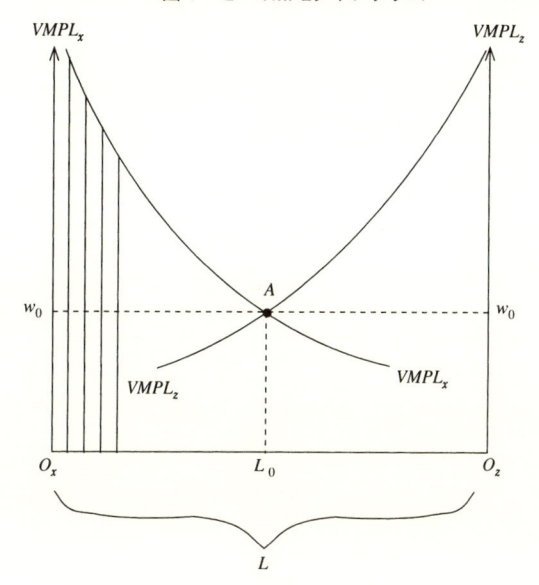

労働投入から得られる生産物の量に価格をかけたものとなっています。したがって、VMPL 曲線の下の部分の面積は、生産物の価値を表すことになります。産業 x についてみれば、AL_0 よりも左側で VMPL 曲線よりも下の部分の面積は、産業 x の総生産額に相当します。そのうち長方形 $O_x w_0 A L_0$ は賃金支払いに当たりますから、$w_0 A$ よりも上の三角の部分は資本家、すなわちここでは特殊要素 K_x の保有者の取り分となります。

3. 財価格が変化した場合

VMPL ダイアグラムの使い方がわかったところで、さっそく比較静学分析に入っていきましょう。最初は、何らかの要因で財価格が外生的に変化した場合について検討します。例えば、貿易政策の変更によって貿易障壁の高さが変わり、国内価格が変化した場合を考えてください。ここでは x 財の価

図4-3 財価格が変化した場合（1）

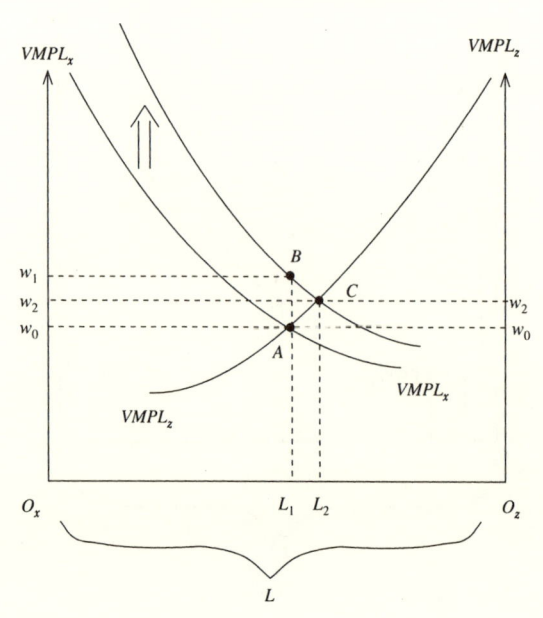

格が上昇したものとしましょう（図4-3参照）。$VMPL_x$ は財価格（p_x）と労働の限界生産性（MPL_x）の積ですから、$VMPL_x$ 曲線は財価格が上昇した分だけ上方にシフトします。ここでは価格が変化しただけで物理的な生産関数には変化がなく、しかも特殊要素の投入量も固定されていますから、MPL_x はそれぞれの労働投入量について変わらないことに注意してください。例えば価格が10％上昇した時には、$VMPL_x$ 曲線は垂直方向に10％高くなるわけです。

　価格変化前には長期均衡にあったものとして、価格変化の影響を受けた経済がどのように動いていくのかを見てみましょう。まず、生産要素がまったく動かないような「超短期」を考えてみます。資本のみならず労働も産業間で移動しないならば、産業 z の賃金はそのまま（w_0）ですが、産業 x の賃金は w_1 へと上昇します。同時に資本家の取り分も、図中の面積でいえば、産業 x については上昇し、産業 z については変化していません。

以上のような賃金と資本家の取り分の変化は、あくまでもz財の価格は変化しないものとして、それをニューメレールとしてとらえたものです。したがって、両産業の労働者と資本家の厚生水準の変化を見たい時にはもう少し慎重に考える必要があります。もし人々の厚生関数が両財の消費を前提としているならば、厚生水準を見るためには、2つの財を組み合わせたものを基準として、それぞれの取り分の増減をチェックしなければなりません。ここでは、産業xの労働者および資本家の取り分はx財を基準とすれば一定、z財を基準とすれば増大しています。したがって、両財を消費するものとすれば、彼らの厚生水準は上昇すると結論づけることができます。一方産業zの労働者と資本家の取り分は、x財を基準とすれば減少し、z財を基準とすれば一定なので、厚生水準は低下するものと解釈できます。

　次に、特殊要素モデルが対象とする「短期」について考えてみましょう。特殊要素である資本は相変わらず動きませんが、労働は産業間で移動します。超短期の場合には産業xの賃金の方が産業zのそれよりも高くなっていましたから、労働は産業xの方にシフトしていきます。労働は両産業の賃金が均等化するまで、すなわち労働の配分が図4-3のC点にくるまで動いて、そこで均衡に達します。賃金は両産業ともw_2となります。x財の生産は増加し、z財の生産は減少します。

　各生産要素保有者の厚生水準の変化を見てみましょう。まず、産業xの資本家の取り分は超短期の場合に比べ労働投入が増えたためにさらに拡大し、どちらの財を基準としても大きくなっているので、厚生水準も上昇します。産業zの資本家の方は逆に、超短期の場合に比べ労働投入が減少したことから取り分が小さくなっており、どちらの財を基準としても減少しています。したがって、厚生水準は低下するものと結論づけることができます。

　労働者の厚生はどうでしょうか。賃金水準は両産業で均等化されていますから、働いている産業が異なっても厚生水準に差はありません。短期の賃金w_2は、超短期の2産業の賃金w_0とw_1の間にあることが図から読み取れます。つまり、賃金はx財を基準とすれば減少し、z財を基準とすれば上昇し

ているわけです。したがって一般には、労働者の厚生は上昇することも低下することもありえます。

　この短期均衡と「長期」に対応するヘクシャー＝オリーン・モデルの均衡とでは、どのように異なるのでしょうか。ここで見ているのは財価格が変化した場合ですから、ヘクシャー＝オリーン・モデルでいえばストルパー＝サムエルソンの定理のケースに当たります。したがって、価格が上昇した x 財が労働集約的ならば、賃金はどちらの財を基準としても上昇し、資本サービス価格は逆に低下します。x 財が資本集約的ならば逆に、資本サービス価格はどちらの財についても上昇し、賃金は低下します。

　図4-4は、Neary（1978）に倣い、VMPL ダイアグラムと要素空間のエッジワース・ボックスを同時に描いて、短期と長期の均衡を表したものです。ここでは、x 財の方が z 財よりも労働集約的である場合を想定しています。最初の均衡点である A 点から出発し、価格が変化すると、超短期では均衡は B 点へ、ついで短期では C 点へと移動します。短期では資本が産業間を移動しないという制約条件が課されていますから、C 点は下のエッジワース・ボックスでは契約曲線（contract curve）からはずれたところに位置しているはずです。長期均衡は再び契約曲線の上に戻ってくるわけですが、問題はどこに移動するかです。ストルパー＝サムエルソンの定理により、長期均衡の賃金は x 財の価格上昇よりもさらに大きく上昇するわけですから、上の VMPL ダイアグラムでいえば w_1 よりも高くならねばなりません。さらに、資本は産業 z から産業 x へと動くので、x 財の VMPL 曲線は右にシフトし、財 z のそれも右にシフトするはずです。したがって、長期均衡は D 点のような点となります。C 点から D 点へはどのような経路をたどって動いていくのかわかりませんが、ここでは仮の矢印を書き込んでおきました。

　以上の超短期、短期、長期の均衡の分析からは重要な政治経済学上の示唆を得ることができます。例えば、貿易政策の変更によって2財の間の相対価格を変化させる場合を考えてみましょう。長期では、ストルパー＝サムエルソンの定理により、政策から受けるインパクトは労働者と資本家とでいつも

図4-4 財価格が変化した場合（2）

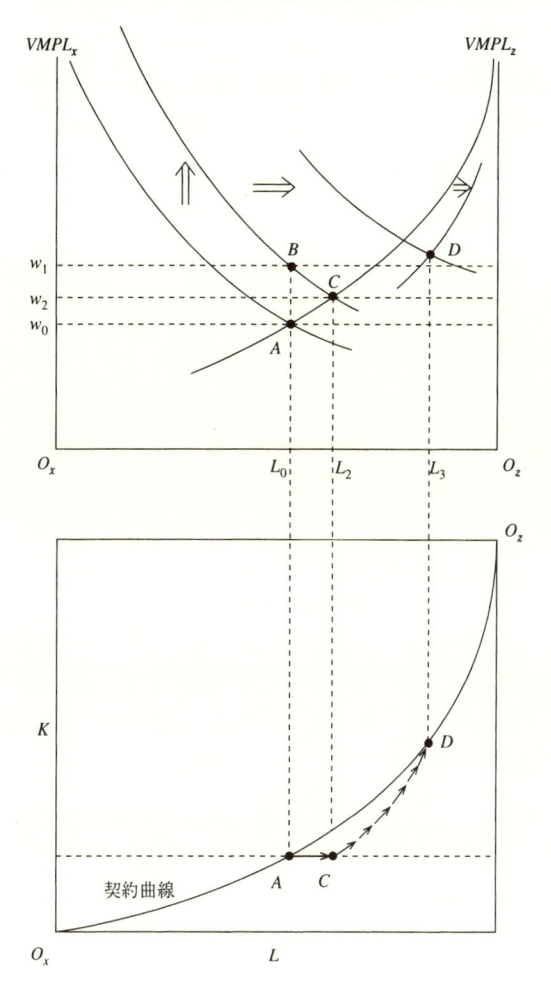

逆向きになっています。労働者と資本家のどちらか一方が得をする時には、もう一方は損をしてしまうわけです。したがって、労働者と資本家がともに1つの政策変更を支持するということは考えにくいことになります。しかし現実には、アメリカの自動車産業の例に見るように、労働者と資本家とが結託して貿易障壁の設定を求めることもしばしば観察されます。この現象は、

超短期あるいは短期モデルのように生産要素の産業間移動がゆっくりと起こるものと考えれば、明快に説明できます。超短期では、1つの産業の労働者と資本家の財価格変化をめぐる利害は完全に一致します。短期の場合には、労働者の厚生が向上するか低下するかは一概に言えませんが、長期の場合のように必ずしも資本家と利害が対立するとは限りません。ここに、労働者と資本家が政策実現のために共同戦線を組む可能性が存在するのです[3]。

以上が、財価格が変化した場合についての分析でした。財価格が上昇する代わりに生産性が向上した場合にも、VMPL 曲線は上方にシフトします。そこから同様の分析を展開することもできます。ただしそこでは一般に、上方に比例的にシフトするとは限りません。生産性向上にはさまざまなパターンがありうるからです。例えば生産性がヒックス中立的に向上した場合には、VMPL 曲線は価格上昇のケースと同じようにシフトします[4]。

4. 労働賦存量が変化した場合

次に、人口増加あるいは外国からの労働者の流入によって、労働賦存量が外生的に増加した場合を考えてみましょう。単純化のため、自国は小国で、したがって財価格は変化しないものとします。

図4-5を見てください。労働が増加したのですから、VMPL ダイアグラムは横向きに大きくなります。右側に延ばしても左側に延ばしても、以下の結果に変わりはありません。ここでは右側に延ばしましたので、産業 z の VMPL 曲線も右に平行に移動させます。短期の均衡は A 点から B 点へと動きます。両産業とも生産量が増加していることを確認してください。

今度は財価格に変化がないので、厚生の変化は簡単に分析できます。労働投入の増加によって資本の限界生産性が上昇するので、両産業の資本家の厚

---

[3] Baldwin (1984) はさらに進んで、労働者が産業に固有のスキルを持っている場合の分析を行い、政治経済学的議論を展開しています。

[4] 技術進歩のヒックス中立性については第11章を見てください。

図4-5 労働賦存量が増加した場合

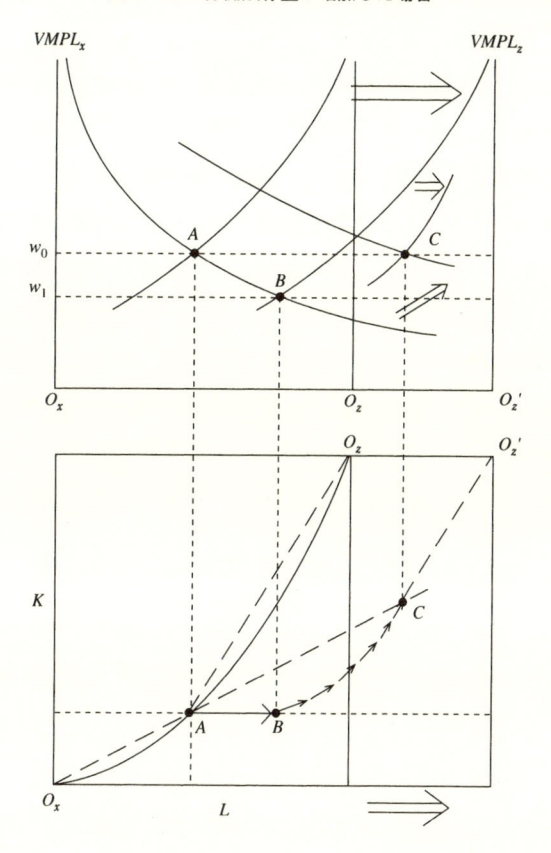

生は向上します。このことは、図4-5において、資本家の取り分である上方の三角形が大きくなっていることによっても確認できます。一方労働者は、w_0からw_1へと賃金が低下するため、1人当たりでは負の厚生効果を得ます。

この短期の結果は、長期のヘクシャー＝オリーン・モデルの場合とどのように異なるでしょうか。長期ではリプチンスキーの定理が成り立つはずです。いま、財価格は固定された状態で労働賦存量が増加したのですから、長期では生産要素価格は元と同じであるはずです。また生産量は、労働集約的

第4章 特殊要素モデル 95

財の方が増大し、資本集約的財の方は減少するはずです。したがって図4-5でいえば、長期均衡点は下のエッジワース・ボックスでは新しい契約曲線上のC点となり、$VMPL$ダイアグラムではちょうど賃金がもとと同じ水準となる点にきます。

　海外からの労働流入を恐れる声は、通常労働者側から発せられます。海外から安い労働力が流入すると、賃金が低下したり、雇用機会を奪われたりする恐れがあるからです。このような議論も、生産要素が産業間で移動しない超短期か、あるいは特殊要素モデルが考えるような要素移動が自由に行われない短期の場合に成り立つ論理であると言えます。長期モデルでは、完全雇用が達成されるのはもちろんのこと、財価格が固定されている限り、賃金水準も変化しないのです。

5．資本賦存量が変化した場合

　最後に、資本の賦存量が変化した場合を考えてみましょう。財価格が固定されているという設定の下で、産業xの資本が外生的に増加したものとします。再び産業xは労働集約的であるものとします。また、小国の仮定を置いて、財価格は変化しないものとします。

　図4-6を見てください。産業xの$VMPL$曲線がシフトするのですが、今度は右方に水平にシフトします。これは、生産関数が1次同次であることからきています。例えば資本が10%増加した場合、労働も同じように10%増やせば、労働生産性は変わらないはずです。したがって$VMPL$曲線は、資本の増加率と同じ分だけ右方向に拡大することになります。均衡は、短期ではA点からB点に移ります。財xの生産量は増加する一方、財zの生産量は減少します。

　各生産要素保有者の厚生はどう変化するでしょうか。両産業の労働者については、賃金がw_0からw_1へと上昇していますから、厚生水準が上昇することは明らかです。産業zの資本家は、労働投入が減少して資本の限界生産

図4-6 資本賦存量が増加した場合

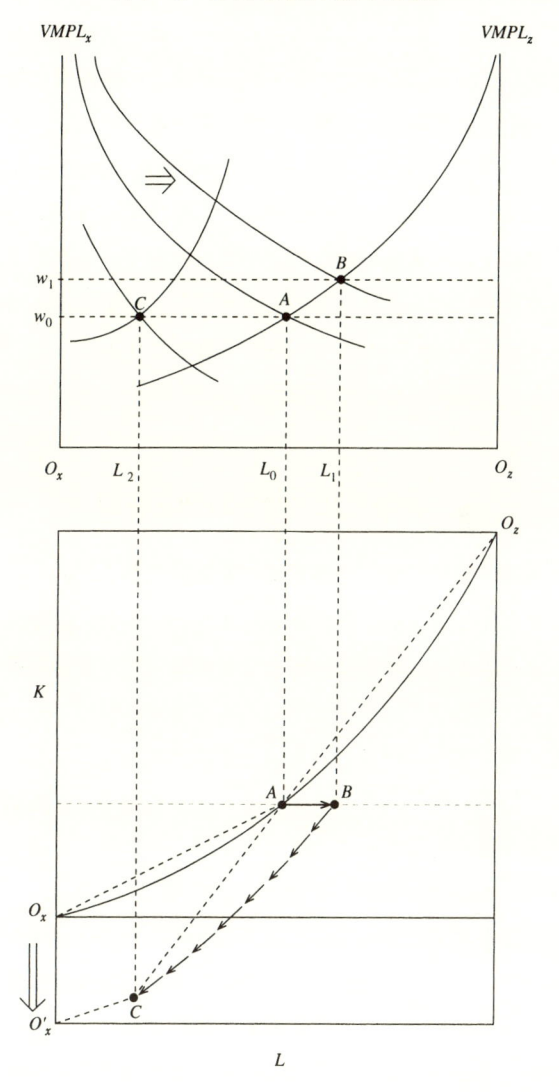

第4章 特殊要素モデル 97

性が下がるので、厚生水準は低下します。これは、図中で取り分が減っていることで確認できます。産業 x の資本家については、図から資本1単位当たりの報酬は減少していることがわかります。産業 x の資本家全体として取り分が増加しているかどうかは、一概には言えません。

長期均衡については、再びリプチンスキーの定理を用いることができます。財価格は一定と仮定していますから、賃金は元の水準の w_0 に戻ります。ここでは産業 x は労働集約的と設定しましたから、長期では産業 x から産業 z への資本移動が起こり、x 財の生産量は減少します。z 財の生産量は逆に増大します。図4-6では C 点が長期均衡となります。ここでも、短期と長期では大きく結論が異なってきます。

6．政策論における短期と長期

本章で見た短期モデルでは、生産要素の産業間移動を制約するだけでまったく異なる結果が生じてくることが示されました。また、政策決定過程における各経済主体の思惑も、短期と長期とでは異なってくる可能性があることがわかりました。経済学ではまず長期の均衡を考える傾向が強く、またそれがゆえに長期の効率性を重視した政策論を組み立てていくこともできます。しかし、何かが自由に動けなくなっているような短期には、長期とは大きく異なる経済変化が見られたり、またそこから異なった政治経済学的環境ができあがったりする可能性があることも、忘れてはなりません。

以上の産業調整をめぐる議論で含まれていなかったのは、調整費用の問題と動学的問題です。ここでの分析は生産要素の移動性が異なる静学的な均衡の比較を行っているだけであり、生産要素の移動に伴いどのような調整費用が発生するのか、あるいはどのような経路をたどって新しい均衡に向かうのか、といった問題にまでは立ち入っていません。これらをフォーマルな形で理論モデルとして定式化するのは容易なことではありませんが、政策論に際し、そういった問題が存在することを念頭に置いておくことも重要です。

練習問題

(1) 財空間における生産可能性曲線の形状：2つの特殊要素を資本と解釈した場合、特殊要素モデルのケースの生産可能性フロンティアは、資本が産業間で移動できるヘクシャー=オリーン・モデルのケースの生産可能性フロンティアとどのように形状が異なってくるでしょうか。

(2) 財価格が変化した場合の短期均衡と長期均衡：x財が資本集約的財である場合につき、図4-4と同様の図を描いてみよう。また、新しい長期均衡で完全特化が起きる場合は、どのように図に表せばよいでしょうか。

(3) 労働賦存量が変化した場合の短期均衡と長期均衡：x財が資本集約的財である場合につき、図4-5と同様の図を描いてみよう。

(4) 資本賦存量が変化した場合の短期均衡と長期均衡：x財が資本集約的財である場合につき、図4-6と同様の図を描いてみよう。

(5) 農業と工業の2部門モデル：オランダは、農産品を輸出し工業製品を輸入している小国であるものとします。農業生産には労働と土地（特殊要素）を投入する一方、工業生産には労働と資本（特殊要素）を投入するものとします。次の3種の政策変更提案に対し、土地所有者、資本家、労働者はそれぞれ、賛成するでしょうか、それとも反対するでしょうか。

　(a) 工業製品輸入に課せられていた関税の撤廃

　(b) 欧州連合の取り決めによる労働力の流入

　(c) 海を干拓することによる耕地拡大

(6) 天然資源賦存と工業化の開始：第1次産業は特殊要素である天然資源と共通の要素である人的資源を生産のために投入するのに対し、工業は人的資源のみを用いるものとします。この場合、$VMPL$ダイアグラムはどのように描けるでしょうか。この設定では、工業生産がゼロとなってしまう場合もあることを確認してください。財価格、天然資源賦存、人的資源賦存につき、どのような条件が満たされれば工業化が開始されるのか（工業生産がゼロから正の値に変わるか）、考えてみよう。

第5章
国際間生産要素移動

[この章のポイント]
- 通常の国際貿易モデルでは生産要素は国境を越えて動かないものと仮定するが、現実の経済では生産要素もかなりの程度国際間で移動している。したがって、この仮定をゆるめてモデルを拡張する必要が生じてくることも多い。
- 国際間生産要素移動は、通常、世界全体の厚生水準を高める。
- 国際間生産要素移動は、市場の歪みがなく交易条件効果が小さければ、生産要素を送り出した国と受け入れた国の双方の厚生水準を高める。
- 財貿易と生産要素移動の関係については、代替的とする考え方と補完的とする考え方が存在する。
- ヘルプマンの多国籍企業モデルは、企業活動を本社サービスと生産ラインに分離することにより、多国籍企業を標準的ヘクシャー＝オリーン・モデルに取り込んでいる。

1．国際貿易モデルと生産要素移動

　第2章から第4章までで見てきたリカード・モデル、ヘクシャー＝オリーン・モデル、特殊要素モデルはいずれも、生産要素が国際間で移動しないケ

ースをベンチマークとしてきました。しかし現実の経済では、生産要素もかなりの程度国境を渡って移動しています。経済史家に言わせれば少し違う考え方もあるのかもしれませんが、このところの世界の趨勢としてはモノ、カネ、ヒトの順に国際間の移動が盛んになってきていると言えるでしょう。モノの動きというのがここまで取り扱ってきた財の貿易、カネの動きは資本移動、ヒトの動きは労働移動に対応しています。

　国際間資本移動は、国際収支統計では資本収支（capital and financial account）として集計されており、それはさらに投資収支（financial account）とその他資本収支（capital account）に分けられています。その他資本収支は資本移転その他の比較的小さな項目なのでとりあえず無視し、投資収支を詳しく見ると、それがさらに直接投資（direct investment）、証券投資（portfolio investment）、その他投資（other investment）の3つに分けられています[1]。表5-1は1997年の日本の数字を示したものです。国際収支統計の投資収支は、1年の間に日本の居住者が保有する対外資産の純増がどれだけか（資産純増）、外国の居住者が保有する対内資産の純増がどれだけか（負債純増）を報告しています。これらは「純（ネット）」の数字なので現実にどれだけの取引が1年間になされたかを見ることにはなりませんが、同年の日本の国内総支出（GDP）の7.0％、4.1％程度の資産・負債純増が見られることがわかります。さらに、資産・負債がストックとしてどのくらいあるのかを示しているのが、対外資産負債残高の数字です。この統計については、どの程度正確にデータを把握できているか、正確な時価評価を反映しているかなど、さまざまな問題があると言われています。また、金融資産を含む数字を、国際貿易論で問題となる実物資産と同視してもよいかどうかという、もっと本質的な問題も存在します。しかし、ごく大摑みの数字として見てみると、1997年末の資産残高は同年のGDPの70.5％、負債残

---

1) 国際収支統計については第13章でもう少し詳しく説明します。とくに居住者概念に基づいて構成されている点に注意してください。

表5-1　日本をめぐる国際間資本移動

(億円)

投資収支（1997年）			
	資産純増	計	351,874
		直接投資	31,449
		証券投資	84,034
		その他投資	236,391
	負債純増	計	208,405
		直接投資	3,901
		証券投資	121,245
		その他投資	83,258
対外資産負債残高（1997年末）			
	資産	計	3,557,310
		直接投資	353,340
		証券投資	1,178,210
		その他投資	1,738,840
		外貨準備	286,930
	負債	計	2,311,450
		直接投資	35,190
		証券投資	762,260
		その他投資	1,514,000

参考：国内総支出（GDP）（1997年暫定値）5,045,765
出所：大蔵省（1998）。

高は45.8％に達していることがわかります。ここで見てもらいたいのは、国際間資本移動の規模がかなりの規模に達しており、分析目的によってはそれを明示的に理論モデルに取り込む必要があるということです。

　理論モデルに国際間資本移動を取り込む際には、直接投資とそれ以外とを区別すべきとの考え方も有力です。直接投資とは、経営に参加することを意図して外国企業の株式を保有する投資のことを指し、IMF（International Monetary Fund：国際通貨基金）の定義に従えば、外国企業の株式の10％以上を保有することを目途としています。本章では主として資本、労働という2つの生産要素を含むモデルを用いた考察を行うので、資本移動の中で主として証券投資を念頭において話を進めます。直接投資の場合は、単に資本のみならず、企業特殊（firm-specific）な技術や経営管理能力なども同時に移動するので、2要素のモデルでは十分に分析できない側面を有していま

表5-2 OECD諸国における外国人人口

	外国人人口（ストック）(1,000人)			全人口に占める割合（%）		
	1983年	1988年	1993年	1983年	1988年	1993年
オーストリア	296.7	344.0	689.6	3.9	4.5	8.6
ベルギー	890.9	868.8	920.6	9.0	8.8	9.1
デンマーク	104.1	142.0	189.0	2.0	2.8	3.6
フィンランド	15.7	18.7	55.6	0.3	0.4	1.1
フランス	n.a.	n.a.	3,596.6	n.a.	n.a.	6.3
ドイツ	4,534.9	4,489.1	6,878.1	7.4	7.3	8.5
アイルランド	83.0	82.0	n.a.	2.4	2.4	n.a.
イタリア	381.3	645.4	987.4	0.7	1.1	1.7
日本	817.1	941.0	1,320.7	0.7	0.8	1.1
ルクセンブルク	96.2	102.8	124.5	26.3	27.4	31.1
オランダ	552.4	623.7	779.8	3.8	4.2	5.1
ノルウェー	94.7	135.9	162.3	2.3	3.2	3.8
スペイン	210.4	360.0	430.4	0.5	0.9	1.1
スウェーデン	397.1	421.0	507.5	4.8	5.0	5.8
スイス	925.6	1,006.5	1,260.3	14.4	15.2	18.1
イギリス	n.a.	1,821.0	2,001.0	n.a.	3.2	3.5

フランスの数字は1990年のもの。
出所：OECD(1995, Table A1).

す。これについては、第14章で直接投資と多国籍企業の議論をする際に詳述します。

　もう一方の国際間生産要素移動である労働移動は、生産要素の保有者自身が移動するという意味で特殊なものと言えます。ヒトが移動するわけですから、労働だけでなく、人間が持っているさまざまな属性、例えば家族生活、言語、文化、その他も動きます。そのため、移動の規模が小さくても、受け入れ国に大きな社会的インパクトを与えることもあります。また、移動の主体である労働者の立場から見れば、相手国内の居住条件や文化などを十分に勘案した上で移動の意思決定を行うわけで、国際間賃金格差があるからといって必ず労働が移動するわけではありません。さらに、労働者の質や職種によって移動の度合いが異なることも考えられます。

表5-2は、ヨーロッパ諸国と日本における外国人人口とその全人口に占める割合を示したものです。外国人流入の規模は国によってかなり異なっていることがわかるでしょう。なお、ここでいう外国人人口は長期にわたってその国に居住している外国人の人数ですので、その労働サービス収入は国民経済計算では居住国の国民所得にカウントされているかもしれません。労働の国際移動をめぐるごく最近の話題としては、EU（European Union：欧州連合）内の動向が挙げられます。EUでは国際間労働移動が完全に自由化されましたが、その後大きな労働移動は見られないと言われています。それがなぜなのかは、例えば今後の中国国内の人口移動の可能性などを考える上でも重要な研究課題と言えましょう。

　このように、国際間生産要素移動と一口に言っても、経済学上さまざまなアプローチがありえます。本章では意図的にスコープを絞り込んで、2要素の国際貿易モデルの文脈での理論的分析についてお話しします。次節ではまず、生産要素移動の厚生効果について説明します。その次に、財の貿易と生産要素移動の関係が代替的なのか補完的なのかについて議論します。そして最後に、多国籍企業を含む2要素の国際貿易モデルの一例として、ヘルプマンのモデルを紹介します。

2. 生産要素の国際間移動の厚生効果

　生産要素の国際間移動は、戦争や政治的動乱、飢饉などさまざまな要因によっても起こりますが、以下では国際間の要素価格の違いという純経済的な要因によるもののみを取り上げます。要素価格に格差がある場合、移動に関する制約が取り除かれれば、要素価格の低い国から高い国へと要素が移動します。国際間要素移動に伴う摩擦、費用を無視すれば、要素価格が均等化するところまで要素が移動して初めて均衡に達します。場合によっては、要素が移動を始めてもなかなか要素価格の均等化に至らず、その要素全部が一国に集中してしまうケースも考えられます。とくに2国の生産性に大きな格差

図5-1 国際間資本移動の厚生効果

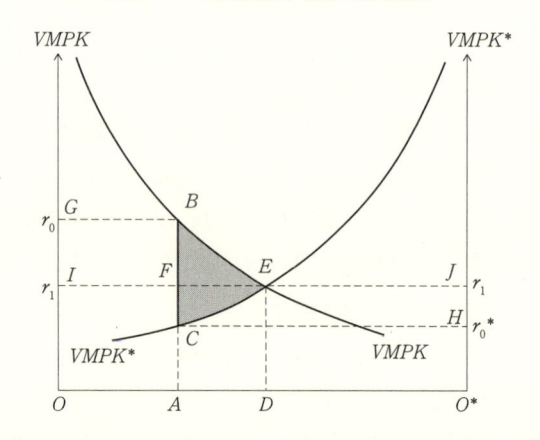

があったり、規模の経済性が存在する場合には、このような極端な理論的結論が出てきやすくなります。

ここではまず、要素価格の国際間格差を動機とする生産要素移動の厚生効果を考えてみましょう。一国の厚生への効果は、大きく効率性上昇効果と交易条件効果の2つに分けて整理することができます。

第1の効率性上昇効果とは、生産要素が価格の低いところから高いところに移動することによって資源配分の効率性が高まり、厚生が上昇する効果のことです。直観的な言い方をすれば、財や要素の価格に格差が生じている時には一般に資源配分の非効率が存在しているわけで、価格差がなくなるように市場メカニズムが働けば経済全体のパイを大きくすることができるのです。この効率性上昇効果を説明するのによく用いられるのが、マクドゥーガルの1財2要素2国モデルです（MacDougall (1960)）。

図5-1を見てください。これは第4章の特殊要素モデルのところで用いた $VMPL$ 図と基本的には同じ図ですが、ここでは世界全体の資本を横軸にとっています。両国はそれぞれ資本と労働を投入して、ある単一の財を生産しているものとします。生産は完全競争の下で行われていて、要素価格はそれぞれの要素の限界生産性価値（value of marginal product）と等しくなっ

ています。自国と外国は図中の OA、O^*A だけの資本を保有していて、それぞれの資本の限界生産性価値は O、O^* を原点とする $VMPK$、$VMPK^*$ 曲線として描かれています。国際間の要素移動が起こる前には、自国の資本サービス価格は r_0、外国のそれは r_0^* です。そもそもなぜ要素価格が異なる水準に決まっているかについてはさまざまな設定が可能ですが、例えば両国の生産関数は全く同じだけれども自国は労働豊富国、外国は資本豊富国であるためと考えておいてもよいでしょう。財は1種類しかありませんから、いずれにせよ財貿易は起こりません。

　ここで、労働は相変わらず国際間で移動できないけれども、資本の移動は自由になったとしましょう。資本は、資本サービス価格が低い外国から高い自国に向けて移動します。自国で使用される資本の量が増加すると $VMPK$ が下がるので自国の資本サービス価格は低下します。外国では逆に、使用する資本量が減少するので、資本サービス価格は上昇します。両国の資本サービス価格が一致する E 点に至って資本移動は止まり、資本サービス価格は両国とも r_1 となります。資本は AD だけ外国から自国に移動します。

　この資本移動に伴い、両国の厚生はどのように変化したでしょうか。このモデルでは財は1種類しかありませんから、その財を単位として計った GNP で一国の社会的厚生を代表させてもよいでしょう。$VMPK$ 曲線の下の部分の面積は生産物全体の価値を表しますから、資本移動が起きる前と起きた後の面積を比べれば社会的厚生の変化を追うことができます。まず自国の生産性価値は、資本流入前は O から A までの $VMPK$ 曲線の下の部分であったのに対し、流入後は O から D までの $VMPK$ 曲線の下の部分にまで拡大しています。ただしこのうちで長方形 $FEDA$ の部分は流入した外国資本のサービスに対する対価ですから、何らかの形で外国に送り返されるものと考えましょう。そうすると、自国民の所得は BEF だけ増加したことになります。一方外国は、資本流出前は O^* から A までの $VMPK^*$ 曲線の下の部分が生産物価値であったのに対し、流出後は O^* から D までの部分へと国内生産が減少しています。しかし長方形 $FEDA$ も外国人に帰属する分ですか

ら、外国人の所得は FEC だけ増加します。このように資本の国際間移動により、自国、外国ともに厚生水準は上昇します。世界全体としては BEC だけの生産増加が見られます。これが資源配分の効率性の上昇から生み出されたパイの拡大分に当たります。

ただし、両国のすべての人々が厚生増加の恩恵にあずかるという保証はありません。生産される財をニューメレールとして考えると、自国の資本家は資本サービス価格が r_0 から r_1 へと下落しますから、所得の再分配がなされない限り厚生が低下します。自国の労働者の方は逆に、上の三角形の部分が $GBEI$ だけ大きくなりますから、厚生水準は上昇します。外国では逆に、資本家の厚生は上昇し、労働者のそれは低下します。

ここでは、労働は国際間で移動できず資本のみが動けるという設定でお話ししましたが、労働と資本を逆にして労働が動くということにしても、完全に対称的な議論が可能です。その場合もちろん、労働は自国から外国へと逆向きに移動します。

以上は、世界全体で1種類の財しか生産されていないという単純な設定の下での議論でした。生産要素の国際間移動が起きると、要素価格の格差が解消され、それにより世界全体の資源配分の効率性が高まります。さらに肝心なことは、生産要素が流出した国も流入した国もともに、国民全体の厚生水準が上昇することです。この効率性上昇効果に関する結論は、市場の歪みがない限り、財の数が増えてもほぼそのまま成り立ちます。

なお、財が複数存在する場合には、要素移動により財相互の相対価格も変化しうるので、一国ごとの厚生水準を考える際には気をつけねばなりません。これが第2の交易条件効果です。交易条件とは、一国の輸出財と輸入財の相対価格のことです。これが低下すればその国のパイの取り分は相対的に小さくなり、逆に上昇すれば大きくなります。効率性上昇効果によって世界全体のパイは大きくなったとしても、その分け方が自国に対して極端に不利になったならば、自国の厚生が絶対的に下落する可能性もあります。生産要素の流出、流入は各財の生産量を変え、価格を変化させますが、その変化の

方向を一概に結論づけることはできません。交易条件効果は一般に、一国の厚生にプラスに働く場合もマイナスに働く場合もあります[2]。

3. 財の貿易と代替的な生産要素移動

次に、財の貿易と生産要素の国際間移動との関係を考えてみましょう。標準的なヘクシャー＝オリーン・モデルの枠組みで考えれば、以下に示すように、生産要素移動と財の貿易は「代替的」、すなわち生産要素移動があれば財の貿易は減少し、逆に財の貿易が行われれば生産要素移動は減少するという結論が導かれます。それに対し実証的な観察に基づけば、生産要素移動、とりわけ資本の国際間移動が増えている時には財の貿易量も同時に増加していることが多く、両者の関係は「補完的」であるようにも見えます。この理論と実証的観察のギャップをいかに埋めるかにつき、これまでさまざまな議論がなされてきました。本節ではまず、生産要素移動と財の貿易が代替的であると考える根拠について解説します[3]。

ここでは、2財2要素2国のヘクシャー＝オリーン・モデルを考えます。このモデルにおける財の貿易と国際間生産要素移動の代替的関係は、直観的には次のように説明できます。まず、生産要素の国際間移動が全くない状態の下で、財の自由貿易が行われたとしましょう。両国の要素賦存点が1つの不完全特化錐の中にきて両国とも両財を同時に生産する（不完全特化）均衡が実現している場合には、要素価格均等化定理が成り立ち、財価格のみならず要素価格も国際間で均等化します。この自由貿易均衡がいったん実現され

---

2) 以上の結論を2財モデルについて確認したい読者は、伊藤・大山（1985、156〜159ページ）や木村・小浜（1995、64〜67ページ）を見てください。なお、交易条件の変化は、大国における最適関税（第7章、第8章）、窮乏化成長（第11章）、トランスファー問題などさまざまな場面で、一見逆説的な結論を導きます。そのあたりが国際貿易モデルらしさの最もはっきりと出るところです。

3) より正確かつ一般的な「代替性」、「補完性」の定義を知りたい読者はWong（1995、p.99）を参照してください。

図5－2　財貿易と要素移動の代替性（1）

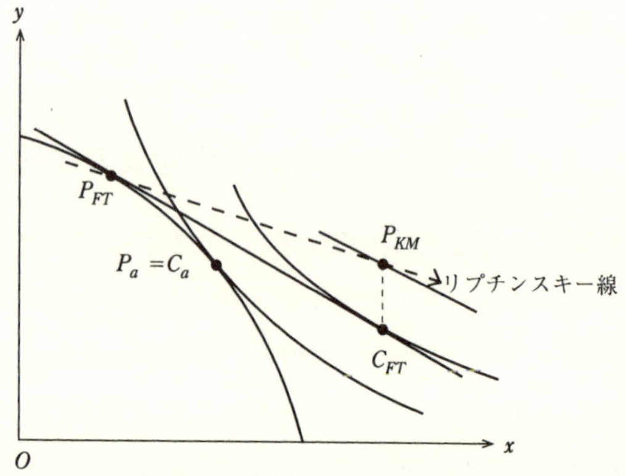
y
P_{FT}
P_{KM}
$P_a = C_a$
リプチンスキー線
C_{FT}
O
x

ていると、その後で生産要素の国際間移動が自由化されたとしても、要素価格はすでに均等化されていますから、生産要素は全く移動しません。一方、財の貿易が全く行われていない状況の下で、生産要素の国際間移動が自由化されたとします。要素価格が2国間で異なっていれば要素が移動し、均衡では生産要素価格は両国間で均等化します。今、生産関数は両国で同一と仮定されていますから、財価格も均等化します。ここでは、財の貿易が自由化されても、もはや貿易は起こりません。財貿易のみの均衡（要素価格が均等化する場合）と生産要素移動のみの均衡では、世界全体での両財の生産量は同一となり、財価格、要素価格も等しくなります。その意味で、財の貿易と国際間要素移動は代替的なのです。

Mundell（1957）はこの代替性を次のように説明しました。図5－2を見てください。自国は労働が豊富な小国で、自由貿易下では労働集約的な y 財を輸出し、資本集約的な x 財を輸入しているものとします[4)]。その時の生産点と消費点はそれぞれ、P_{FT}、C_{FT} と表されています。この自由貿易均衡では、外国との間で要素価格が均等化されているものとします。ここで、輸入

4）ここでは分析を単純化するため自国を小国と仮定していますが、大国の場合にも同様の結果が得られます。

図 5 - 3　財貿易と要素移動の代替性 (2)

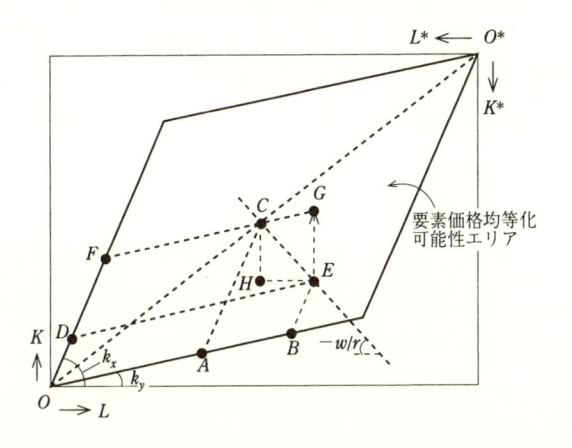

財に禁止的関税が課されて輸入がゼロになったとしましょう。もしここで生産要素の国際間移動も禁止されたならば、この国の生産点および消費点は $P_a = C_a$ に戻ってしまうはずです。この autarky の点では P_{FT} と比べ、資本集約的財である x 財の相対価格が高くなっており、したがってストルパー＝サムエルソンの定理により、資本サービス価格は外国よりも高く、労働賃金は外国よりも低くなっているはずです。そのため、さらに資本の国際間移動が自由化されると、外国から資本が流入してきます。資本流入は、要素価格が外国と同じになるまで、すなわち財価格が外国と同じになるまで続きます。その時の生産点は P_{KM} になります。この点は自由貿易の場合の消費点のちょうど真上で、かつ自由貿易の場合の生産点 P_{FT} からのリプチンスキー線の上にあります。ここではちょうど消費される分だけの x 財が生産されています。一方消費点は、財価格と要素価格が自由貿易の場合と一致しているわけですから、自由貿易の場合と同じ C_{FT} 点となります。P_{KM} 点と C_{FT} 点の間のギャップは、y 財に換算した外国資本への支払いとなります。

要素コンテンツの考え方を用いて、同様のことを示したのが図 5 - 3 です。この図は 2 国全体の生産要素についての要素空間ダイアグラムです。両国の要素賦存を表す点を E 点と呼びましょう。自由貿易の下でこの E 点が要素価

格均等化可能性エリアの中にあり、2国の間で要素価格が均等化しているものとします。自国は線分 AB だけの要素投入に対応する y 財を輸出し、線分 DF だけの要素投入に対応する x 財を輸入しています。消費点は C 点となります。ここで資本集約的財である x 財の輸入が禁止されて、代わりに国際間資本移動が自由化されると、線分 EG に当たる分だけの資本が外国から自国に流入してきます。流入した外国資本に対する支払いは、y 財換算で線分 CG だけの要素投入に対応する分となります。もし資本と労働の両方とも移動できるのであれば、例えば EH だけの労働が自国から外国に移動し、HC だけの資本が外国から自国に移動することによっても、同じ消費パターンを持つ均衡が得られます[5]。

このように、自由貿易下で要素均等化が達成される場合には、財の貿易と国際間生産要素移動は代替的となります。

以上の議論では資本移動を考えましたが、資本と労働という2つの生産要素のどちらの移動を許容しても、移動の方向は異なりますが、基本的には同じ結論が得られます。上の例では、自国への資本流入の代わりに外国への労働流出を考えても、全く同じ財・要素価格を持つ均衡が達成されます。しかし政策論としては、資本の移動と労働の移動を対称的に扱えない状況がしばしば生じます。EUでは、先進地域に労働が流入してくることに伴うさまざまな経済的・社会的コストを考慮して、むしろ資本を域内の発展途上地域（periphery と呼ばれる）に移動させようという政策が採られています。これは国内での産業立地の分極化政策あるいは過疎地域振興政策と類似した政策で、しばしば社会政策的な色合いの濃いものですが、資源配分の効率性という意味でも検討に値する政策です。日本への外国人労働者の流入も、同様の問題として考察することができるでしょう。

---

5) なお理論の方では、政府が国際間を移動する要素に対して最適な税をかけるという設定の下での議論ですが、先進国にとっては資本流出よりも労働流入の方が望ましいとの結果も得られています（Ramaswami (1968) 参照）。

4．財の貿易と補完的な生産要素移動

　以上のように、標準的なヘクシャー＝オリーン・モデルの枠組みで考えると、財の貿易と国際間生産要素移動は代替的であるとの結論が得られます。しかし現実には、各国経済の相互依存度が高まるにつれ、財の貿易量と国際間生産要素移動の両方とも増大していく傾向が見られます。財の貿易量と生産要素移動について正の相関を見出した実証研究は多数存在しますが、例えばKawai and Urata（1998）は、貿易相手国との距離をコントロールしたいわゆる重力（gravity）モデルを用いて日本の輸出入と直接投資との関係を分析し、多くの製造業部門において強い正の相関を見出しています。この現象を説明するには、新たな理論フレームを工夫する必要があります。

　1つの方法としては、国際間で異なる生産関数を設定することが考えられます。Markusen（1983）は、国際間生産要素移動によって財の貿易量が増大するモデルを複数提示していますが、そのうちの1つは2国の生産関数が異なるモデルとなっています。そこでは、生産要素が生産効率の良い国の方に移動することによって世界全体の資源配分の効率性が高まり、そのため財の貿易量も増大する可能性があると結論づけています。

　もう1つのやり方は、不完全競争や規模の経済性を導入するというものです。1980年代初め以来のいわゆる「新」国際貿易理論の中で、財の貿易と生産要素移動が補完的となるようなさまざまな理論的設定が試みられてきました。詳しい理論動向に興味のある読者は、例えばWong（1995）を見てください。問題は実証的観察と整合的なモデルとなるかどうかであり、その点ではまだ研究の余地が残っているように思います。

　第3の方法は、とくに直接投資につき、企業特殊（firm-specific）な生産要素、例えば技術や経営管理能力が資本とともに移動すると考えるというものです。この場合、国境を越えた企業内貿易や同じ国籍の企業同士の貿易が発生しうることから、貿易と生産要素移動が補完的となりうるというわけです。直接投資の増加により、工程間分業のための産業内貿易や企業内貿易が

ますます重要となってきていることは確かです。直接投資と財貿易との正の相関は、多国籍企業の行動を分析することによって相当程度説明できるかもしれません。直接投資については第14章で詳しく解説します。

5．ヘルプマンの多国籍企業モデル

直接投資は単なる資本移動ではないということを繰り返し述べてきましたが、企業特殊な生産要素を標準的な国際貿易モデルに導入するのは容易ではありません。企業レベルまで落ちたミクロ理論とマクロに積み上がる貿易モデルをどうつなげるかは、今後の重要な研究課題だと思います。ここでは限定的な形ではありますが、2財2要素2国のヘクシャー＝オリーン・モデルをベースに多国籍企業を説明したヘルプマンのモデル（Helpman (1984)、Helpman and Krugman (1985、Chapter 12)）を紹介しておきましょう。

2つの生産要素、資本と労働を用いて、資本集約的な財である製造業品と労働集約的な財である農産品が生産されているものとします。通常の設定とただ1つ異なるのは、製造業各企業の生産工程がさらに、本社サービスの部分と生産ラインの部分の2つに分割できることです。各企業はこの2つの工程を自企業内で行わねばなりませんが、これらの工程を異なる国に立地させても構わないものとします[6]。ここに多国籍企業が登場する余地が生じてきます。本社サービスと生産ラインではどちらも資本と労働が投入されるものとし、しかも本社サービスの方が資本集約的であるものとします。

図5-4は2国全体の要素空間のボックス・ダイアグラムです。通常のように各企業の本社サービスと生産ラインが同じ国に立地しているとすれば、要素価格均等化可能性エリアは平行四辺形 OAO^*B となります。ここで k_1 と k_2 はそれぞれ、不完全特化均衡での農産品生産、製造業品生産の資本・

---

[6] ヘルプマンの設定では、製造業品は企業ごとに差別化されていることになっています。しかし、本社サービスと生産ラインがそれぞれの企業の中で行われなければならないことを仮定すれば、製品差別化を導入する必要は必ずしもないと思います。

図5-4 ヘルプマンの多国籍企業モデル

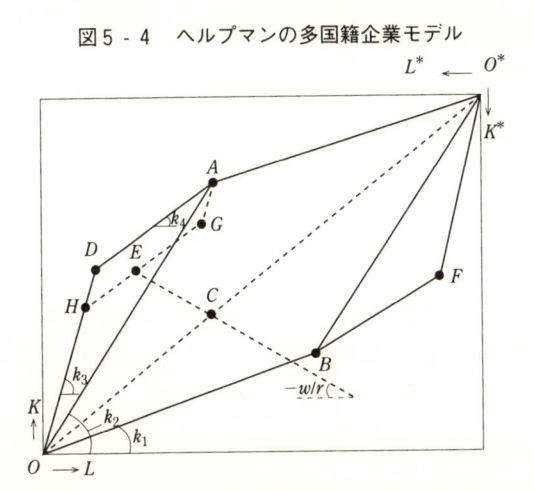

労働比率を表します。両国の要素賦存を表す点がこの平行四辺形の中にあれば、両国の間で要素価格均等化が起こる可能性があるわけです。

　ここで、本社サービスと生産ラインのための資本・労働投入を別々に扱うと、ベクトル OA は OD と DA という2つのベクトルに分けられます。図中 k_3, k_4 は、要素価格が均等化する場合の本社サービスと生産ラインの資本・労働比率を表します。この本社サービスと生産ラインが異なる国にまたがってもよいという設定にすると、要素価格均等化可能エリアが平行四辺形 OAO^*B から六角形 $ODAO^*FB$ へと拡がります。例えば要素賦存点が E 点であったとすると、各企業の本社サービスと生産ラインが同じ国に立地していたのでは要素価格均等化が達成されません。しかし、自国に本社サービス、外国に生産ラインを立地させることができるならば、次のような配置が可能です。自国の資本と労働のうち OH に当たる分は本社サービスのために投入し、HE に対応する分は生産ラインに投入します。一方 EG の分は、自国に本社サービスを保有する企業が外国に生産ラインを設立して、外国で雇用する資本と労働に当たります。残りの外国の資本と労働は、O^*A の分は農産品の生産に投入され、AG に当たる分は外国企業の製造業品生産のために投入されます。消費点は C 点になります。このように、多国籍企業が

本社サービスと生産ラインを異なる国に立地させることができれば、要素価格均等化可能性エリアが広くなるという意味で、世界全体の厚生水準が向上する可能性があると結論づけることができます。

練習問題

(1) 国際間労働移動のコスト：国際間の労働移動に当たってはどのような政治的・経済的・社会的費用が発生しうるのでしょうか。逆に、正の外部性のようなものは考えられるでしょうか。さまざまな側面から考えてみよう。

(2) 国際間資本移動の厚生効果：2財2要素2国モデルを用いて、国際間資本移動の厚生効果を分析してみよう。

(3) 財の貿易と国際間生産要素移動の代替性：資本の代わりに労働が国際間で移動するものとして、図5-2と図5-3に対応する図を描いてみよう。

第6章
「新」国際貿易理論

[この章のポイント]

・「新」国際貿易理論は、産業組織論の理論面での発展と実証的要請を背景に、1980年代初頭から発展した。
・「新」国際貿易理論の貢献の1つは、規模の経済性を明示的に理論モデルに取り込み、規模の経済性が貿易の利益の源泉の1つであることを示したことにある。
・規模の経済性は一国経済全体、1産業、1企業、1事業所など、さまざまなレベルで定義しうる。規模の経済性を外部経済としてとらえるか、内部化しうるものとしてとらえるかによって、理論枠組みが変わってくる。
・マーシャルの外部性の導入は、外部的規模の経済性をモデルに取り込むための最も簡便な方法である。
・製品差別化モデルは、内部的規模の経済性を含む国際貿易モデルの中でしばしば用いられるものである。このモデルは産業内貿易の一面をとらえるものとしても有用である。

1. 規模の経済性と「新」国際貿易理論

　ここまでの議論は、第1章に述べたような標準的なミクロ一般均衡モデル

の理論枠組み、すなわち1）規模に関して収穫一定、2）財市場における完全競争、3）生産要素市場における限界生産物価値による生産要素価格の決定、という設定の下で効率的な資源配分が実現するというモデル構造を核とするものでした。次に理論家が取り組まなくてはならないのは、この標準的設定から一歩踏み出した時にモデル構造にどのような変更を加えなければならないのか、またその新しい理論枠組みの下で従来得られていた結論がどこまで維持されるのか、といった研究課題となります。その際のキーワードの1つが規模の経済性です。

貿易パターンの決定を解明する国際分業論（positive theory of international trade）に規模の経済性を導入する試みは、昔からなされてきました。しかし1980年代初頭からの「新」国際貿易理論の特徴は、外部性や不完全競争、あるいはゲームの理論などを明示的にモデルに導入しながら、規模の経済性をめぐる国際分業論が大規模に展開されるようになった点にあります。

「新」国際貿易理論台頭の背景には、第1に産業組織論の理論面での飛躍的な発展が挙げられます。応用ミクロ経済学の1分野である産業組織論では、1970年代後半以来急速に理論上の整理が進み、不完全競争や規模の経済性を明示的にモデルに導入するための理論の道具立てが揃いました。さらに1980年代に入り、ゲームの理論の応用も産業組織論の中で大きな比重を占めるようになってきました[1]。国際貿易理論ももともと同じミクロ経済理論を基礎とする分野であり、しかも貿易に関しては政策論に結びつく研究課題が多数存在することから、1980年代に入って産業組織論から移入した理論を国際貿易論に応用する論文が多数書かれたのです。

第2に、実証的にも、従来の貿易理論ではうまく説明できない貿易パターンが観察されていて、新しい理論が求められていたという事情があります。例えば、リカード・モデルやヘクシャー＝オリーン・モデルでは、技術や要

1）新しい産業組織論の理論については長岡・平尾（1998）、あるいはやや上級の教科書ですが奥野・鈴村（1988）、Tirole（1988）などを覗いてみてください。

素賦存度が似通った国同士、とくに先進国同士では、貿易はほとんど起こらないという結論が導かれます。しかし現実の国際貿易パターンを見ると、先進国間の貿易量も相当大きいのです。また、同じ商品分類内で輸出と輸入が同時に行われるという産業内貿易が広範に見られることも、従来の貿易理論では十分に説明されていないことでした。これらの現象を説明するには、規模の経済性を導入したり、製品差別化を考慮したりする必要があります。

現代の国際分業論においては、規模の経済性は貿易パターンを決定する1つの重要な要素であると考えられています。従来、貿易の利益を生む要因として、リカード・モデルにおいては2国間の技術の違い、ヘクシャー＝オリーン・モデルでは2国間の生産要素賦存比率の違いが挙げられました。さらに、2国の消費者の嗜好が異なれば、それも貿易の利益を生む源泉となります。それらに加え、規模の経済性の存在も貿易から生ずる利益の源泉と考えられるようになったのです。このことは「新」国際貿易理論の大きな貢献の1つです。

「新」国際貿易理論をきちんと学ぶには、数式展開を含む理論モデルを勉強せざるをえなくなります。しかし、それに当面興味のない学部生諸君のことを考えて、ここではあえて直観的な説明にとどめておきたいと思います。さらに進んで勉強したい人は、Helpman and Krugman (1985) やKrugman (1995a) を見てください。

また、「新」国際貿易理論の文脈での貿易政策論はときに戦略的貿易政策論とも呼ばれるもので、やはり1980年代以降多くの論文が書かれた分野です。本章では国際分業論の文脈での「新」国際貿易理論のみを取り上げ、政策論については第9章で解説します。

2．規模の経済性

生産量が増大するに従って平均生産費用が次第に小さくなっていく場合に、規模の経済性があると言います。この規模の経済性をモデルに取り込む

図 6-1　生産の階層構造

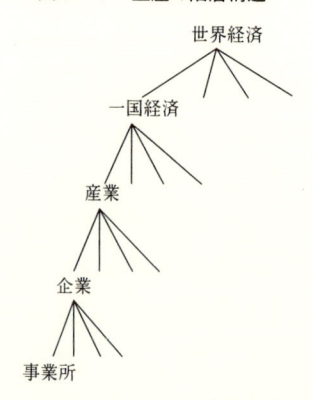

```
            世界経済
              /|\
          一国経済
            /|\
          産業
          /|\
        企業
        /|\
      事業所
```

際には、まずどのレベルでそれが生じているのかが問題となります。

　国際貿易理論では通常、生産構造を図 6-1 のような階層構造としてとらえます[2]。一番上に世界経済全体を置くと、その下に複数の一国経済が配されます。一国経済は複数の産業（industry あるいは sector と呼ばれる）から成り、1 産業はさらに複数の企業（enterprise あるいは firm）を含んでいます。最後に、1 つの企業は場合によっては複数の事業所あるいは工場（establishment、plant、あるいは local unit）を有しています。

　もし規模の経済性が事業所あるいは企業レベルで起きるとすれば、企業は当然それを考慮した上で生産計画を立てることになります。この場合、内部的規模の経済性（internal economies of scale）があると言います。平均費用（AC）は

$$AC = TC/Q = FC/Q + VC/Q$$

---

2) 現実の経済では、事情はもう少し複雑です。1 つの事業所内で複数の製品が生産されている場合（複数のアクティビティを持つという）もあり、また 1 企業の下にある複数の事業所が異なる産業に属している場合（例えば事業所 1 は工場だが、事業所 2 は流通のみを行う営業所である場合）もあります。また、1 企業の事業所が複数の国にまたがっている場合も考えられます。したがって、図 6-1 の階層構造は正確に書けばもっと錯綜したものとなります。

（TC：総費用、FC：固定費用、VC：可変費用、Q：生産量）と書き直せます。ここから、固定費が存在する産業では、生産量が小さいと右辺の第1項が極端に大きくなり、生産量が増えるに従い小さくなりますから、ある範囲では平均費用曲線が右下がりとなることがわかります。右下がりの平均費用曲線は規模の経済性が存在することを意味します。実証的に企業の長期平均費用曲線を推計すると、ある生産量（最小最適規模（minimum efficient scale：MES）と呼ばれる）までは右下がりで、その後しばらくはほぼ水平となり、さらに生産量が大きくなると経営管理の規模の不経済のために再び上昇するというナベ底形をしていることが知られています[3]。このような内部的規模の経済性をモデルに取り込むためには1次同次（規模に関して収穫一定）でない生産関数を設定する必要があり、完全競争の前提も放棄しなくてはならなくなります。

一方、産業レベルもしくは一国経済、世界経済のレベルで規模の経済性がもたらされることもあります。例えば多くの企業が集中して立地することによって技術・市場情報の獲得や原材料・中間財の供給が容易になる、あるいは人的資源の集積が実現することによって平均生産費用が低下することなどが考えられます。とくに、産業全体の生産量が増加すると各企業の平均生産費用は逓減するけれども、1産業の中に多数の企業が存在しているために1つの企業だけでは産業全体の生産量にはほとんど影響を与えないとみなされる時、外部的規模の経済性（external economies of scale）が存在すると解釈することができます。この場合には、次に述べるマーシャルの外部性（Marshallian externalities）という形で規模の経済性をモデルに導入することができます。

以上は静学的な規模の経済性でしたが、動学的な規模の経済性というものも考えられます。例えば、生産活動を何年にもわたって継続することによ

---

[3] 規模の経済性をめぐる実証研究について詳しく知りたい人は、Scherer and Ross（1990、Ch.4）を見てください。

り、次第に生産についての経験的知識が蓄積され、熟練度も増してきて、平均生産費用がだんだんと下がってくることもあります。これは、生産することによって学んでいくという意味で learning by doing と言われることもありますし、時間を通じての累積生産量が増えれば生産性が上がると考えるならば動学的規模の経済性があると解釈することもできます。このような動学的な議論については、貿易が経済成長に与える影響について解説する第12章で再び取り上げます。

3．マーシャルの外部性

規模の経済性をモデルに取り込むための最も単純な方法が、マーシャルの外部性の導入です。ここでは、一国の1産業全体の生産量が大きいとそれだけ平均生産費用が低くなるけれども、1つの産業が多数の小さな企業から成っているために、個々の企業は産業全体の生産量を左右することはできないものとします。企業同士で相談して生産量を決めるということもできないものとします。これはゲームの理論で言えば、非協力ゲームの設定です。こうすると、個々の企業は生産関数が規模に関して収穫一定であるようにふるまうけれども、産業レベルでは規模に関して収穫逓増、というモデル設定ができるのです[4]。この場合の生産関数を生産要素が2つの場合について書くと次のようになります。

$$x_i = A(\sum_j x_j) F(K_i, L_i)$$

ここで K_i、L_i、x_i はそれぞれ企業 i の資本投入量、労働投入量、および生産量、$F(\cdot, \cdot)$ は規模に関して収穫一定の関数、$\sum_j x_j$ は産業全体の生産量、$A(\cdot)$ は産業全体の生産量の正の関数です。企業 i は産業全体の中では

4）ここでは一国の1産業のレベルで規模の経済性が存在する場合を考えています。しかし一般には、規模の経済性は一国のマクロ・レベル、あるいは1産業の世界経済レベルなど、さまざまな範囲で設定することが可能です。また、関数 A を生産量以外の関数と設定することもできます。

ごく小さい企業で、自らの生産量を増減させても産業全体の生産量には影響を与えないものと仮定します。したがって企業 i は、$A(\cdot)$ を所与とし、K_i と L_i を選択変数として、利潤最大化問題を解きます。このやり方ならば、完全競争の設定を維持したままで規模の経済性を導入できます。ここでは規模の経済性は正の外部性として取り扱われることになります。

このように外部性が存在する場合には一般に、均衡がパレート最適となる保証はありません。政府の介入なしには非効率な資源配分が実現してしまう可能性があります。

マーシャルの外部性が存在する場合には、生産可能性フロンティアの形状も変化します。2財1要素のリカード・モデルにマーシャルの外部性を導入した場合を考えてみましょう。生産関数が1次同次の時には、一国の生産可能性フロンティアは直線でした。しかしどちらか一方（もしくは両方）の産業に規模の経済性が存在するならば、その財の生産量が大きいほど生産効率が良くなるわけですから、生産可能性フロンティアは例えば図6-2の曲線 AB のように原点に向かって凸（convex）となります。

規模の経済性が存在する場合には、ある特定の財価格について複数の均衡が対応することもありえます。例えば図6-2で、2財 x、y の国際相対価格が p_x/p_y であったとすると、この国は A 点で x 財のみを生産し C 点で消費する均衡にあるかもしれないし、あるいは B 点で y 財の生産に特化して D 点で消費する均衡にあるとも考えられます[5]。どの均衡に経済が落ちつくかは、このモデル設定からは決められません。しかし達成される社会的厚生の水準は、どの均衡に落ち着くかによって異なることに注意してください。C 点で消費する場合には社会的無差別曲線は u_1 ですが、D 点で消費すれば u_2 まで上がることができます。このような状況下では、政府は厚生水準の高い均衡に経済を導くため、市場に介入することを考えるかもしれません。ただ

---

5) その他、両財を同時に生産するような不完全特化均衡が存在する可能性もあります。

図6-2 規模の経済性が存在する場合の
生産可能性フロンティア

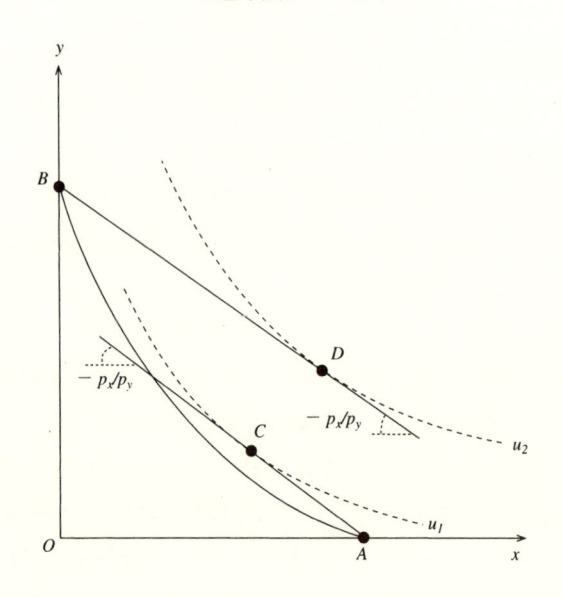

しそのような政府の介入は、自国の厚生を向上することには役立つにしても、場合によっては外国の厚生を下げてしまう可能性があります。

規模の経済性は、2国間の技術の違いや要素賦存比率の違いとは別の、貿易の利益の源泉となりえます。貿易は、各商品の市場を拡大します。貿易開始前には狭溢な国内市場向けに非効率な生産をしていた収穫逓増産業は、輸出市場を得ることによって生産を拡大し、生産性を向上させることができます。したがって、貿易は世界全体の資源配分の効率性を高めると考えることもできます。

マーシャルの外部性の形で規模の経済性が存在する場合について、世界全体の厚生という観点からもう少し考えてみましょう。図6-3は、世界全体の生産要素についての要素空間ダイアグラムを、3財2要素2国モデルのために描いたものです。2国間で要素価格が均等化する場合には、財1、財2、財3の順に資本集約度が減じていくという設定になっています。ここで

図 6 - 3　マーシャルの外部性を含む3財2要素2国モデル

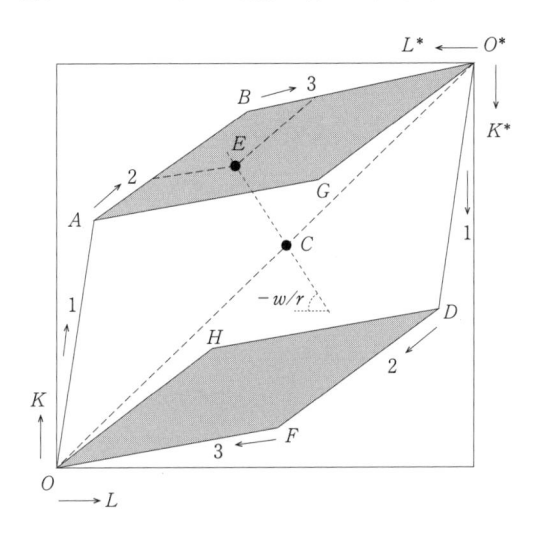

もし3産業とも規模に関して収穫一定ならば、六角形 $OABO^*DF$ が要素価格均等化可能性エリアとなります。このエリア内ならば、財の貿易は国際間生産要素移動と完全に代替的となり、資源配分上望ましい「統合された世界経済均衡（integrated world economy equilibrium）」が財貿易のみで実現することになります。

　ここで、最も資本集約的な財1が規模の経済性を有しているものとします。その場合には、世界全体の効率性の観点からすると、どちらか一国が財1をすべて生産した方が望ましいことになります。したがって、「統合された世界経済均衡」が達成されるエリアは2つの平行四辺形、ABO^*G と $OHDF$ となります。例えば2国の要素賦存が E 点で表されるとすると、自国が財1の全量を生産し、財2と財3は両国で生産を分け合うという均衡が達成可能です。なお、この2つの平行四辺形は場合によっては図の中央で重なり合うこともありえます。その重なった部分に要素賦存点がくる時には、どちらの国が財1の全量を生産してもかまわないことになります。

　ここでの要点は次の2つです。第1に、規模の経済性が存在する産業は、

第6章　「新」国際貿易理論　125

世界全体の資源配分という観点からすると、一国に集中立地することが望ましいと考えられます。第2に、規模の経済性のある産業をどちらの国に立地させるべきかは、要素賦存からでは決定できない場合も生じてきます[6]。

4．不完全競争と製品差別化

企業もしくは事業所レベルで規模の経済性が存在する場合には、完全競争の設定下でモデルを閉じることができなくなり、なんらかの形で不完全競争を導入せざるをえなくなります[7]。一口に不完全競争といっても独占、寡占、独占的競争などさまざまな形態が考えられますが、貿易論では製品差別化を伴う独占的競争モデルがとくに重要ですので、それについてお話しします。

まず、製品差別化がどのように理論モデルに取り入れられているのか、簡単に解説しておきます。現実世界では、1つの商品分類に括られていても、さまざまな品質、デザイン、ブランド、付帯サービスなどを持つ商品が存在します。それらの差別化された商品は、需要される際に他の商品と完全に代替的ではないいわゆる不完全代替財として取り扱われることになります。製品差別化を理論モデルの中で表現する際によく用いられるのが、垂直的製品差別化（vertical product differentiation）と水平的製品差別化（horizontal product differentiation）です。垂直的製品差別化というのは、製品の品質を基準とする製品差別化です。それに対し水平的製品差別化とは、同じ自動車といっても赤い自動車、青い自動車、黄色い自動車があるというよう

6）ここでの議論についてもっと知りたい人は、Ethier（1982）や Helpman and Krugman（1985, Ch.3）を見てください。なお正確に言うと、マーシャルの外部性によって市場が歪んでいるならば、一般に「統合された世界経済均衡」が世界の厚生を最大にするという保証はありません。

7）第1章の練習問題（2）を復習してもらえば、なぜ不完全競争の導入が必要となるのかわかるでしょう。

に、商品を対称的に扱えるような差別化のことです。後者にはさらに、1人の消費者が多くの種類を消費するほど効用が高まるとする love of variety approach と、効用の異なる消費者がそれぞれの理想に近い商品を消費するほど効用が高くなるとする ideal variety approach があります。また、もっと一般的に製品差別化を記述したい場合には、ゴーマンやランカスターが提唱した characteristics approach というモデル枠組みがあり、そこでは1次元ではなく何次元もの商品特性が同時に取り扱われます。しかし、モデルが相当煩雑にならざるをえないため、応用された例は多くありません[8]。

国際貿易理論で最も頻繁に用いられるのは、love of variety approach による製品差別化モデルです。貿易によって消費可能な財の種類を増やすことができるとすれば、それも貿易の生む重要な利益の1つと考えられます。一般に、貿易によって市場規模が拡大されればそれだけ多くの種類の財の供給が可能となるので、この文脈でも規模の経済性が貿易の利益の源泉とみなされることになるのです。

独占的競争の設定は、love of variety approach に基づき財の種類を内生化する際に用いられます。独占的競争というのがどのような状態を指すのかを、1つの種類の財を部分均衡的に取り出して、直観的に説明しましょう。1種類の財は、その財を開発した企業のみが生産できるものとします。またそれぞれの財は、差別化されて互いに不完全代替となっているけれども、生産構造、需要構造とも対称的に扱えるものとします。図6-4(a)はある1つの種類の財である i 財についての図です。ここでは単純化のため、限界費用曲線(MC_i)は水平に描かれています。この種類の財を開発するために固定費用がかかっているため、平均費用曲線(AC_i)は右下がりになっています。一方、需要曲線も、他の種類の財とは不完全代替の関係にあるため、右下がりに描かれています。製品差別化のため、企業は限定的な市場支配力を

---

8) さまざまな製品差別化モデルを勉強したい人は、まず Tirole (1988、Ch.7) と奥野・鈴村 (1988、第30章) を見てください。

図 6-4 独占的競争モデル

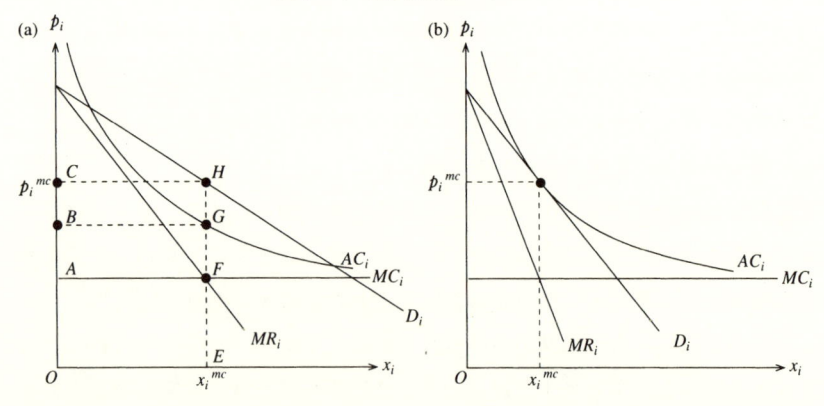

享受することができるわけです。ここでは単純化のため、需要曲線は傾きが負の直線として描かれています。したがって、限界収入曲線（MR_i）は傾きが 2 倍の右下がりの直線となります。この状態でこの企業 i は利潤を最大化するように生産量を決定します。利潤最大化のためには限界収入と限界費用が等しくなるところ（x_i^{mc}）に生産量を持ってきます。その時の価格は p_i^{mc} となります。この図で、長方形 $AFEO$、$BGFA$、$CHGB$ はそれぞれ、可変費用、固定費用、利潤となることを確認してください。

図 6-4 (a) では企業 i の利潤は正となっていますから、まだ均衡には達していません。新たな企業が新たな種類の財を開発して市場に参入してくるはずです。新しく生産されるようになる財と i 財とは不完全とはいえ代替関係にありますから、新規参入によって需要曲線（D_i）は内側にシフトします。企業参入はそれぞれの企業の利潤がゼロとなるまで続き、図 6-4 (b) のように価格（p_i^{mc}）と平均費用（AC_i）が等しくなったところで止まります[9]。

---

9) 図 6-4（b）において、需要曲線（D_i）と平均費用曲線（AC_i）が 1 点でちょうど接するのか、それともどちらかの曲線が上からあるいは下から交わるのかは、均衡の数や安定性を見る上で確認すべき点ですが、ここではその議論は割愛します。

このような独占的競争を多くの財を同時に含む一般均衡のモデルの中に取り込むと、各曲線の形状も複雑化し、また財の種類が増えた時の変化もずっと複雑になります。したがって、図を用いた部分均衡的な説明だけでは十分でなく、どうしても数式でモデルを表現せざるをえなくなります。しかし、話の要点は変わりません。財の種類は、新しい財を開発する固定費用とそこから得られる独占的利潤がちょうど等しくなるところ、すなわち財価格と平均生産費用が等しくなるところで決定されます。資本、労働などの生産要素は、新しい財の開発に一部、財の生産そのものに一部使われます。この2つの活動をどうモデル化するかにより、財の種類は社会的に望ましい水準よりも多くなりすぎる場合も、あるいは逆に少なくなりすぎる場合も生じてきます。ここでは不完全競争によって市場が歪んでいますから、市場均衡がパレート効率的となる保証はありません。

5．製品差別化モデルと産業内貿易

　以上のような独占的競争の下での製品差別化を含む国際貿易モデルを1つ紹介しましょう（Helpman and Krugman（1985, Ch.7）参照）。図6-5は2財2要素2国モデルについて、2国合計の生産要素の要素空間ダイアグラムを描いたものです。通常とただ1点異なるのは、財1（製造業品と呼ぶ）が独占的競争下にあり、製品が差別化されていることです。財2（一次産品と呼ぶ）の方は通常通り、1次同次の生産関数に基づき完全競争下にあるものとします。2国の要素賦存がE点、消費点がC点により表されているとすると、自国においてはOAだけの資本と労働が製造業に投入され、AEだけの資本と労働が一次産品の生産に用いられます。同様に、外国はBE、O^*Bだけの資本と労働を、製造業と第1次産業に投入します。自国が要素投入FBに相当する一次産品を輸入するところまでは通常と同じですが、製造業品の貿易パターンが通常と異なってきます。製造業品は差別化されているので、自国は輸出と輸入を同時に行うことになるのです。

図6-5　製品差別化を含む2財2要素2国モデル

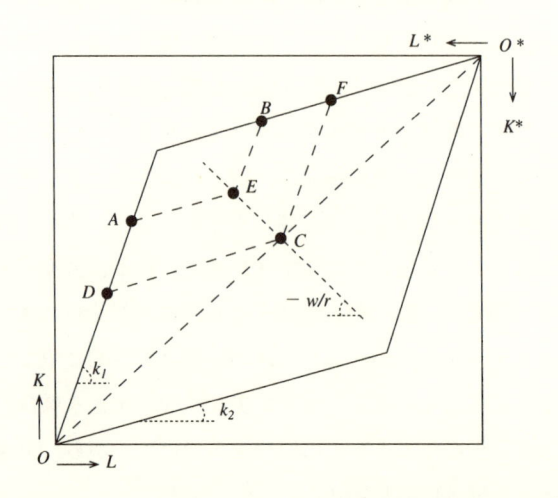

今、1つの差別化された製造業品についての資本・労働投入はどちらの国でもベクトル m により表されるとすると、自国と外国の製造業に対する要素投入ベクトル M、M^*（図中では OA、BE に当たる）は次のように表されます。

$$M = nm; \quad M^* = n^*m$$

ここで n、n^* はそれぞれ、自国と外国で生産される差別化された製造業品の種類です。世界全体では $n+n^*$ だけの種類の製造業品が存在することになります。一方、両国とも同一でホモセティックの社会的厚生関数を持っていると仮定すれば、各国はすべての種類の製造業品を所得比に従って消費します。したがって、両国の製造業品の消費を資本・労働コンテンツのベクトル C、C^* として表せば、次のように書けます。

$$C = s(nm+n^*m); \quad C^* = s^*(nm+n^*m)$$

ここで s、s^* はそれぞれ、自国と外国の所得の世界全体のそれに対する比率です（$s+s^* = 1$）。s と s^* の比率は、図中では OC と O^*C の比率に当たります。以上から、図中の DA に対応する自国の製造業品の純輸出 (NX) は

$$NX = nm - s(nm + n^*m)$$
$$= (1-s)nm - sn^*m = s^*nm - sn^*m$$

と表現できます。右辺の第1項が自国のグロスの輸出、第2項がグロスの輸入に当たります。

以上のモデルは、産業内貿易をある1つの見方から説明したものとなっています。産業内貿易とは、同一の商品分類に属する財を一国が同時に輸出と輸入を行っているような貿易のことです。前章までに見てきたリカード・モデルやヘクシャー＝オリーン・モデルはもっぱら、輸出と輸入が別の財である産業間貿易のパターンを説明しようというもので、産業内貿易を直接取り扱うものではありませんでした。しかし現実の国際貿易データを見ると、もちろんどのくらい細かい商品分類のレベルで見るかによっても変わってくるのですが、世界貿易とりわけ先進国間貿易のかなりの部分は産業内貿易と考えざるをえないのです[10]。

産業内貿易の一部は、輸出財と輸入財が同質的であっても起こります。例えば、一国が貿易の中継基地となっていて輸入された財が再輸出されている場合、あるいはある意味では差別化されていることになるが季節によって貿易パターンが逆転する場合、長い国境線の東と西で同じものが逆方向に貿易されている場合なども確かにありえます。しかし大半の産業内貿易は、同一産業の中での工程間分業か、あるいは製品差別化された商品間の貿易と解釈すべきと考えられます。ここで紹介した製品差別化モデルは、産業内貿易を分析が容易な形に理論モデルに取り込んだものとして評価できます。

しかし、産業内貿易をめぐる理論と実証的なデータとの間の距離はまだか

---

10) 国際貿易データに基づく産業内貿易の度合いの計測には、しばしば次のようなグルーベル＝ロイドの産業内貿易指数（Grubel and Lloyd (1975)）が用いられます。
$$G\text{-}L = 1 - \{\sum_i |X_i - M_i|\} / \{\sum_i (X_i + M_i)\}$$
ただしここで、X_i, M_i は i 財の輸出額、輸入額です。この産業内貿易指数あるいはその応用版を用いた実証研究については、木村・小浜（1995、第2章）を見てください。

なり遠いと言わざるをえません。実証的データをそのまま理論にのせることができるほど理論モデルが直接的な現実妥当性を持っているとは言えませんし、逆に実証的方法もアドホックな設定にとどまり理論に立脚したものとはなっていないのが現状です。産業内貿易については、理論、実証の両面からさらなる研究が期待されます。

練習問題

(1) マーシャルの外部性と生産可能性フロンティアの形状：2財2要素のヘクシャー＝オリーン・モデルにマーシャルの外部性という形で規模の経済性を導入すると、一国の生産可能性フロンティアの形状はどのように変わるでしょうか。

(2) マーシャルの外部性と世界全体の要素空間ダイアグラム(1)：3財2要素2国モデルにおいて、財2（資本・労働比率が2番目のもの）に規模の経済性がある時には、どのエリアで「統合された世界経済均衡」が実現しうるでしょうか。

(3) マーシャルの外部性と世界全体の要素空間ダイアグラム(2)：2財2要素2国モデルで片方の財に規模の経済性がある場合には、どのエリアで「統合された世界経済均衡」が実現しうるでしょうか。

(4) 製品差別化と世界全体の要素空間ダイアグラム：通常の2財2要素2国のヘクシャー＝オリーン・モデルでは、要素賦存点Eが対角線上にある時には全く貿易が起こらないことを確認してください。一方の財が差別化されている時には、それでもなおかつ貿易が生ずることを示してください。

第2部●国際貿易の厚生効果と貿易政策

第7章
完全競争下の貿易政策の厚生効果

[この章のポイント]
・建設的な政策論の拠り所を提供するという意味で、貿易政策論の役割は大きい。とくに、最も単純な完全競争モデルに基づく貿易政策の厚生効果分析は重要である。
・一口に貿易政策と言っても、関税の他にさまざまな非関税障壁が存在する。しかし、それぞれの政策についての厚生効果分析の手法はかなりの程度共通である。
・関税、輸出補助金その他、価格についての貿易政策は、部分均衡アプローチと一般均衡アプローチの両方から分析できる。
・輸入数量制限や輸出自主規制などの非関税障壁、生産補助金その他の国内政策も、同様の分析手法を用いて分析できる。
・大半のケースで、自由貿易の厚生上の優位は明らかである。

1. 貿易政策論の重要性

　本章から4章にわたって、貿易政策論 (normative theory of international trade) の解説を行います。
　新聞を開くと、日米経済摩擦から始まって、米の輸入自由化、NAFTA、

EUなどの経済統合、APEC、WTOその他新しい国際経済秩序の構築など、貿易政策にかかわるさまざまな問題が取り上げられていることがわかります。国際貿易論はこれらの問題すべてに完璧な処方箋を提示できるわけではありませんが、しかし経済学からのインプットがない限り、建設的な政策論議が成り立たないのも事実です。ある特定のモデルの下で、という限定付きではありますが、貿易論は多くの政策につき、かなりクリアカットな解答を出すことができます。議論の確固とした拠り所を提供するという意味での貿易論の有用性は、積極的に評価されるべきだと思います。

　政策の効果を分析するには、何らかの理論モデルが必要となります。例えばある商品につき政府が貿易障壁を設けていたとして、それを撤廃した場合の厚生効果の分析が必要になったとします。その時には、この貿易政策に影響されない経済的諸条件は全く変化しないという状況の下で、貿易障壁が取り除かれたらどうなるかを考えなければなりません。現実には起こっていない状態（カウンターファクチュアル）を想定するわけで、そのフィクションのためにモデルが必要となるのです。これは、政策の事後評価をしたい時にもあてはまります。例えば、1950年代、60年代の日本は産業政策を行ったから高度成長を遂げたと主張するためには、他の経済与件が変化しないという設定の下で産業政策がなかった状況を想定し、現実に観察された推移と比較する必要があります。単に産業政策を行ったことと高度成長を遂げたこととが同時に起こったからといって、その両者の因果関係を結論づけることはできないのです。もしかすると、産業政策があったからではなく、あったにもかかわらず、高度成長を遂げたのかもしれないわけですから。

　本章では、分析上最も単純な完全競争モデルに基づき、貿易政策の厚生効果の分析手法を説明します。近年政策論として、貿易障壁がすべて撤廃された自由貿易の状態が本当に望ましいのかどうかにつき、さまざまな議論がなされています。ここではまず、完全競争下ではいかなる意味において自由貿易が最適と言えるのかについて解説します。完全競争の仮定が現実経済にそのままあてはまるものでないことは言うまでもありません。しかし、まず議

論の拠り所となる単純なケースをしっかりと理解しておくことは大変重要です。ここではとくに、自分で手を動かして図を描いて、分析ツールの使い方を手で覚えるように心がけてください。図は経済学のなかでもとくに貿易論が多用する一種の言語であり、理論の演繹的体系を理解するのに役立ちます。

2. 貿易政策とは何か

まず、貿易政策とは具体的にどのような政策を指すのかを簡単に述べておきましょう。狭い意味で貿易政策といった時には、商品（merchandise）が国境線を越える際に適用されるさまざまな政府施策を指します。代表的なものとしては、輸入品が海外から入ってくる際に税関で課される関税が挙げられます。一口に関税と言っても、単位数量当たり（例えば1トン当たり）定額の税を課す従量関税、商品の価格に対し定率の税を課す従価関税、あるいはそれら2つを組み合わせたものなど、さまざまな種類があります[1]。

輸入品の浸透を妨げる効果を持ついわゆる貿易障壁には、関税の他にもさまざまなものがあり、それらは非関税障壁（nontariff barriers：NTBs）または非関税措置（nontariff measures：NTMs）と総称されています。輸入数量制限（quota：クォータ）や輸出自主規制（voluntary export restraints：VERs）などは典型的な非関税障壁ですが、さらに貿易と関係するさまざまな政府施策ということで考えていくと、貿易政策と国内経済政策の間の仕切りは次第に不明確となっていきます。また、政府施策のみならず民間商慣行まで非関税障壁に含めて考える場合もあります。このように、非関税障壁の定義は場合によって異なっているのですが、表7-1にDeardorff and Stern（1998）による非関税措置のリストを挙げておきました。

---

1) 関税制度については、木村・小浜（1995、第4章）で詳しく説明して参考書も挙げておいたので、興味のある人はそちらを見てください。

表 7 - 1　主要な非関税措置と関連政策

1．数量制限および同種の従量的制限
　　(1) 輸入数量制限
　　(2) 輸出制限
　　(3) ライセンシング
　　(4) 輸出自主規制
　　(5) 外貨交換その他金融管理
　　(6) 輸出入禁止
　　(7) 現地調達規制
　　(8) カウンター・トレード
2．非関税課徴金および輸入に関わる政策
　　(1) 可変的賦課
　　(2) 預託金要求
　　(3) 反ダンピング関税
　　(4) 補助金相殺関税
　　(5) 国境課税調整
3．貿易・制限的慣行その他への政府の関与
　　(1) 補助金その他援助
　　(2) 政府調達政策
　　(3) 国家貿易、政府独占、排他的フランチャイズ
　　(4) 産業政策、地域開発措置
　　(5) 政府資金による研究開発その他技術政策
　　(6) 税制、社会保障制度
　　(7) マクロ経済政策
　　(8) 競争政策
　　(9) 外国投資政策
　　(10) 海外不正取引政策
　　(11) 出入国政策
4．税関手続きと行政措置
　　(1) 関税評価手続き
　　(2) 関税分類手続き
　　(3) 通関手続き
5．技術的貿易障壁
　　(1) 保険・衛生規制と品質標準
　　(2) 安全・工業に関する標準と規制
　　(3) 梱包・ラベリング規制、商標管理
　　(4) 広告・メディア規制

出所：Deardorff and Stern（1998, pp.95-97）から抜粋・翻訳。

これは一種のチェックリストのようなもので、明らかな貿易障壁と考えられるものもありますが、正しく運用されれば取り除くべき障壁とはみなされないものも含まれています。

　また、輸入品に対する貿易障壁だけでなく、輸出を促進するための補助金その他の政府支援も重要です。さらに、地域統合との関連で重要性を増している現地調達要求（domestic contents requirements）、（リストには別記されていませんが）アメリカとの通商交渉の中で浮上した輸入自主拡大（voluntary import expansions：VIEs）なども見逃せません。モノの貿易だけでなくサービス貿易についての政府施策も重要となってきていますし、直接投資関連政策や知的財産保護政策、基準・認証政策などとの関連も無視できなくなってきています。企業活動が国際化して各国経済の実質的な経済統合が進む中、非関税障壁を検討することの重要性は相対的に高まっています。

3．関税・輸出補助金の厚生効果

　このように、一口に貿易政策と言ってもさまざまなものがあります。しかしそれらの厚生効果の分析に当たっては、かなりの程度共通の理論的枠組みを適用することができます。以下では最も単純な関税、ついで輸出補助金その他について、完全競争の仮定の下での厚生効果分析を解説していきます。

　分析に当たっては、1つの財のみを取り上げる部分均衡アプローチと、複数の財（図に書く場合には通常2財のみ）を同時に取り扱う一般均衡アプローチという2つのやり方があります。直観的な説明には部分均衡アプローチの方が適していますが、論理的な整合性という意味では一般均衡アプローチの方がすぐれています。ここでは労を惜しまず、両方とも勉強してしまいましょう。

関税：部分均衡アプローチ

　まず部分均衡アプローチから始めます。まず最初に、自国が「小国」の場

合と「大国」の場合とを区別する必要があります。小国というのは、貿易論では特殊な意味を持っています。その国が輸出、輸入の量を変化させても外国における財の価格に影響を与えないという時に、自国は小国であると言います。それに対し、自国の輸出入量が変化することにより外国における価格が変化する場合、自国は大国であると定義します。

小国の場合の厚生効果は図7−1(a)のように分析できます。この図はx財という1つの財のみを取り出した部分均衡を検討するためのものであり、その他の財市場などには一切影響しないものと仮定しています。横軸はx財の量、縦軸は価格を表します。曲線D^dと曲線S^dはそれぞれ、自国の需要曲線と供給曲線です。ここで国産品と輸入品は全く同質的な財で完全代替の関係にあると仮定します[2]。x財の外国市場における価格をpとすると、自由貿易下では、輸送費や流通マージンなどを無視すれば、国内市場における価格もpとなります。今、pは自国の需要曲線と供給曲線の交点であるa点よりも下にきていますから、自国はx財を輸入します。自国の生産量、消費量、輸入量はそれぞれ、pb、pc、bcです。

ここで従価関税tが課されると、国内価格はその分だけ外国価格よりも高くなります[3]。小国の仮定を置いていますから、外国価格はpのままです。国内価格はp'に上昇し、自国の生産量、消費量、輸入量は$p'd$、$p'e$、deとなります。関税によって輸入量は減少し、国内価格が上昇したために国内生産量は増え、消費量は減ったわけです。

関税賦課による自国の厚生水準の変化は、余剰概念を用いて分析することができます[4]。関税賦課によって国内価格は上昇し消費量は減少しますから、消費者余剰は$p'ecp$だけ減少します。一方生産者余剰は、価格上昇と生産量増加のため、$p'dbp$だけ増加します。図のように関税賦課後も輸入が継

---

2) 現実には、国産品と輸入品は不完全代替であると考えた方が妥当かもしれません。それを考慮した厚生効果分析については、佐々波・浦田・河井（1996）を参照してください。

3) 関税が従量関税の場合にもほとんど同じ分析が可能です。

図7-1 関税の厚生効果:部分均衡アプローチ

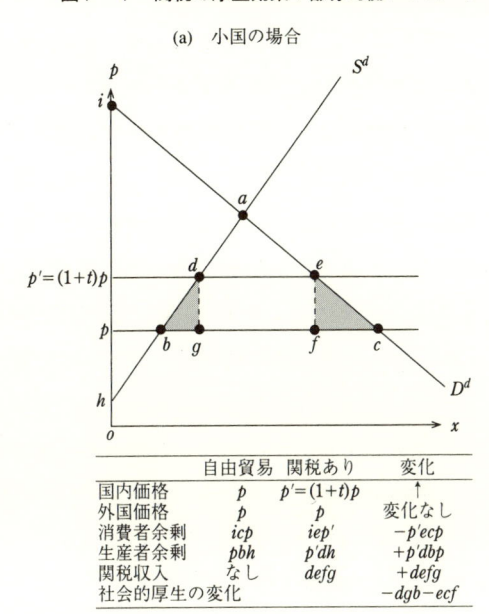

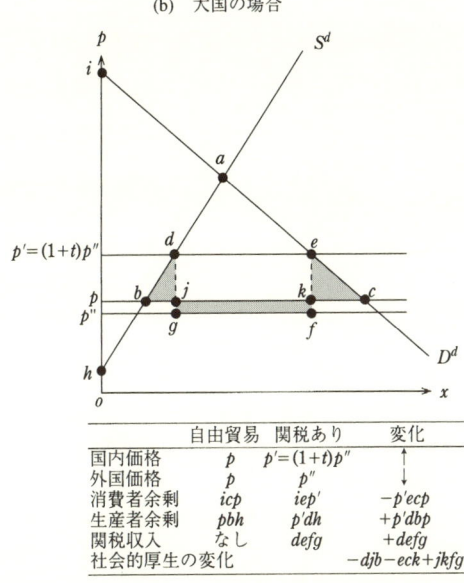

(a) 小国の場合

	自由貿易	関税あり	変化
国内価格	p	$p'=(1+t)p$	↑
外国価格	p	p	変化なし
消費者余剰	icp	iep'	$-p'ecp$
生産者余剰	pbh	$p'dh$	$+p'dbp$
関税収入	なし	$defg$	$+defg$
社会的厚生の変化			$-dgb-ecf$

(b) 大国の場合

	自由貿易	関税あり	変化
国内価格	p	$p'=(1+t)p''$	↕
外国価格	p	p''	
消費者余剰	icp	iep'	$-p'ecp$
生産者余剰	pbh	$p'dh$	$+p'dbp$
関税収入	なし	$defg$	$+defg$
社会的厚生の変化			$-djb-eck+jkfg$

第7章 完全競争下の貿易政策の厚生効果 141

続されているとすれば、政府に関税収入が入ることになり、その分が長方形 $defg$ となります。自国全体では2つの三角形 dgb、ecf の分だけ厚生のロスが発生します。この厚生ロスはデッドウェイト・ロスとも呼ばれます。このように、小国の場合、関税によって一国の厚生水準は低下します。

大国の場合には、事情が異なってきます。図7-1(b)を見てください。自国が関税をかけると、外国は輸出がしにくくなるわけですから、外国市場における x 財の価格は低下します。関税賦課後の国内価格（p'）は、外国価格（p''）に関税分を加えた水準に決まります。国内価格は、通常は図のように上昇します[5]。それに伴い、輸入量は減少し、国内生産は増加、国内消費は減少します。

大国の場合の厚生効果分析では、小国の時とは異なる結論が導かれます。消費者余剰が減少し、生産者余剰が増加するところまでは、小国の場合と同様です。問題は関税収入の部分です。外国市場での価格が低下していることから、長方形 $jkfg$ だけの追加的厚生増加を享受することができるのです。したがって一国全体の厚生は、2つの三角形 djb、eck の分だけは減少しますが、一方で $jkfg$ だけの増加が見込まれます。関税の高さによっては、一国全体の厚生水準が上昇する場合もあります。大国の場合には、関税により自国の厚生水準を高めることができるのです。これはもちろん、自国の厚生についての議論であり、世界経済全体では厚生は低下します。外国の厚生水

---

4) 消費者余剰、生産者余剰などの余剰概念については、たいていのミクロ経済学の教科書に解説がありますから、しっかりと復習してください。なお、消費者余剰については理論上の問題があるため、正確には equivalent variation あるいは compensating variation を用いるべきです。詳しくは奥野・鈴村（1985、第13章）を見てください。

5) 財が複数存在するモデルでは、関税が賦課された際、外国市場での自国の輸入財の価格低下が大きいために自国市場での輸入財の価格が関税賦課前よりもかえって下がってしまうことも理論的には起こりえます。この場合には、関税によってある産業を保護しようとしても、かえって負の貿易保護を与えてしまうことになるわけで、メツラーの逆説（Metzler paradox）と呼ばれています。Caves, Frankel, and Jones（1993, pp.213-215）に明快な解説があります。

図7-2　関税の厚生効果：一般均衡アプローチ

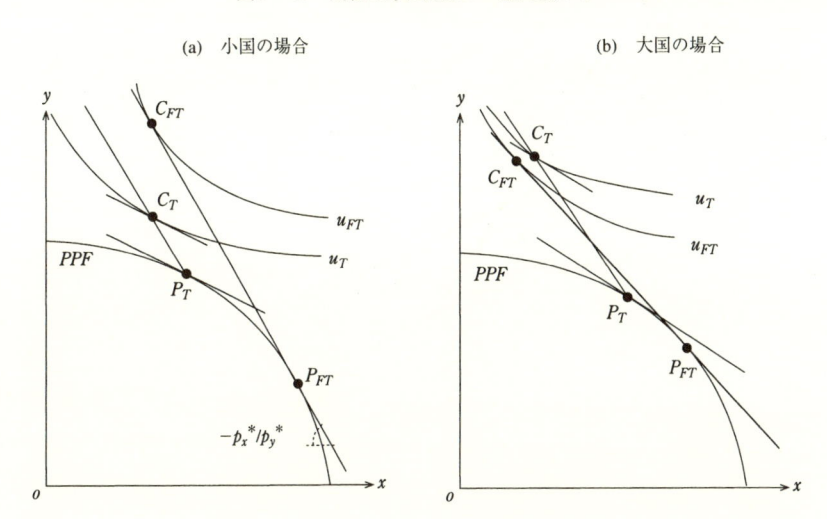

(a) 小国の場合　　　　　　　　　(b) 大国の場合

準は低下するわけで、このような政策は近隣窮乏化政策（beggar-thy-neighbor policy）と呼ばれています。

関税：一般均衡アプローチ

　一般均衡アプローチでも同じような分析が可能です。一般均衡アプローチの長所は、一国全体の貿易パターンの決定が明示的にモデルに組み込まれ、輸出される財と輸入される財の両方を同時に考慮できる点にあります。国際貿易を考えるに当たっては交易条件、すなわち輸出財と輸入財の相対価格が大変重要ですが、その分析のためには一般均衡の枠組みが必要です。

　図7-2(a)は小国の場合の図です。ここでは財の種類が2種類（x財とy財）しかない単純なモデルを考えています。自国の生産可能性フロンティア（production possibilities frontier：PPF）が原点に向かって凹（concave）に描かれています。背景には2財2要素のヘクシャー＝オリーン・モデルがあると考えていただいても構いません。外国市場における2財の相対価格が p_x^*/p_y^* と与えられたとすると、自由貿易下では、自国の生産点、消

第7章　完全競争下の貿易政策の厚生効果　143

図7-3 関税賦課時の消費点の決定

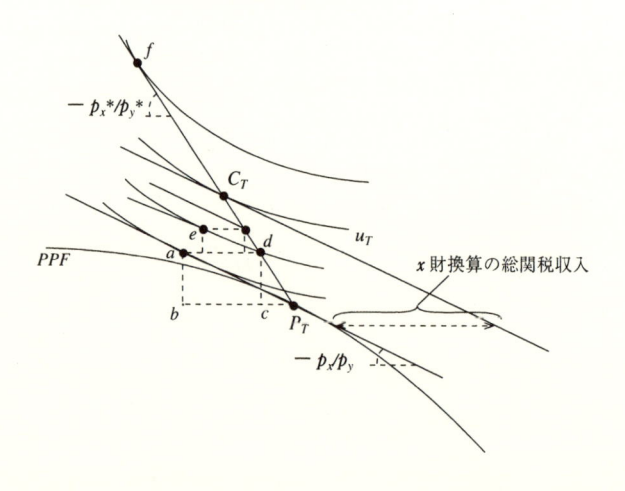

費点はそれぞれ P_{FT}、C_{FT} となります。この図では、自国は x 財を輸出し、y 財を輸入しています。

ここで輸入財 y に従価関税 t が課されると、自国市場の y 財の価格がその分だけ上昇（$p_y = (1+t)p_y^*$）し、国内における x 財の相対価格（p_x/p_y）は下落します。したがって生産点は P_T に移動し、x 財の生産は減少し、y 財の生産は増加します。消費点は、P_T を通る貿易線（傾きが $-p_x^*/p_y^*$ の直線）の上で、かつ国内価格線（傾きが $-p_x/p_y$ の直線）と社会的無差別曲線が接する C_T 点に決まります。自国全体の厚生は、社会的無差別曲線の高さで表されます。関税が賦課されると、u_{FT} から u_T へと移りますから、厚生水準は下落することがわかります。

ここでなぜ消費点が C_T 点になるのかがややわかりにくいので、直観的な説明を加えておきましょう。ここでは、政府が関税収入を消費者に分配するという過程が背後で効いています。図7-3は、図7-2(a)の一部を拡大したものです。生産が P_T 点で行われた時、関税収入の分配がなされなければ、消費者全体の予算線は P_T を通る国内価格線（傾き $-p_x/p_y$ の直線）となりますから、消費点は a 点となります。ここで消費者は bP_T だけの x 財

図7-4　関税率と自国の厚生水準

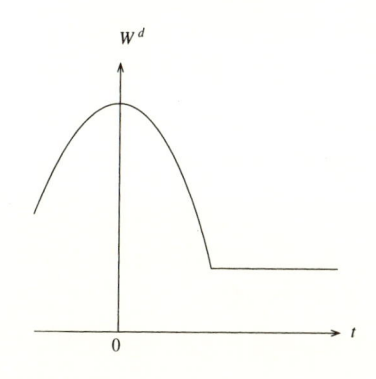

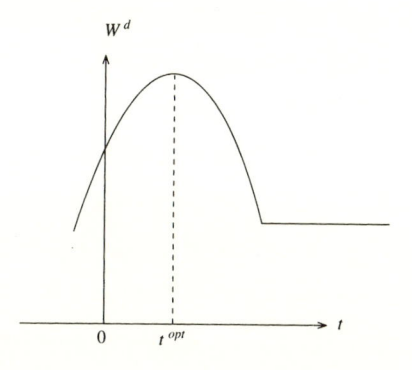

(a) 小国の場合　　　　　　(b) 大国の場合

を提供して代わりに ab だけの y 財を手に入れようとするわけですが、実は国際市場ではわずか cP_T だけの x 財で同じ量の y 財を入手できます。この差 bc（または ad）が、この場合の x 財換算の関税収入に当たります。この分を政府が消費者に分配すると、消費者の予算線は、d 点を通る国内価格線へと上がります。今度は、消費点は e 点となります。このように繰り返し関税収入を消費者に戻していくと、最終的には P_T 点を通る貿易線の上で、かつ国内価格線と社会的無差別曲線が接する C_T 点に消費点がくるのです。実際には、以上の一連の動きが一瞬にして起こると考えてください。x 財換算の総関税収入は、図に示した通り、P_T 点と C_T 点のそれぞれを通る国内価格線の水平距離と等しくなります。関税により、消費者が直面する価格も生産者側と同様に歪められていますから、f 点で消費するという具合にはいかないのです[6]。

一般均衡アプローチによる大国のケースは、図7-2(b)に示しました。関税が課されると、今度は大国ですから、外国市場で y 財がだぶついて価格

---

6) 以上の議論は y 財換算の関税収入を考えてもそのまま成り立ちますが、途中の消費点が貿易線の上にきたりするので説明は少々煩雑になります。

が下落し、貿易線の傾き（$-p_x^*/p_y^*$）が急になります。そのため場合によっては、図に描いたように、関税賦課後の消費点 C_T を通る社会的無差別曲線（u_T）が自由貿易時のそれ（u_{FT}）よりも上にきてしまいます。関税によって自国の厚生水準が上昇するケースが存在するのです。自国の厚生水準を最も高くするような関税のことを、とくに最適関税（optimal tariff）と呼んでいます。図7-4は、関税率（t）と自国の厚生水準（W^d）との関係を例示したものです。小国の場合は、関税率がゼロの時に厚生が最大となります。それに対し大国の場合、自由貿易からスタートして関税率を徐々に上げていくと、自国の厚生水準が上昇していきます。最適関税のところで厚生水準は最高となり、その後さらに関税率を上げると厚生は下がってきます[7]。

輸出補助金その他

次に、輸出補助金の厚生効果を見てみましょう。さまざまな貿易摩擦問題の中で、輸出補助金は、輸出国側が輸入国側の被害を省みずに自国の厚生を向上させる手段として、しばしば槍玉に挙げられます。GATT上、鉱工業品についての輸出補助金は以前から禁止されていますが、それでも間接的な形での輸出補助金はしばしば供与されています。しかし実は、輸出補助金によって自国の厚生が高まるのかどうかについては大いに疑問があることを、ここで指摘したいと思います。

図7-5は、小国についての輸出補助金の厚生効果を、部分均衡アプローチから見たものです。今度は自国が x 財を輸出しているのですから、外国価格 p は自国の需要・供給曲線の交点 a よりも上方に描かれています。自由貿

---

7) 最適関税率は数式では $t^{opt} = 1/(\varepsilon^*-1)$（ここで ε^* は外国の輸入需要の弾力性）と表せます。ε^* は、自国が小国の場合には無限大となりますから、小国の場合の最適関税率はゼロとなることが確認できます。このフォーミュラの数学的導出については、伊藤・大山（1985、232〜233ページ）や竹森（1995、241〜243ページ）を見てください。なお、大国間が最適関税をかけ合う貿易戦争についても興味深い分析がなされています。それについては第15章を見てください。

図7-5　輸出補助金の厚生効果：部分均衡アプローチ
　　　　（小国の場合）

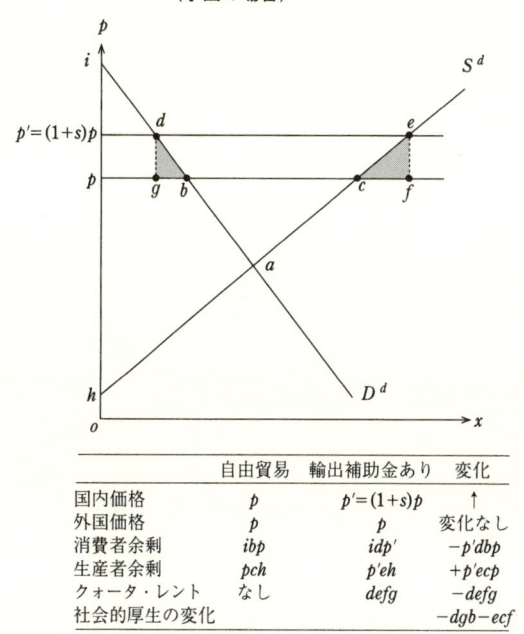

	自由貿易	輸出補助金あり	変化
国内価格	p	$p'=(1+s)p$	↑
外国価格	p	p	変化なし
消費者余剰	ibp	idp'	$-p'dbp$
生産者余剰	pch	$p'eh$	$+p'ecp$
クォータ・レント	なし	$defg$	$-defg$
社会的厚生の変化			$-dgb-ecf$

易下では、自国の生産量、消費量、輸出量はそれぞれ、pc、pb、bc です。ここで（従価）輸出補助金 s が供与されたものとします。輸出が促進されて国内市場向けの供給が減少し、国内価格は輸出補助金の分だけ上昇し、p' となります。小国の仮定を置いていますから外国価格は変わりませんが、国内生産者が手にする輸出1単位当たりの収入は p' となります。したがって、自国の生産量、消費量、輸出量は $p'e$、$p'd$、de となります。厚生効果を見ると、消費者余剰のわずかな減少（$-p'dbp$）に対し大きな生産者余剰の増加（$+p'ecp$）が得られ、大変結構な政策であるようにみえます。しかし、補助金の総額は長方形 $defg$ であり、政府はその分の財源を増税などに求めねばなりません。したがって、自国経済全体としては2つの三角形 dbg、efc の分だけ厚生が低下します。

大国の場合については紙幅の関係上示しませんが、輸出補助金供与によっ

**図7-6 輸出補助金の厚生効果：一般均衡アプローチ
（小国の場合）**

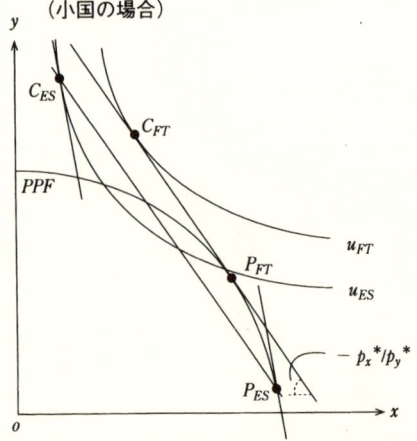

て外国価格は下落するので、自国の厚生ロスは小国の場合以上に大きくなります。

同じことを一般均衡アプローチから見たのが図7-6です。輸出補助金が輸出財 x について供与されると、国内市場における x 財の相対価格（p_x/p_y）が上昇しますから、生産点は右下方の P_{ES} へと移動します。消費点は、P_{ES} を通る貿易線の上で、かつ国内の価格線と社会的無差別曲線が接する C_{ES} 点に移ります。社会的厚生水準は明らかに低下します。大国の場合には、交易条件が自国に不利に変化し、P_{ES} を通る新しい貿易線の傾きがなだらかになりますから、自国の厚生はさらに悪化します。

このように、完全競争下の静学的モデルで考える限り、輸出補助金は、供与国全体の厚生水準を低下させてしまうのです。輸出補助金を国民経済の観点から正当化するには、連続財のリカード・モデルで一種の交易条件改善を組み込むか（第2章参照）、完全競争の設定を放棄してゲーム論的状況を考えるか（第9章参照）、あるいは動学的な幼稚産業保護を考える（第12章参照）など、標準的なモデル設定以外の枠組みを考えるしかありません。

その他、輸入補助金と輸出税に関しても同様の厚生効果分析が可能で

表7-2 貿易政策の厚生効果（完全競争下）

	関税	輸入補助金	輸出税	輸出補助金
小国の場合	↓	↓	↓	↓
大国の場合	↑↓?	↓	↑↓?	↓

す[8]。ぜひ自分で図を描いてみて、手で分析ツールを体得してください。表7-2に簡単に結果をまとめておきました。

2財の一般均衡アプローチの場合には、関税と輸出税、輸入補助金と輸出補助金の図はそれぞれ全く同じものとなり、したがって厚生効果も同じとなることを確認してください。これがラーナーの対称性定理（Lerner's symmetry theorem）と呼ばれるものです。逆説的に感じられるかもしれませんが、次のように考えれば納得がいくでしょう。関税と輸出税のケースを例にとります。自国の輸出財を x、輸入財を y とすると、自国と外国における両財の価格（p_x, p_y, p_x^*, p_y^*）には次のような関係が成り立ちます。従価関税 t_m が課されると、自国における輸入財の価格がその分だけ押し上げられるわけですから、

$$p_x/p_y = p_x^*/\{(1+t_m)p_y^*\}$$

が成立しているはずです。一方、従価輸出税 t_x が課されると、輸出財の内外の価格にそれだけギャップができますから、

$$\{(1+t_x)p_x\}/p_y = p_x^*/p_y^*$$

となります。この2つの式を見比べれば、同率の関税と輸出税は全く同じ経済効果を持つことがわかるでしょう。

4．数量的貿易制限政策の厚生効果

以上見てきた貿易政策はどれも、価格に直接影響を与えるタイプの政策で

---

[8] 言うまでもなく、輸入補助金の場合には輸入財をそのまま再輸出することは制度的に排除されていると考えてください。

図7-7　輸入数量制限の厚生効果：部分均衡アプローチ
　　　　（小国の場合）

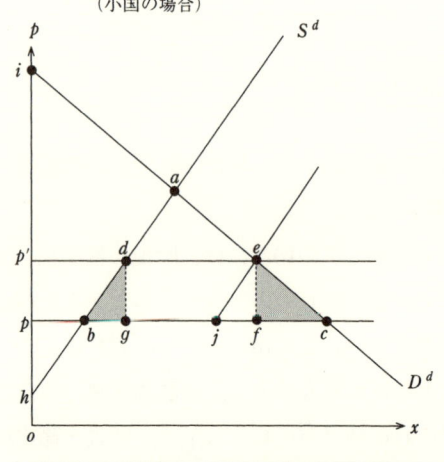

	自由貿易	輸入貿易数量制限あり	変化
国内価格	p	p'	↑
外国価格	p	p	変化なし
消費者余剰	icp	iep'	$-p'ecp$
生産者余剰	pbh	$p'dh$	$+p'dbp$
クォータ・レント	なし	$(defg)$	$(+defg)$
社会的厚生の変化			$-dgb-ecf\ [-defg]$

した。その他、直接的には貿易量に働きかけるタイプの貿易政策も重要です。以下では輸入数量制限と輸出自主規制の厚生効果を分析してみましょう。

　輸入数量制限（クォータ）とは、輸入量の上限を設定してそれ以上は輸入を認めないという数量規制のことを指します。図7-7は、部分均衡アプローチによって小国の場合の厚生効果を見たものです。自由貿易下では bc だけ輸入されていたところ、輸入が bj しか許されなくなったものとしましょう。価格が p のままでは jc だけの超過需要が生じてしまいますから、国内価格は上昇することがわかります。国内供給と輸入を加えた供給曲線は、自由貿易下では hbc であったのに、輸入数量制限がかかると $hbje$ へと変化します。したがって価格は、数量制限の上限と輸入量が一致する p' まで上がります。この時の価格上昇を同等の従価関税と対応させたもの（この場合は

pp'/op) を関税等価率 (tariff equivalent) と呼びます。

　厚生水準はどのように変化するでしょうか。価格が上昇する点は関税の場合と同じであり、消費者余剰は減少し、生産者余剰は増加します。問題は、関税の時には関税収入であった長方形 $defg$ の部分です。輸入は価格 p で可能なのに国内では p' で売られるのですから、その分だけ誰かが得をしているはずです。この部分のことをクォータ・レントと呼びます。これが誰のものとなるかは、クォータがどのような方法で割り振られるかによります。例えばクォータが早いもの勝ちで分けられている (first-come first-served basis) とすれば、早くきた外国の貿易商が p' という価格をつけてしまえばよいわけですから、クォータ・レントは外国人のものとなってしまうかもしれません。この場合には、長方形 $defg$ の部分は自国のものになりませんから、自国全体の厚生は台形 $decb$ だけ下落してしまいます。あるいは、クォータが入札システムにより安い価格をつけた外国の貿易商に配分される (auction basis) ものとすれば、価格の上昇分は国内の流通業者か誰かのものになると考えられます。その場合には、自国全体の厚生のロスは、関税の場合と同様に、2つの三角形 dgb、ecf だけとなります。

　一般均衡アプローチの場合にも同様の分析が可能です。紙幅の関係で改めて図を示しませんが、さきに示した図7-3でいえば、クォータ・レントが外国人のものとなる時の消費点は a 点、自国民のものとなる時のそれは C_T 点となります。前者のケースの方が自国の厚生水準が低くなることは言うまでもありません[9]。

　輸出自主規制についても、同じように厚生効果を分析できます。輸出自主規制とは、輸出国が自らの意思で、または輸入国との合意の上で選択的に輸出規制を行うことによって、実質的に輸入を制限する措置のことです。日本

---

9) クォータ・レントの帰属以外に、関税と輸入数量制限との間にどのような違いが見られるかについては、これまでさまざまな議論がなされてきました。一般には、数量規制の場合には価格メカニズムが働かないので、関税以上の厚生ロスが生み出される危険性が高いと考えられます。

からアメリカへの自動車輸出に関するものがその一例です。これが輸入国側の貿易制限措置と言えるかどうかは、政府が関与していると考えるかどうかと合わせ、微妙な問題とされてきました。しかしウルグアイ・ラウンドの交渉の中で、輸出自主規制は「灰色措置」の1つとしてすべて撤廃するとの合意を見ています。

輸出自主規制の輸入国側に対する厚生効果は、輸入数量制限の場合とほぼ同じように分析できます。唯一異なるのは、輸出自主規制の場合、レントは間違いなく外国の生産者もしくは輸出業者のものとなる点です。したがって図7-7でいえば、輸入国側の厚生は台形 $decb$ の分だけ低下します。図7-3でいえば、消費点は a 点となります。輸出自主規制は、確かに保護したい産業を利することはできますが、輸入国全体の厚生を大きく低下させるのです。一方、外国の輸出業者にしてみれば、レントが自分たちのものとなるのはそれほど悪いことではないかもしれません。しかも、輸出業者の間の数量の割り当てがそれまでの輸出実績に基づき決められるとすれば、既存の業者は新興の業者を排除できるというメリットも享受できます。多くの貿易摩擦問題につき輸出自主規制という形の決着がつけられたのは、このような輸出側の思惑もあったと考えられます[10]。

5．国内政策の厚生効果

狭義の貿易政策とは、国境線を境として直接・間接に価格を歪める政策です。それは国内の生産者と消費者の両方にとっての価格を歪めてしまうために、大きなデッドウェイト・ロスが発生してしまうのです。価格の歪みの性格をより明らかにするために、貿易政策との対比でいくつかの国内政策の厚生効果を見てみましょう。

---

10) 最近話題となっている輸入自主拡大（voluntary import expansions：VIEs）という新種の貿易政策についての理論的分析に関心のある人は Bhagwati, Panagariya, and Srinivasan (1998, pp.232-233) を見てください。

図7-1に戻り、関税の代わりに生産補助金を輸入競争産業に供与する場合を、部分均衡アプローチで考えてみましょう。関税と生産補助金はどちらも、その財の生産者を保護する意図で設けられるものと解釈できますが、自国全体に対する厚生効果は異なってきます。自由貿易（政策がない状態）からスタートして、生産物の単位価値当たり t（関税率と同じ高さであるとする）の生産補助金が供与されることになったとします。補助金も含め生産者が手にする生産物1単位当たりの収入は $p' = (1+t)p$ となりますから、国内生産は pb から $p'd$ へと増加します。一方、貿易は相変わらず自由貿易の下で行われていますから、消費者が直面する価格は p のままであり、したがって輸入量は gc、国内消費量は pc となります。厚生効果を見ると、消費者余剰には変化がなく、生産者余剰は $p'dbp$ だけ増加します。生産補助金の負担が長方形 $p'dgp$ に当たりますから、自国経済全体としては三角形 dgb だけの厚生ロスが発生します。ここでは価格の歪みが生産者側のみにかかっているので、関税の場合よりも三角形 ecf の分だけ厚生ロスが小さくなります。

一方、関税の目的が消費量を減らすことにあるならば、消費税をかけることによっても同じ目的が達成できます。図7-1において消費1単位当たり t だけの消費税を賦課すると、消費量は $p'e$ へと減少します。一方、国内生産者にとっての価格は相変わらず p ですから、国内生産量は pb、輸入量は bf となります。厚生効果を見ると、生産者余剰には変化がなく、消費者余剰が $p'ecp$ だけ減少します。政府の税収が $p'efp$ だけ生じますから、自国経済全体では三角形 ecf だけの厚生ロスが発生します。価格の歪みは消費者側のみにかかっていますから、関税よりも三角形 dgb の分だけ厚生ロスが小さくなります。

関税により生ずる厚生ロスの2つの三角形のうち、左側は生産者側の歪みから生ずるロス、右側は消費者側の歪みから生ずるロスと呼ぶこともあります。関税の場合には、国境線のところで価格が歪んでしまっているので、両方の厚生ロスを引き起こしてしまうのです。

図7-8　国内政策の厚生効果：一般均衡アプローチ
（小国の場合）

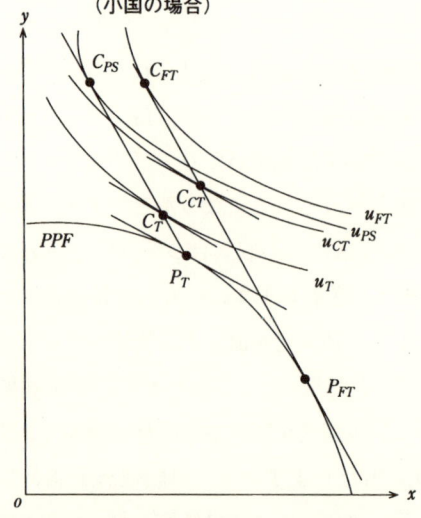

　一般均衡アプローチでも同様の分析が可能です。図7-8は、小国の場合についての図7-2(a)に産業yに対する生産補助金のケースおよびy財についての消費税のケースを書き入れたものです。生産補助金の場合、生産点はP_{FT}からP_Tへと移動しますが、消費者の方は価格が歪んでいませんから、消費点はC_{PS}にきます。消費税の場合には、生産点はそのままP_{FT}ですが、消費点の方はC_{CT}になります。どちらの場合にも、関税のケースよりは厚生ロスが小さいことがわかります。なお、u_{PS}とu_{CT}のどちらが上にくるかは、一概には決められません。

　以上、国内政策について2つの例を検討しました。貿易政策は、直接損害を被るのが外国人のみであるようにみえることが多いので、国内政治においても比較的抵抗が少なく、安易に施行されてしまいがちです。国内の少数の生産者に目にみえる形で補助金を供与するといえばほうぼうで相当な抵抗を受けるのでしょうが、貿易障壁で保護するといえばすんなり国会を通ってしまったりします。貿易政策の政治経済学について解説する第10章で再び取り上げますが、政策決定は得てして少数の声の大きな既得権益者に引きずられ

がちです。単純ではあっても、ベンチマーク・モデルでまず国民全体の利害を考察することは、大変重要だと思います。

なお、現実のデータを用いた貿易政策の厚生効果計測も数多くなされています。モデル自体にはさまざまな制約条件がかかっているのが常で、その性質を注意深く検討することも重要です。しかしモデルの構造がどうであれ、推計された政策効果の規模が極端に大きければ、それだけでかなり説得力のある政策論を展開できます。現実の政策を考えるに当たっては、おおざっぱであっても数字を乗せて議論することを忘れてはならないと思います[11]。

練習問題

(1) 輸出補助金の厚生効果：完全競争下の輸出補助金の厚生効果を、大国の場合につき、部分均衡アプローチと一般均衡アプローチを用いて分析しなさい。

(2) 輸入補助金の厚生効果：完全競争下の輸入補助金の厚生効果を、部分均衡アプローチと一般均衡アプローチを用いて分析しなさい。小国の場合と大国の場合の両方について、図を描いてみよう。

(3) 輸出税の厚生効果：完全競争下の輸出税の厚生効果を、部分均衡アプローチと一般均衡アプローチを用いて分析しなさい。小国の場合と大国の場合の両方について、図を描いてください。

(4) 貿易政策と交易条件：国際貿易における一国の輸出財と輸入財の相対価格（図7-2でいえば p_x^*/p_y^*）を交易条件と言います。関税、輸出補助金、輸出税、輸出補助金はそれぞれ、交易条件をどう変化させると考えられるで

---

11) 部分均衡アプローチに基づき貿易障壁撤廃の効果測定を行ったものとしては、例えば Hufbauer and Elliot (1994)、佐々波・浦田・河合 (1996) が挙げられます。一般均衡アプローチからの試みはCGE (computable general equilibrium) あるいはAGE (applied general equilibrium) モデルの構築という形でなされており、それについては Gunning and Keyzer (1995) や Hertel (1997) で参考文献を捜してください。厚生効果の測定手法については Bowen, Hollander, and Viaene (1998, Ch.5) を見てください。

しょうか。小国の場合と大国の場合について答えてください。また、交易条件と一国の厚生水準との間には、一般にどのような関係があるでしょうか。

(5) 関税率と自国の厚生水準：図7-4において、右方で曲線が水平となっているのはなぜでしょうか。

(6) 生産補助金の厚生効果：輸出補助金との対比で、輸出財に対する生産補助金の厚生効果を、部分均衡アプローチと一般均衡アプローチから分析してください。

第8章
市場の歪み理論

[この章のポイント]
・資源配分の効率性を基準とするミクロ経済政策は、市場の失敗を相殺するという形でのみ正当化される。
・市場の失敗は、外部性が存在する場合、公共財が存在する場合、生産技術が収穫逓増的である場合、不完全競争が存在する場合、情報の不完全性や不確実性が存在する場合などに起こる。
・市場の歪みを是正するには、その歪みを直接相殺する first-best policy を用いるのが最も望ましい。
・政策は一般には、市場の歪みを相殺できても新たな歪みを生み出してしまうので（second-best policy の場合）、社会的厚生を向上させることも低下させることもありうる。
・国際貿易論の文脈では、$DRT = DRS = FRT$ を基準にパレート最適性を確認できる。

1．ミクロ経済学と政策論

　第7章でお話しした標準的な完全競争モデルに基づく政策効果分析では、交易条件効果が正となる大国の関税の場合など特殊なケースを除けば、自由

貿易が自国の社会的厚生を最大とするという結果が得られます。これは、政府が市場介入を行わないレッセフェールの場合に資源配分が最適となるという伝統的ミクロ経済理論通りの結論です。社会的厚生の最大化という尺度でも貿易政策などの政策が正当化されるのはどのような場合か、またその時にはどのような政策が採られるべきか、政策が施行されることによってかえって事態を悪化させてしまう場合はないか、といった一連の問題を本章では検討していきます。

伝統的なミクロ経済学における政策論は、市場の歪み (distortion) のないレッセフェールの均衡をベンチマークとして展開されます。政策を正当化するためには、まず何らかの市場の失敗が存在している状況を考え、均衡における資源配分が最適となっていないことを示します。そして、市場の失敗による歪みを是正するものとして、はじめて政府の政策が登場してきます[1]。

市場の歪みが全くない均衡などというものは、もちろん現実にはありえません。それは演繹的に導かれるフィクションにすぎません。しかし、頭の中で理想的な状況をまず考え、現実をなるべくそこに近づけようと考えることによって、経済学に基づく政策論はクリアカットなものとなるのです。政策論は得てして水掛け論あるいは宗教論争のようになりがちですが、経済学からのアプローチでは背後に何が想定されているかが明確となり、限定的な設定の下ではありますが政策の善し悪しをはっきりと示すことができ、その先の議論をより建設的なものとすることができます。もちろんそれだけですべての問題に解答を与えることはできませんが、議論の出発点としては有用なものとなりうるのです。

本章でお話しするのは、とくに1960年代、70年代に国際貿易論において展開された「市場の歪み理論」という一連の研究の成果です。これは貿易論を

---

[1] 本章では、効率性を基準とするミクロ経済政策に絞って話を進めていきます。政府の政策でも、マクロ諸指標のコントロールを目的とするマクロ経済政策、効率性ではなく所得分配の是正を目的とするミクロ社会政策は、別の論理、別の基準に基づいて正当化されるものですので、注意してください。

ベースに政策論を行う際の核となる考え方であり、大変有用なものです。また、1980年代に展開された「新」貿易理論を理解する上にも不可欠なものと言えます。

2．市場の失敗と厚生経済学の大原則

　第1章で復習したように、生産者（企業）と消費者（家計）という2種類の経済主体を含む標準的なミクロ一般均衡モデルでは、生産者と消費者の間に存在する財市場と生産要素市場において効率的に財価格・生産要素価格が決定され、資源配分の効率的な均衡が実現します。生産者側については、1）規模に関して収穫一定の生産技術、2）財市場における完全競争、3）生産要素市場における限界生産物価値による生産要素価格の決定、という3つのモデル設定が核となっていました。完全競争とは、小さな企業が多数存在していて各企業は市場で定まる価格を所与として行動すること、市場への参入と市場からの退出が費用なしに自由に行えること、情報の完全性（complete information）が確保されていることを意味します。消費者側も、小さな家計が多数存在していて、各家計は市場で定まる価格を所与として行動します。このパレート効率的な均衡では、政府の果たすべき役割は何もありません。

　以上のようなパレート最適な均衡をベンチマークとして、次に市場の失敗をモデルに導入します。市場の失敗の例としては、a）外部性が存在する場合、b）公共財が存在する場合、c）生産技術が収穫逓増的である場合、d）不完全競争が存在する場合、e）情報の不完全性や不確実性が存在する場合などが挙げられます。これらの市場の失敗があると、市場が歪められ、パレート最適な均衡が実現しなくなってしまいます。外部性の例としては、負の方向に働くものとして公害、正の方向に作用するものとして研究開発などが挙げられます。公共財には、教科書的な例である外交、国防、あるいは公園、文化施設などに加え、広い意味での経済システムや人的資源のプール

などを含めて考えることもできます。収穫逓増的な生産技術については、第6章で議論した規模の経済性が事業所・企業レベルに存在する場合（internal economies of scale）、産業・マクロレベルで起こる場合（external economies of scale）のどちらでも、市場の失敗が起こります。独占、寡占、独占的競争その他の不完全競争が存在すれば、やはり市場は失敗します。情報の不完全性があれば市場の失敗が起きることは言うまでもありませんが、それが近年の経済学の中で大きな問題として取り上げられるようになってきたことはご存じの通りです。また将来についての不確実性が存在する場合にも、ごく特殊な場合を除き、市場の失敗が生じます。これらa）からe）は必ずしも峻別できるものではなく、1つの事例でもこれらのいくつかにまたがっていることもあります。

　市場の失敗の存在が明確となってようやく、政府が市場に介入する余地が出てきます。政府の政策はそれ自身市場を歪めるものですが、もともと存在していた歪みを相殺することができれば、社会的厚生を高めることができるかもしれません。どのような政策を導入するべきかについては、1920年代のピグー以来の厚生経済学の大原則があります。これは、2つの部分から成っています。第1に、市場の歪みを是正するには、その歪みを直接相殺する政策を用いるのが最も望ましいとされます。そのような政策は、first-best policyと呼ばれます。第2に、一般に政府の政策は、市場の歪みによる非効率を減少させることもあるし、逆に増大させることもあるとされます。政策がfirst-best policyでない場合には、それが元々の市場の歪みを相殺したとしても、市場の他の部分に新たな歪みを引き起こしてしまう可能性が高く、したがって場合によってはかえって事態を悪化させてしまうこともあるのです。このような政策のことをsecond-best policyと呼ぶこともあります[2]。

　これら2つの厚生経済学の大原則は、正確にはいくつかの注意点を挙げておく必要があります[3]が、政策論を行う上で大変有用なものです。複雑な政

---

[2] なお、second-best policyという言葉は、first-best policyが施行できないという制約条件下での最良の政策というように、より厳密に定義されることもあります。

策形成過程やそれに伴う政治経済学をとりあえず無視して政策を考える際には、まずこの論理で押してみるのがエコノミストの常套手段です。

3．市場の歪み理論

この厚生経済学をベースとする政策論は、貿易論の文脈では市場の歪み理論という形で展開されました。国際貿易モデルに市場の失敗を導入する際には部分均衡アプローチを用いることもありますが、ここでは経済全体への影響を見るために2財の一般均衡アプローチを用いて説明していきます[4]。

まず、自国が小国で自由貿易を行っている場合を考えましょう。図8-1は、x、yの両財をそれぞれの軸に置いた財空間の図です。自国の生産可能性フロンティア (production possibilities frontier：PPF) が原点に向かって凹 (concave) に描けるものとします。市場の歪みが存在しない場合には、自国の生産点は、傾きの絶対値が国際価格比 (p_x^*/p_y^*) である貿易線と生産可能性曲線とが接する P_{FT} 点となり、消費点は貿易線と社会的無差別曲線 (community indifference curve：CIC) とが接する C_{FT} 点となります。この均衡は言うまでもなく、自国にとってパレート最適となっています。

このパレート最適性は、次のように表現することもできます。

$DRT = DRS = FRT$

ここで DRT (domestic marginal rate of transformation：国内の限界変形率) とは生産点における生産可能性曲線の傾きの絶対値、DRS (domestic

---
3) 例えば複数の市場の歪みが存在する場合には、1つの歪みのみを取り除いても全体の厚生が改善されるという保証はありません。政策変更が漸進的に行われるものとすると、どの政策手段をどのような順序で用いて歪みを取り除いていくべきかは、理論的にも重要な問題です。この問題について興味のある人は、福島 (1993) を参照してください。

4) 市場の歪み理論について詳しく勉強したい人は Bhagwati (1971) や Bhagwati, Panagariya, and Srinivasan (1998、20章以下) を見てください。

図 8-1 自由貿易下の小国の場合

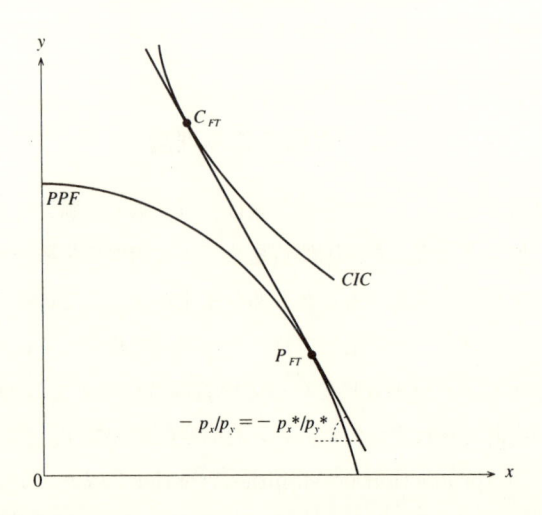

marginal rate of substitution：国内の限界代替率）とは消費点における社会的無差別曲線の傾きの絶対値、FRT（foreign marginal rate of transformation：外国の限界変形率）とは貿易される点（消費点）における外国のオファー・カーブの傾きの絶対値です。DRT は 2 財の生産における限界費用の比率（mc_x/mc_y）、DRS は 2 財の消費における限界効用の比率（mu_x/mu_y）でもありますから、この 2 つが等しくならねばならないことはすぐにわかるでしょう。さらに小国の仮定から、外国のオファー・カーブは直線となって貿易線と一致するので、FRT もそれらと等しくなります[5]。

上の式は、均衡が自国にとってパレート最適となっているかを判定するための指標として用いることができます。三者が等しくなっていない場合に

---

5) この条件は理論的には、国内の生産可能性曲線と外国のオファー・カーブを制約条件として自国の社会的厚生関数を最大化した場合の 1 階の条件として求められます。2 階の条件は満たされているものと仮定しています。なお、一般に、社会的厚生関数の最大化によって求められるパレート最適な均衡と、各経済主体がバラバラに最適化問題を解くレッセフェールの市場均衡とが一致しない場合、市場の失敗が存在すると言います。

図8-2 最適関税下の大国の場合

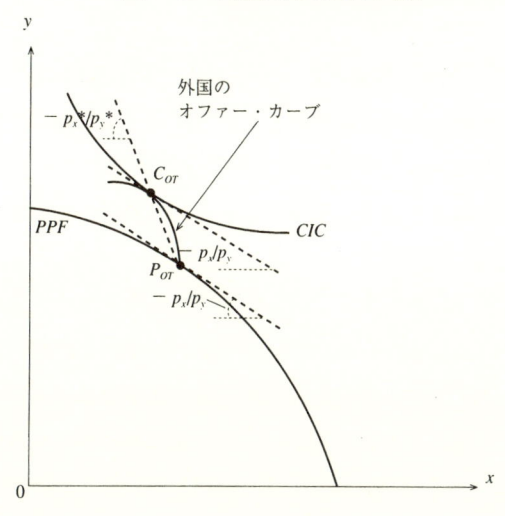

は、自国の厚生を基準として考える限りにおいてはパレート最適性が実現していないと結論づけることができます。

　ここでの議論をより良く理解していただくために、国際価格に影響を与えることができるような大国の場合を見てみましょう。大国が自国の社会的厚生を最大にできるのは、最適関税を課した場合です[6]。大国は、関税を課すことによって自国の輸入品の国際価格を相対的に下落させることができ、交易条件（輸出品と輸入品の国際価格比）を自国に有利にすることができます。最適関税とは、この交易条件の変化を考慮に入れた上で自国の厚生を最大にするような関税なのです。

　このことは図に描くと図8-2のように表現できます。貿易量が増加すると自国の輸出財の国際価格が下がり、交易条件は自国にとって悪化するので、外国のオファー・カーブは P_{OT} を原点として左上がりで次第に傾きが緩くなるように描かれています。外国はオファー・カーブの上であればどこ

---

6) ここでは外国の報復がないことを前提として議論を進めます。

第8章 市場の歪み理論　163

でも貿易を行うのですから、自国政府としてはそれを考慮した上で自国の社会的無差別曲線を一番高くするような関税率を求めることになります。その場合の消費点 C_{oT} では、外国のオファー・カーブと自国の社会的無差別曲線とが接しています。また、消費者と生産者は同じ国内価格を見ているわけですから、C_{oT} 点における社会的無差別曲線の傾きと生産点 P_{oT} における生産可能性曲線の傾きとは等しくなります。すなわちここでは、

$DRT = DRS = FRT$

となっていることがわかります。以上のような条件を満たす生産点と消費点を図の中で捜すには、外国のオファー・カーブの基点を自国の生産可能性曲線に沿ってスライドさせ、上の条件を満たす点を求めればよいわけです[7]。

なお、ここでの議論はあくまでも自国の厚生を基準とするものであり、世界全体の厚生については別に論じなければならないことに注意してください。最適関税は自国の厚生水準を最高にしますが、世界全体の厚生水準は低下してしまいます。世界全体がパレート最適となるのは、市場の歪みがない自由貿易の場合であることは言うまでもありません。直観的にいうと、最適関税は世界全体のパイを小さくするけれども、自国の取り分を最大とするのです。したがって、外国の取り分は当然のことながら縮小します。

4．市場の歪みと政策例

さて、いよいよ市場の歪みが存在する場合の政府の政策について見てみましょう。以下では例として、大国であるにもかかわらず自由貿易を行っている場合と国内生産に外部性が存在する場合の2つを検討します。

---

7) 外国のオファー・カーブを自国の生産可能性曲線に沿ってスライドさせていった時の外側のへりのことをボールドウィンの包絡線（Baldwin envelope）と呼びます。それは原点に向かって凹の曲線となります。この曲線は、第1章の注6）で述べたボールドウィンの自由貿易軌跡よりも外側にきます。詳しくは Bhagwati, Panagariya, and Srinivasan (1998, Ch.18) を見てください。

図 8-3 自由貿易下の大国の場合

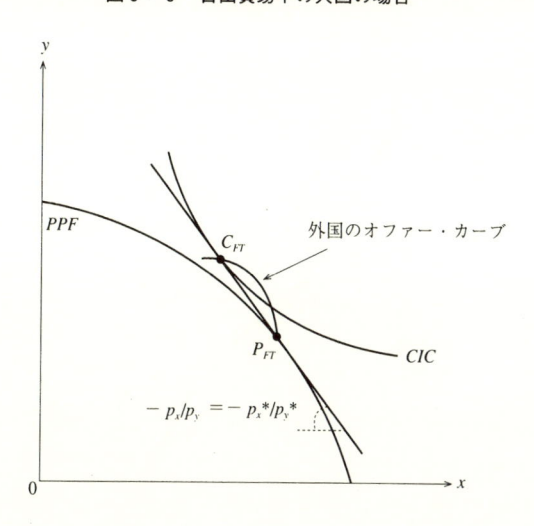

大国が自由貿易下にある場合

　自由貿易下にあるのに市場の歪みが存在するというのは少々語弊があるかもしれませんが、ここではあくまでも自国の厚生を基準に見ていることに注意してください。大国が自由貿易を行っているということは、自国の貿易政策によって交易条件を有利にできることを考慮していないのですから、自国にとっては厚生を最大化していないことになるのです。

　図 8-3 はその均衡を描いたものです。大国ですから、P_{FT} を原点として描いた外国のオファー・カーブは曲がっています。消費点 C_{FT} では、傾きが $-p_x/p_y = -p_x^*/p_y^*$ の貿易線と外国のオファー・カーブとが交わっています。したがって、先ほどのフォーマットに従って書けば、

$$DRT = DRS \neq FRT$$

となります。

　このケースでは、自国にとっての市場の歪みは、国内ではなく国境線上に存在しています。したがって、この歪みを政策で是正するには、国内政策ではなく国境政策を用いるのが望ましいことになります。最適関税は、その歪

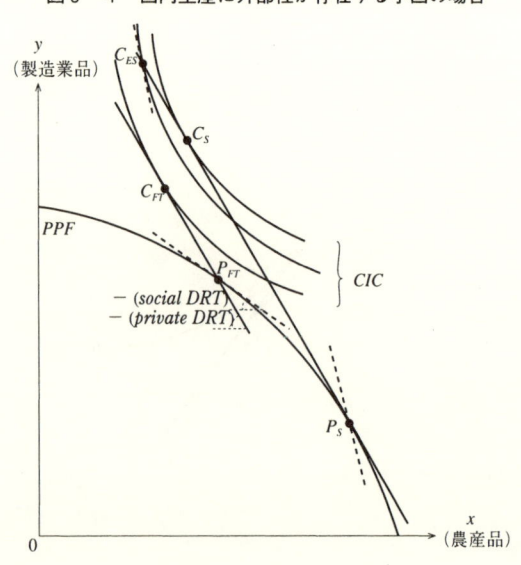

図 8-4　国内生産に外部性が存在する小国の場合

みに直接働きかけて相殺する最適な政策なのです。

国内生産に外部性が存在する場合

次に、もう少し歪みらしい歪みが存在するケースを見てみましょう。農産品（x 財）と製造業品（y 財）という 2 財を含む一般均衡モデルを考えます。製造業品は製造過程で公害（例えば水質汚染）を生み出し、それによって農産品の生産が阻害されるものとします。しかしここでは、製造業者はその公害によって生じる費用を全く負担しません。つまり、公害は一種の外部不経済であり、市場に内部化されていないものとします。また単純化のため、自国は小国であると仮定します。

図 8-4 には、経済全体の観点からの生産可能性フロンティア（social PPF）が描かれています。これは、自国経済の生産要素賦存と生産技術によって決まってくるものです。生産点は、もし市場の外部性が存在しなければ、この生産可能性フロンティアの傾き（social DRT）と 2 財の価格比

(p_x/p_y)が等しくなったところに決まります。しかしここでは、外部不経済が存在するためにそうなりません。製造業者は本来負担すべき費用を負担していないのですから、その分だけ生産費用が安くなります。したがって、市場で決まる両財の限界費用の比（*private DRT*）すなわち mc_x/mc_y は、真の限界費用比（*social DRT*）よりも大きくなってしまいます。そのため、政府の市場介入がない場合の自国の生産点は P_{FT} 点となります。なお、ここでは自由貿易を想定していますから、国内の両財の価格比は国際価格比と等しくなり、消費点は C_{FT} に決まります。生産側に市場の歪みが存在するため、

social DRT ≠ *private DRT* = *DRS* = *FRT*

となっているわけです。

この市場の歪みを是正するための政府の政策を考えてみましょう。生産点を P_{FT} から P_S へと動かしたいのですから、それが可能となるような2つの政策を検討します[8]。まず貿易政策を見てみましょう。自国は農産品（x財）を輸出し、製造業品（y財）を輸入しています。ここで農産品の輸出に対し輸出補助金を供与するか、あるいは製造業品の輸入に対し輸入補助金を供与（再輸出はできないものとする）すれば、国内の農産品の価格を相対的に上昇させることができ、生産点を P_S へと動かすことができます。*social DRT* が国際価格比と等しくなるところまで、*private DRT* を大きくしてやればよいわけです。これにより、生産面に存在していた市場の歪みを相殺することができます。しかしここでは、消費側に新たな歪みが生じます。貿易政策を用いると、生産者のみならず消費者の直面している国内価格も変化し、消費点は C_S ではなく C_{ES} となります。すなわち、

private DRT = *DRS* ≠ *social DRT* = *FRT*

となってしまうのです。図8-4では、C_{ES} を通る社会的無差別曲線が C_{FT}

---

[8] なお以下の議論では、政府が税を課した場合にはその税収は国民に一括補助金（lump-sum subsidy）として分配され、また補助金を供与した場合にはその財源として国民に一括税（lump-sum tax）を課すものとします。

を通るそれよりも上に描かれていますが、一般にはどちらが上にくることもありえます。これは厚生経済学の大原則の2番目に当たる典型的なケースであり、政策によって社会的厚生は上昇することも下落することもありうるのです。

　厚生経済学上望ましい first-best policy は、歪みに直接働きかける政策です。この例では、市場の歪みは国内生産に存在するわけですから、生産についての国内政策を用いるべきです。具体的には、農業部門に対する生産補助金の供与、あるいは製造業部門からの生産税の徴収が考えられます。これらの政策により、生産点を P_S へと動かすことができます。ここでは自由貿易がそのまま行われているわけですから、消費者が直面している価格比は相変わらず国際価格比と等しく、消費点は C_S となります。したがって、

$$social\ DRT = DRS = FRT$$

となり、パレート最適な均衡が実現することになります。

　その他さまざまな市場の歪みのあるケースを考えることができますが、いつも政策論の基本となるのは厚生経済学の2つの大原則です。

5．最適な政策選択

　上の例によって、まずどのような市場の歪みが存在するのかをしっかりと把握し、その歪みを直接相殺する政策を考えることが大事であることがおわかりいただけたでしょう。そもそも市場の歪みは多くの場合、国内生産の周辺に存在しています。したがって、貿易政策はたいてい first-best policy ではないわけで、むしろ生産面に直接働きかける国内政策を用いるべきなのです。この考え方は、現実の政策論に応用すると、大変強力な論理となります。

　例えば、日本の米を例にとってみましょう。米の輸入制限あるいは高関税を正当化する論理としてしばしば持ち出されるのは、「食糧安保」あるいは「環境」問題です。安価な輸入米の流入を防いで国内の稲作を確保すること

により、有事の際の食糧源を確保し、同時に土壌浸食防止にも役立てるべきとの主張がなされます。この議論そのものの妥当性についても筆者は疑問を抱いていますが、ここでは仮に稲作を国内で行うことがそれらのために役立つものとして、どのような政策を取るべきかを考えてみましょう。

　市場の原理に任せていたのでは「食糧安保」や「環境」を確保するだけの稲作が国内に残らないということですから、稲作には正の外部性が存在するというように定式化してもよいでしょう。もしそうであれば、市場の歪みは国内生産に存在するわけですから、経済学的に望ましい政策は生産補助金などの国内政策であるはずです。高関税などの貿易政策は、生産側の歪みを相殺することはできるかもしれませんが、同時に消費側に歪みをもたらしてしまいます。すなわち、消費者が直面する価格が高くなって消費量も減少し、消費者の効用は低下してしまいます。これは典型的な second-best policy であり、国民全体の厚生水準はほとんど間違いなく低下してしまいます。したがってエコノミストとしては、貿易政策ではなく国内の生産に直接働きかける政策を採用することを勧めるべきでしょう。

　このように、本来は国内政策によって市場の歪みを是正すべきところであるのに、貿易政策が採用されているケースがしばしば見られます。現実の政策決定は効率性基準だけでは動かないよ、などという一見バランス感覚のありそうな発言もしばしば聞かれます。しかし、いったいどのような基準の下で「バランス感覚」を発揮すべきなのか、よく考えてみる必要があります。ここで用いている基準は、ミクロ経済モデルの中で定義されている国民全体の厚生であり、これが唯一の妥当な価値基準であると主張するつもりは全くありませんが、それなりにきちんと定義された明確なものです。エコノミストとしては、エコノミストなりの「正論」をいつも説いて回ることを怠ってはならないと思います。

　現実の経済政策の策定・施行がエコノミストの「正論」に忠実に従ったものであるとはとても見えません。政策がどのように形成されていくのかを検討するのが、第10章の課題の１つです。その議論の中では、少数の既得権益

者が大多数の被害者よりも強力な政治的影響力を発揮しやすいという分析もなされていきます。同時に、国民の無知を前提とした政策運営がなされていることも強調しておかねばなりません。国内で特定の産業・企業に補助金を供与したり税金を課したりすると一見して誰が得をして誰が損をするのかが明らかになってしまいます。それを隠蔽するために、被害の見えにくい貿易障壁を選択するという側面も確かにあります。結局経済学者あるいはエコノミストが社会の中で果たす「政治経済学的」な役割は、経済学の分析手法を用いて見えにくい事実を明らかにし、ナイーヴであっても正論をしっかりと主張した上で、最終的には政治経済学を見定めて落とし所を見つけていくことなのではないかと、筆者は考えています。

練習問題

(1) 消費可能性フロンティア：2財モデルの財空間に、小国と大国の場合の消費可能性フロンティアを描きなさい。

(2) 国内生産に正の外部性が存在する場合：一次産品と製造業品という2財からなる国際貿易モデルを考えます。自国は発展途上国であり、一次産品を輸出し製造業品を輸入しており、また小国であるものとします。ここで、製造業は第1次産業に対し正の外部経済を及ぼすこととしましょう。図8-4の分析に倣い、政府の市場介入のない場合の均衡と、貿易・国内政策を用いた場合の均衡を分析してみよう。

(3) 消費に関し市場の歪みがある場合：タバコとその他消費財という2財からなる国際貿易モデルを考えます。タバコの消費には負の外部性が伴っており、2財の限界効用の比は社会的に望ましい値から乖離しているものとします。自国が小国でタバコを輸入している場合につき、図8-4の分析に倣い、政府の市場介入のない場合の均衡と、貿易・国内政策を用いた場合の均衡を分析しなさい。

第9章
規模の経済性・不完全競争と戦略的貿易政策

[この章のポイント]
・産業組織論、ゲーム理論の影響を強く受けながら、戦略的貿易政策論が展開された。
・戦略的貿易政策の定義は場合によって異なるが、狭義では国際間の企業の戦略的関係に影響を与える政策、あるいは政府が戦略的に働きかける政策のことを指す。
・そこでは、不完全競争の中で生じてくるレントを政策によって自国側にシフトさせることが強調される。
・ブランダー＝スペンサー・モデルはゲーム理論の応用の先駆となった。
・戦略的貿易政策論は、伝統的な立場をとる研究者からさまざまな批判を受けてきた。その直接的政策策定能力は限定的と考えられるが、世界規模での寡占的競争とそれに影響を与える政府の政策という発想は以前よりも明確に意識されるようになった。

1．戦略的貿易政策論の台頭

1970年代後半からの産業組織論の理論面での飛躍的発展を受けて、「新」国際貿易理論と呼ばれる新しい理論フレームが発展したことを第6章で説明

しました。その理論的成果を踏まえながら、不完全競争下での貿易政策を議論する「戦略的（strategic）貿易政策論」が展開されました。それはさらに、ゲームの理論からの影響を強く受けながら発展していきます。

「戦略的貿易政策」という言葉は用いる人や文脈によって定義が異なってきます。狭く定義すれば、国際間の企業の戦略的関係に影響を与える政策、あるいは自国企業と外国企業が競争している時に政府が戦略的に働きかける政策のことを指します[1]。これらの狭義の定義の場合に念頭にあるのは、後で説明するブランダー＝スペンサー・モデル（Brander and Spencer (1985)）です。そこでは自国企業と外国企業がゲーム論的環境の下で戦略的に行動しており、貿易政策は両者の競争条件に影響を与えて、自国企業もしくは自国全体に有利な状況を作り出そうとするものとなっています。寡占市場において生ずるレントの争奪戦に関与する政策というのが、戦略的貿易政策の原点にあるイメージです。Helpman and Krugman (1989) などではもっと広い意味で strategic という言葉を用いており、戦略的貿易政策という言葉で不完全競争下の貿易政策全般、あるいは「新」国際貿易理論に対応する政策論全般をカバーしています。しかし、根本にある発想は共有されています。

現実の政策論の中で戦略的貿易政策が標榜される時には、先進国企業間の寡占競争に対する政府の関与という面が強調されます。それもとくに、技術革新の盛んな先端産業の輸出促進や市場占有が前面に出てきます[2]。一般に、完全競争の前提が成り立たなくなれば市場の失敗が生じ、政府の関与する余地が出てきます。戦略的貿易政策論の場合には、市場の失敗といってもとくに寡占競争、動学的な規模の経済性、技術のスピルオーバーなどが問題とされます。しかも、不完全競争から生ずる非効率の是正よりもむしろ、レ

---

1) Brander (1995, p.1397)、小田 (1997、108ページ) はこのような定義にしたがっています。
2) Tyson (1993) は、アメリカの戦略的貿易政策をそのような立場から強く主張したものです。

ントを自国企業が取得できるかどうかという点を強調する傾向があるのも、戦略的貿易政策論の特徴です。

以下ではまず、不完全競争によって生ずるレントの配分に影響を与える貿易政策の例として、外国の独占に対する貿易政策を議論します。それから、戦略的貿易政策論の原点ともいうべきブランダー＝スペンサー・モデルを説明し、それに対する批判として提示されたイートン＝グロスマン・モデルの話をします。その後で、他の理論的・実証的研究について簡単にまとめ、最後に戦略的貿易政策論の評価を試みます。

2．外国の独占に対する貿易政策

部分均衡の枠組みで、外国の独占企業がその製品を自国に輸出している場合を考えます。単純化のため、その製品の国内生産やその他の外国からの輸入はないものとし、自国の需要曲線は右下がりの直線、外国の独占企業の限界費用曲線は水平な直線として描けるものとすると、図9-1のような図が描けます。D^d、MR^d、MC^f はそれぞれ、自国の需要曲線、自国の需要に対応する限界収入曲線、外国企業の限界費用曲線です。自国政府が何もしなければ、外国企業は利潤を最大化するために限界収入と限界費用の等しい輸出量 ox_m を選び、したがって自国における価格は p_m となります。この時には、長方形 $p_m abc$ が外国企業の固定費用と超過利潤の合計となっています。

ここで自国政府が外国企業からの輸入について関税を課すと、外国企業にとっての限界費用曲線はその分だけ上方にシフトします。そのため、外国企業の輸出量は ox'_m、自国内の価格は op'_m となります。外国企業の固定費用と超過利潤に対応する部分は長方形 $p'_m def$ に変わります。それでも、超過利潤が負とならない限り、外国企業の輸出は続きます。自国政府は長方形 $fegc$ だけの関税収入を得ます。この部分が外国企業から自国政府へとシフトするレントに当たります。自国政府がそれを自国の消費者に適切に分配すれば、その分だけ自国の社会的厚生は改善されることになります。一方、関

図 9-1 外国の独占に対する貿易政策

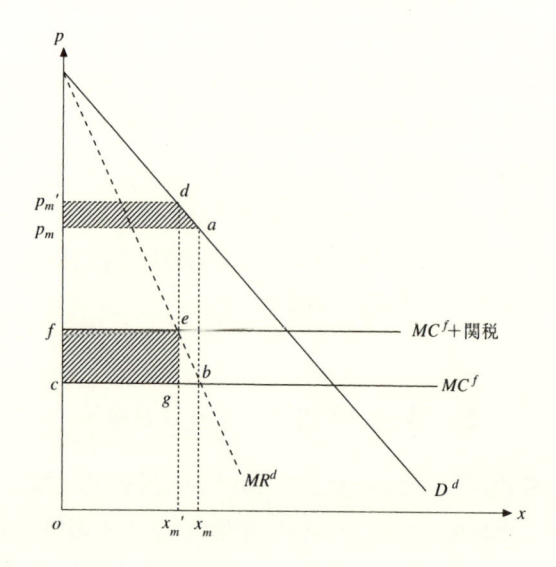

税を賦課したことによって国内価格が上昇しており、台形 $p'_m d a p_m$ だけ消費者余剰が減少しています。自国の厚生の上昇分である長方形 $fegc$ と減少分である台形 $p'_m d a p_m$ のどちらが大きいかは、自国の需要曲線と外国企業の限界費用曲線の形状によっており一概にはいえませんが、図のように上昇分の方が大きいケースが存在することは確かです。

第7章で見たように、市場の歪みのない通常の完全競争モデルでは、大国でない限り、関税を賦課すれば自国の厚生水準は低下します。ここでは自国は大国でもないのに、関税によって厚生水準が上昇しています。市場の歪み理論に則していえば、もともと不完全競争下で市場が歪んでいたため、もう1つの歪みである関税を導入することによって厚生を改善しうるわけです。戦略的貿易政策論の視点からいえば、不完全競争から生じるレントを政策によって自国側にシフトさせることができるという点が重要です。

3．ブランダー＝スペンサー・モデル

次に、ブランダー＝スペンサー・モデル（Brander and Spencer (1985)）を見てみましょう。彼らの1980年代前半の一連の研究は、貿易政策論におけるゲームの理論の応用の先駆となりました。ここで使われているゲームはきわめて単純なもので、しかも実際の政策論の場面を忠実に再現したものではありません。しかし、提示された戦略的貿易政策論の考え方は、その後多くの研究を触発することになります[3]。

モデルの設定は次の通りです。自国企業と外国企業という2企業が同質的な財を生産していて、生産した全量を第3国に輸出しているものとします。まず、政府による貿易政策が存在しない場合を考えましょう。2企業はクルノー（Cournot）競争（数量競争）を行うこととします。

両企業の利潤最大化問題は以下のように表現できます。自国企業は、外国企業の生産量（x^*）を所与として、利潤が最大となるように自らの生産量（x）を決めます。すなわち、

$$\max_x \pi(x, x^*; c) = \{p(x+x^*)-c\}x$$

ここで c は自国企業の限界費用（一定と仮定）で、単純化のため自国企業の固定費用はゼロとしています。$p(\cdot)$ は逆需要関数です[4]。両企業の生産量の合計（$x+x^*$）が大きくなると価格は下がると考えられるので、$p(\cdot)$ の1次微分は負とします。外国企業も同様に、自国企業の生産量（x）を所与として、次のような利潤最大化問題を解きます。

$$\max_{x^*} \pi^*(x, x^*; c^*) = \{p(x+x^*)-c^*\}x^*$$

---

[3] 柳川（1998）は以下の議論を初めての人にもよくわかるように明快かつ丁寧に説明しています。

[4] 需要関数は通常 $D = D(p)$ と表され、ギッフェン財でない限り $dD/dp<0$ となっています。逆需要関数とは、この需要量Dと価格pをひっくり返して、$p = D^{-1}(D)$ としたものです。このような関数が存在するには、需要量と価格が1対1対応（one-to-one correspondence）している必要があります。

ここで c^* は外国企業の限界費用（一定と仮定）です。

ちょっと技術的な話になってしまいますが、ここで両企業間で行われるゲームは、静学的（static）非協力（noncooperative）ゲームでナッシュ均衡（Nash equilibrium）を求めるものとなっていることを確認しておきます。すなわち、プレーヤーである自国企業と外国企業は互いに協力することなく、相手の行動を所与として、自分の目的関数を最大化するように自らの行動を決定します。その結果求められる均衡では、互いに相手の行動を所与として最も望ましい行動を選択しており、相手の行動を所与とする限り他の行動を取ろうとは考えないことになります。ここでのゲームはさらに、両企業の選択変数が生産数量であることから、クルノー競争（数量競争）と呼ばれます。ゲームの設定がほんの少し異なると全く違う均衡が出てきたりするので、注意してください[5]。

自国企業の利潤最大化問題の1階の条件を求めて整理すると、次のような反応関数（reaction function）が求められます。

$$x = R(x^*; c)$$

この関数は、外国企業のさまざまな生産量に対応した自国企業にとっての最適な生産量を示しています。その形状は関数形やパラメーターの値によって異なってきますが、通常は外国企業の生産量が大きければ自国企業の最適生産量は小さくなると考えられます。したがって、両企業の生産量を両軸に置いた図にこの反応関数を描けば、右下がりの曲線となります（図9-2参照）。同様に、外国企業の反応関数は

$$x^* = R^*(x; c^*)$$

となり、やはり図9-2に負の傾きを持つ曲線として描くことができます。なお、利潤最大化問題の2階の条件は満たされているものとします。

図9-2では2本の反応曲線が1度だけ交わり、しかも自国企業のものの

---

5) ゲーム論を産業組織論の文脈も含めてきちんと勉強したい人は、まずTirole (1988) の第11章 "Noncooperative Game Theory: A User's Manual" や丸山・成生（1997、第8章）を見るとよいでしょう。

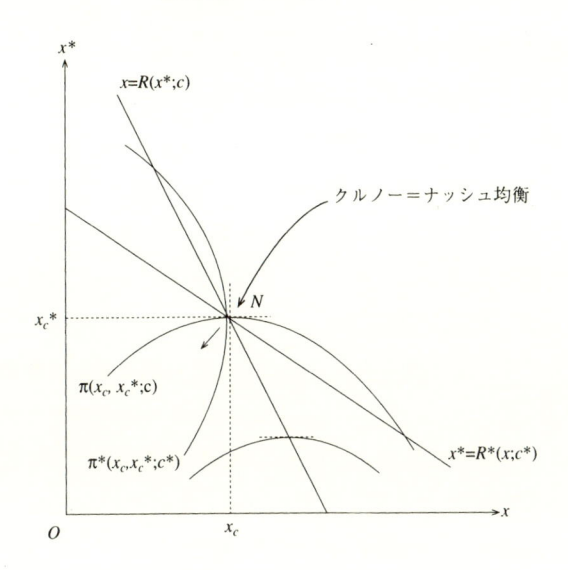

図9-2 ブランダー＝スペンサー・モデル（1）：
貿易政策がない場合

（図：反応曲線 $x=R(x^*;c)$ と $x^*=R^*(x;c^*)$ の交点 N がクルノー＝ナッシュ均衡。等利潤曲線 $\pi(x_c, x_c^*;c)$、$\pi^*(x_c, x_c^*;c^*)$ が示されている。軸は x^* と x、座標 x_c^*、x_c）

方が急に描かれています。関数形やパラメーターの値によっては、反応曲線の傾きが逆転したり、あるいは2本が何度も交わったりすることもありますが、ここでは単純なケースを示しています。反応曲線が交わっている N 点がクルノー＝ナッシュ均衡です。そこでは、両企業は互いに相手企業の生産量を所与として最適な生産量を設定していますから、ナッシュ均衡であるわけです[6]。その点を通る両企業の等利潤曲線が $\pi(x_c, x_c^*; c)$、$\pi^*(x_c, x_c^*; c^*)$ です。自国企業の場合、一般に外国企業の生産量が小さいほど利潤が大きくなり、しかも x^* の値について最も利潤を大きくできる点が反応曲線の上にあ

---

[6] 図9-2のケースの均衡は、仮に生産量がその値からずれたところにあっても均衡に近づく方向で生産量の再設定が行われるという意味で「安定的」です。2本の反応曲線の交わり方が逆ならば、均衡は「不安定」となります。ここで注意してもらいたいのは、時間を通じてそのような生産量の調整が徐々に行われた結果としてナッシュ均衡が達成されるのではないことです。このモデルには動学的な構造は組み込まれていません。両産業の生産量の決定はあくまでも同時に、one-shotでなされるという設定になっています。

るので、等利潤曲線はお椀をふせたような形で、自国企業の反応曲線の上で傾きがゼロとなるように描けます。外国企業の等利潤曲線も同様に、外国企業の反応曲線上で垂直となります。

　N点はあくまでも非協力ゲームの均衡であることを確認してください。もし両企業が協力して生産量を調整できるならば、x_c、x_c^* よりも生産量を減らして価格をつり上げ、利潤を増やそうとするでしょう。これは、図9-2に描いた矢印のようにN点から左下方向に動くと、どちらの企業の利潤も増えることからわかります。しかしここでは非協力ゲームの設定になっているために、N点が均衡となるのです[7]。

　クルノー=ナッシュ均衡のN点を通っている自国企業の等利潤曲線をよく見ると、外国企業の反応曲線を上から切っていることがわかります。つまりN点は、外国企業の反応曲線上で自国企業の利潤を最大とする点ではないのです。外国企業の反応を考慮した上で自国企業の利潤が最も大きくなるのは、外国の反応曲線と自国企業の等利潤曲線とが接しているS点です（図9-3参照）。この点はシュタッケルベルク（Stackelberg）均衡点と呼ばれています。自国企業（リーダー）が先に生産量を決定し、外国企業（フォロアー）がそれを所与として利潤最大化問題を解くというような2段階ゲームをシュタッケルベルク・ゲームといいますが、S点はその場合の均衡となるのです。もちろん、今のクルノー=ナッシュの設定のままではS点は均衡となりません。

　そこで考えられるのが自国政府の貿易政策です。自国政府が自国企業に輸出補助金（ここでは生産補助金と呼んでも同じことですが）を供与すると、自国企業にしてみればその分だけ生産コストが減少しますから、自国企業はそれぞれの外国企業の生産量に対応する自分の生産量を拡大します。したがって自国企業の反応曲線は右方にシフトします。自国企業の反応曲線がx

---

7) また、ここでは両企業とも生産を行うような均衡のみを考慮していますが、両企業の生産構造が非対称の場合には、強い方の企業が生産量を増やして弱い方の企業を廃業に追い込むような均衡が存在する可能性もあります。

図9-3 ブランダー=スペンサー・モデル（2）：
　　　　輸出補助金を賦与する場合

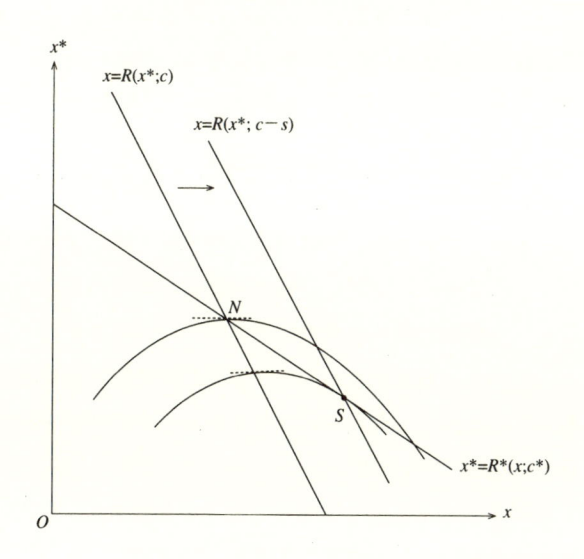

$= R(x^*; c-s)$ となるような補助金 s を賦与すれば、両企業のクルノー競争によるクルノー＝ナッシュ均衡は S 点にきます。自国政府は、自国企業と外国企業の間の複占下のゲームを考慮し、政策によってその競争条件に影響を与えて、自国企業の利潤を増やすことができるのです。これがまさに戦略的貿易政策です。

ここでは自国における消費は存在しないと設定していますから、自国全体の厚生を考えるに当たっては、自国企業の利潤と貿易政策のコストのみを考慮すればよいことになっています。両方を考慮して、自国全体の厚生が補助金によって高められるかどうかは別途チェックする必要がありますが、一定の条件下ではそれが可能であることが証明できます[8]。輸出補助金によって自国の厚生を高めることができるケースが存在するとの結論が導かれるのです。第7章で見た市場の歪みのない通常の完全競争モデルでは、小国、大国

――――――――――
8) この証明については小田（1997、110～112ページ）を見てください。

を問わず、輸出補助金は自国の厚生を低下させます。従来からの標準的議論に反して、このモデルが輸出補助金に積極的な評価を与えたことは、当時のアメリカの置かれた経済状況の中で大きな反響を呼びました。

4．イートン＝グロスマン・モデル

ブランダー＝スペンサー・モデルは理論、政策論の両面で大きな影響力を持ちましたが、一方でその結論がどの程度頑健なものであるのかも問題となりました。ゲームの理論は経済論理の記述に大きな弾力性を与えるものですが、その反面、ゲームの設定がほんの少し違うだけで全く異なる結論が導かれる場合もあることに注意しなければなりません。その問題を指摘したのがEaton and Grossman (1986) です。

このモデルもブランダー＝スペンサー・モデルと同様に、自国企業と外国企業が第3国に生産物の全量を輸出するという設定になっています。異なるのは次の2点です。第1に、両企業はクルノー競争（数量競争）ではなくベルトラン（Bertrand）競争（価格競争）を行います。第2に、両企業が生産する財は、同質的ではなく差別化されており、不完全代替の関係にあるとします[9]。

自国企業の利潤最大化問題は次のように書けます。

$$\max_p \pi(p, p^*; c) = (p-c)D(p, p^*)$$

ここで $D(\cdot, \cdot)$ は自国製品の第3国における需要関数です。外国企業の利潤最大化問題も対称的に書くことができます。1階の条件から求められる両企業の反応関数は

$$p = R(p^*; c)$$
$$p^* = R^*(p; c^*)$$

---

[9] 同質的な財を生産する両企業がベルトラン競争をすると、どちらか片方の企業しか生産をしない均衡が出てきてしまいます。

図9-4 イートン=グロスマン・モデル（1）：
　　　貿易政策がない場合

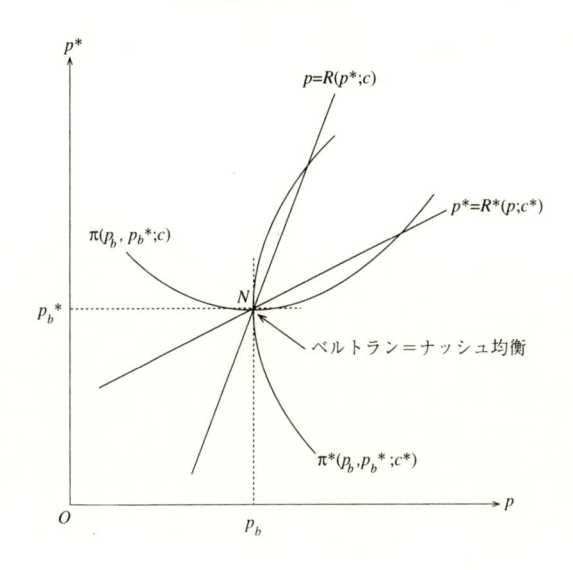

となります。これらを両国製品の価格を各軸にとった図に描くと、例えば図9-4のようになります。通常、相手の価格が高くなれば自分の方も高くできますから、反応曲線は正の傾きを持ちます。2本の反応曲線がどちら向きで交わるか、あるいは何回交わるかは、関数形やパラメーターの値によるので一概には決められません。ここで示したのは、安定的なベルトラン=ナッシュ均衡がN点のように1つだけ存在する場合です。両企業の等利潤曲線はそれぞれの反応曲線の上で傾きが水平または垂直になりますが、今度は価格が高くなった方が利潤が高くなるので、曲がり方がブランダー=スペンサー・モデルとは逆になります。

外国企業の反応曲線を所与として自国企業の利潤を最大化する点、シュタッケルベルク均衡点は、図9-5のように外国企業の反応曲線と自国企業の等利潤曲線が接する点（S点）となります。両企業がベルトラン競争をするという設定のままでS点を均衡点とするには、政策によって自国企業の反応曲線を右方にシフトさせる必要があります。S点を均衡点とするための政策

図9-5　イートン＝グロスマン・モデル（2）：
　　　　輸出税を賦課する場合

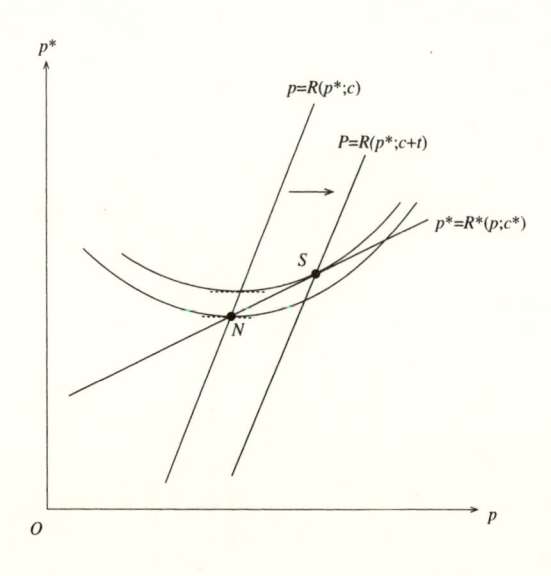

は何かというと、今度は逆に輸出税となります。輸出税が課されると、自国企業は価格を上げるので、反応曲線は右にシフトするのです。適切な輸出税 t を課せば、自国企業の反応曲線を $p = R(p^*; c+t)$ へとシフトさせることができます。自国企業の利潤のみならず、自国全体の厚生を考慮しても、一定の条件の下では輸出税が望ましい政策となることが証明できます。このように、ほんの少しゲームの設定を変えただけで望ましいとされる政策が180度変わってしまう可能性を示したのが、イートン＝グロスマン・モデルの貢献です。

5．その後の研究動向

　ブランダーとスペンサーの研究以降、ゲームの理論における均衡概念の整理と理論手法の普及を受けて、理論研究の方では、さまざまな応用が試みられました。上で見たブランダー＝スペンサー・モデルやイートン＝グロスマ

ン・モデルは、自国企業、外国企業の生産物の全量が第3国に輸出されるという設定になっていることから、第3国市場 (third market) モデルと呼ばれることもありますが、その枠組みのなかでもさまざまな理論的応用・洗練が進みました。それに加え、もっと一般的に財市場が自国や外国である場合に関する相互市場モデル (reciprocal market model) も研究されました。また、政府の政策決定も、外生的に自由に決めることができるというよりは、企業や他国政府の行動によって制約を受けると考えるのが一般的となりました。専門的な詳しい論文サーベイは Brander (1995) が行っています。さらに一般的な不完全競争を取り入れた理論においても、政府の政策あるいはコミットメントが企業の競争行動に影響を与えうるとする戦略的貿易政策の発想は欠くことのできないものとなってきています。ただし、理論ツールが発達してさまざまなモデル構築が可能となってきた反面、そこで議論する実証的問題はだんだんと矮小化してきて、やや閉塞感のある研究プログラムになりつつあるような印象も受けます。

一方、実証研究の方でもさまざまな野心的な試みがなされました。例えば Dixit (1988) は、寡占下の競争に基づくモデルをベースとして、自動車の輸出自主規制 (voluntary export restraint：VER) などの貿易政策の効果に関するシミュレーションを行いました。Baldwin and Krugman (1988a) は16K RAMをめぐる政策シミュレーションを行い、Baldwin and Krugman (1988b) は Airbus をめぐるアメリカとヨーロッパの間の経済摩擦を複占モデルに基づいて分析しました。Smith and Venables (1988) その他の研究では、ヨーロッパのいくつかの産業（とくに自動車産業）に関する政策効果シミュレーションを行っています。どのくらい現実に即した実証的モデリングが可能となっているかについては議論の余地がありますが、企業レベル、産業レベルでは不完全競争を含めて考えねばならない実証的問題が存在していることは事実です。政策論の場面でも、特定の理論モデルがそのまま現実の判断に用いられることはないにしても、企業や政府の戦略的行動を明示的に考慮した政策策定は現実にも行われています。Krugman and

Smith (1994) は最近の不完全競争モデルに基づく実証研究を行っている論文を集めたものですので、興味のある人は覗いてみてください。

6. 戦略的貿易政策論の評価

　戦略的貿易政策論については、それまでの自由貿易を望ましい政策とする考え方とは異なる側面を有していたため、伝統的な立場をとる研究者からさまざまな批判がなされてきました。そこでの批判点の中には、やや根拠の薄弱なものや、今の時点では克服されてしまっている問題点なども含まれています。現時点であらためて見直してみると、批判はおおよそ4つにまとめられます。

　第1は、不十分なモデリングに対する批判です。ブランダー＝スペンサー・モデルに対しては、外国の報復が考慮されていない点や1回限り (one-shot) のゲームである点などが批判点としてあげられました。しかしこれらについては、その後さまざまな理論モデルが提示されており、すでに克服されていると考えてもいいでしょう。

　第2は、モデルから得られる政策論上の結論に頑健性が不足していることに関する批判です。理論上の道具立てが発達し、さまざまな均衡概念の研究が進んだことによって、理論モデルに記述可能な経済論理のスコープは大きく広がりました。しかし同時に、どのモデルにしたがって現実を解釈するかによって、多様な政策上の処方箋が出てきてしまうことも多くなってきました。Eaton and Grossman (1986) が警告したように、わずかなモデル設定の違いによって適切な政策が大きく異なってくるとすれば、慎重なモデルの選択が必要となってきます。しかし政策決定者は多くの場合、適切な政策選択をするのに十分なだけの情報を有していません。このような状況下では、国民経済全体として望ましくない政策を正当化するために、戦略的貿易政策の論理が政治経済学的に悪用される恐れも出てきます。

　第3に、モデルの性質から生ずる政策論の難しさがあげられます。市場の

歪みのない伝統的なベンチマーク・モデルは、どの程度現実に適合しているかはともかくとして、少なくとも政策論を組み立てるには便利にできています。自由貿易とはすべての障壁・規制が取り除かれた状態ですから、そのような状態は1つしか存在せず、政策選択にあいまいさは残りません。しかもいったん自由貿易を始めてしまえば、その後は政策決定者のいかなる恣意性も介入してくる可能性がないので、レント・シーキング（第10章参照）の生じる余地も小さくできます。それに対し、ゲームや不完全競争を含むモデルに基づき政策論を始めると、さまざまな困難が噴出してきます。もともと市場が歪んでいるところに政策という新たな歪みを加えて相殺しようとするので、ここでもモデルの特定化がきわめて重要となってきます。また、モデルがあいまいであれば、政策論のもととなる厚生基準も不明確となります。それはひいては、政策の対象となる産業の選択などを不適切なものとしてしまうかもしれません。いったん伝統的なベンチマークを捨ててしまうと、政策論は大変複雑なものとなってしまうのです。

第4に、貿易政策そのものの有効性の低下があげられます。先進諸国では、企業活動が国際化してくるにつれて、国境ベースの貿易政策の有効性が確実に低下してきています。生産・販売拠点の国際化が進み、国際間の企業提携も盛んになってくると、企業は国境ベースの発想とは異なる論理で行動し始めます。また貿易政策自体の実行可能性も、国内産業における外国企業のプレゼンスが大きくなったり、内国民待遇の原則が貫徹してくるにつれ、低下してきているといえるかもしれません。従来の国境ベースの発想を超えた政策論が必要となってきていることは明らかです。

このように考えてくると、戦略的貿易政策論の有効性はかなり限られてくるのではないかと思います。つねに自由貿易が最適な政策であるとは、もはや理論的にも実証的にも主張できません。しかし、戦略的貿易政策論がそれに代わる確固たる政策提言を示してくれる場面はかなり限定されているというのが、最近の多くの研究者の意見でしょう。しかし、世界規模での多国籍企業の寡占的競争とそれに影響を与える政府の政策という発想は、以前より

も明確に意識されるようになってきていることは事実です。したがって、動学的規模の経済性やネットワーク外部性が重視される分野では、戦略的貿易政策の文脈で新たな理論上・実証研究上の研究がなされていくかもしれません。

練習問題

(1) 外国の独占に対する貿易政策：図9-1の場合、世界全体の厚生水準に対する関税賦課の効果はどのようになっているか、考えてみよう。

(2) ブランダー＝スペンサー・モデル(1)：図9-2において、2本の反応曲線が複数回交わる場合の図を描いて、各均衡の安定性をチェックしてみよう。

(3) ブランダー＝スペンサー・モデル(2)：等利潤曲線はなぜ図9-2のような形になるのか、自分の言葉で説明しなさい。

(4) ブランダー＝スペンサー・モデル(3)：生産性の高い企業が生産性の低い企業の生産をゼロとしてしまうケースを、図に描いてみよう。

(5) ブランダー＝スペンサー・モデルとイートン＝グロスマン・モデルの比較：自国の政策が外国企業に与える影響を比較しなさい。

第10章
貿易政策と政治経済学

[この章のポイント]
・政策を外生的に扱うのではなく、政策決定過程をモデルに取り込んで考えるアプローチを政治経済学的アプローチと呼ぶ。
・政府施策によるレントの獲得を目的として政策に影響を与えようとする活動をレント・シーキング活動という。
・非生産的活動に資源を浪費してしまうという意味で、レント・シーキング活動は厚生水準を低下させてしまう可能性が高い。自由貿易体制はレント・シーキングの余地を減少させるという利点を有している。
・貿易政策の決定については、さまざまな政治経済学的理論モデルが構築され、また実証研究も行われているが、未だに多くの課題が残されている。

1. 政治経済学的アプローチの必要性

　ここまで3章にわたって学んできた貿易政策論の中で、しばしば政治経済学についての議論が登場しました。政策決定過程をモデルに取り込んで考えるアプローチをここでは「政治経済学的アプローチ」と呼ぶことにしますが、それについては理論、実証の両面でかなりの研究が蓄積されつつあります。

伝統的な貿易政策論では、政府が自国全体についての社会的厚生関数を有しているものとし、それを最大化するにはどのような貿易政策がとられるべきかをチェックします。これは望ましい貿易政策を考えるための出発点としては大変有用なものです。しかし現実にはしばしば、望ましいとされる政策と現実の政策とは大きく乖離してしまいます。それがなぜかを考えるには、どのように政策が決定されるのかを研究していく必要があります。政治経済学を取り入れた貿易政策論では、政府が大所高所に立って社会全体のことを考えて政策を決定するという構図を崩して、政策が利益集団の働きかけによって影響を受けるという設定下で貿易政策を議論していくことになります。またそこでは、政策決定過程における経済的コストを勘案した上での社会的厚生を議論することも可能となってきます。ここから、伝統的なアプローチでは明示的に分析できなかった次元での政策論を行う可能性が生まれてきます。

以下ではまず、政治経済学を取り入れた貿易政策論の先駆けとなったクルーガーとバグワティの研究を紹介し、レント・シーキング活動という概念を説明します。続いて政策決定過程の内生化を試みたいくつかの理論的アイデアを紹介します。さらに、実証研究もいくつかなされているので、それについても簡単に触れたいと思います。最後に、この分野における今後の研究課題についてまとめておきます。

2．貿易政策とレント・シーキング活動

Krueger（1974）はこの分野におけるパイオニア的論文です。クルーガーは発展途上国における輸入ライセンス制度に注目し、貿易障壁は通常の資源配分の非効率による厚生低下のみならず、レント（rent）を獲得しようとする活動（rent-seeking activity と呼ばれる）に資源が費やされることによる厚生低下をもひき起こす可能性があると主張しました。

レントという言葉はすでにあちこちで使いましたが、ここできちんと定義

しておきましょう。レントとは、「1つの生産要素への支払いのうち、その生産要素を供給させるために必要とされる金額を超える分」（スティグリッツ（1995、283～285、735ページ））のことです。もともとは供給量が固定されている土地に対する報酬を意味する言葉ですが、独占や寡占の場合に生ずる超過利潤を指すこともあります。ここでは、貿易政策などの政府施策によって得られる便益という意味で用いています。レント・シーキング活動というのは、レントの獲得を目的として政策に影響を与えようとする活動のことで、合法的なロビイング活動のようなものから非合法的な贈収賄などまでを含みます。

クルーガーがこの論文で問題とした輸入ライセンス制度とは、輸入数量制限に伴い、その商品の輸入を特定の業者のみに認めるという制度です。彼女はまず、他の研究からの引用により、輸入ライセンスに伴うレントが1964年のインドで国民所得の5.1%、1968年のトルコでGNPの15%と推計されていることを示し、そのレント獲得をめぐるレント・シーキングの競争も相当の規模に達している可能性があるとしています。その上で簡単な理論モデルを提示し、関税の場合と対比しながら輸入数量制限の厚生効果を議論しています。

輸入数量制限でも、対象商品の輸入が妨げられて国内価格が上昇し、厚生ロスが生じる点は、関税と同じです。しかし輸入数量制限の場合、例えば輸入ライセンス獲得のためにさまざまなレント・シーキング活動が起きてくる可能性があります。そうなると、通常の資源配分の効率性低下による厚生ロスに加え、一部の資源が生産に回らずにレント・シーキング活動に費やされてしまうことから、さらなる厚生ロスが生じてきてしまいます。クルーガーのモデルではレント・シーキング活動そのものは効用を生まないという設定になっています。生産可能性フロンティアはレント・シーキング活動に浪費された分だけ内側にシフトするので、その分だけ低い社会的無差別曲線にしか達することができない場合が生じてきます。レントを得ようとする企業あるいは産業に競争相手がいればそれだけレント・シーキング活動は盛んにな

図 10-1 レント・シーキング活動による関税設定

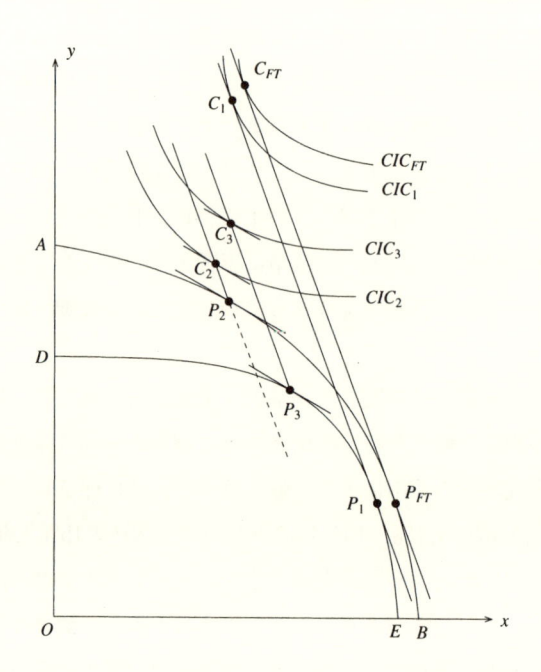

ると考えられることから、通常の競争についての直観とは反対に、競争が盛んであればそれだけ社会的厚生が低下する可能性もあると主張しました。

クルーガーによるレント・シーキング活動の厚生効果分析をさらに一般的な形で展開したのが、バグワティの一連の研究です（とくに Bhagwati (1982)、Bhagwati and Srinivasan (1982) 参照）。彼は DUP 活動（directly unproductive profit-seeking (DUP) activities：直接的には非生産的な利潤追求活動）という概念を導入し、市場の歪み理論と結びつけてその厚生効果を議論しました。DUP 活動は資源を浪費してしまうので、それ自身の厚生効果は負となると考えられます。しかし他に市場の歪みがある場合には、逆説的に DUP 活動により厚生が向上する場合も理論的には存在することを、バグワティは示しました。

図10-1 は、輸入競争財産業がレント・シーキング活動を行って関税を設

定させる場合の厚生効果をみたものです。自国は小国とし、2財の一般均衡モデルを考えます。自由貿易下では、生産は P_{FT} 点、消費は C_{FT} 点で行われます。関税を課すよう政策決定者に働きかけるために産業 y がレント・シーキング活動を行うと、その分だけ資源が浪費されて、生産可能性フロンティアは AB から DE へと縮小します。そして関税が課されると、生産、消費はそれぞれ P_3 点、C_3 点に移動します。自由貿易の場合と比べれば、社会的厚生は当然のことながら CIC_{FT} から CIC_3 へと低下しています。しかしここで注目してもらいたいのは、レント・シーキング活動なしで関税が課された場合（CIC_2）よりもレント・シーキング活動がある場合（CIC_3）の方が社会的厚生が高くなっていることです。いつもこうなるわけではありませんが、P_3 点を通る貿易線が P_2 点を通るそれよりも外側に位置している場合には、むしろレント・シーキング活動が存在している方が厚生水準が高くなるのです。一般に、市場の歪み（ここでは関税によるもの）が存在する場合には、レント・シーキング活動が厚生を高めるという逆説的な結果が得られることもあります。

　このように、理論的に厳密に考えれば、市場が失敗している限り、レント・シーキング活動がつねに望ましくないと結論づけることはできません。また、レント・シーキング活動を取り除くのに大きなコストがかかるとか、あるいはレント・シーキング活動の中で政策議論が醸成されてより望ましい政策が実現していくなどの理由で、レント・シーキング活動を正当化できる場合もあるでしょう。しかし、レント・シーキング活動は資源を非生産的目的のために費やしてしまい、時には社会倫理の崩壊をももたらしうることを考えれば、大筋ではできるだけ小規模にとどめておいた方がよいことは自明でしょう。そのためには、倫理基準の確立や法的取り締まりの強化なども必要ですが、それ以上に、レント・シーキングの余地そのものを小さくするような経済制度を構築していくことが重要です。レントは、少数の官僚や政治家が裁量的に政策策定・施行に影響力を持ちうることから生じてきます。したがって、資源配分を相当程度効率的に行いうるルールを構築し、できるだ

けそのルールを貫徹して裁量の余地を減らしていく工夫が必要なのです。

　その意味で自由貿易体制は、資源配分の効率性を高めるということだけでなく、レント・シーキング活動の余地を小さくするものとしても重要です。もちろん、保護貿易から自由貿易へと移行する際には得をする人と損をする人が出るでしょうから、それなりの政治経済学的コストがかかります。しかし、いったん自由貿易体制を作ってしまえば政府の政策が裁量に任されることはほとんどなくなってしまうわけですから、レント・シーキングの余地を小さくすることができます。別の言い方をすれば、保護貿易という体制には多くの種類がありますが、自由貿易という体制は1つしか存在しないので、政府の持つ恣意性を排除することができるのです。

　いわゆる新古典派開発理論（第12章参照）が政策提言の前面に自由貿易を打ち出す時には、やはり資源配分の効率性上昇とともにレント・シーキングの余地の減少を根拠としてあげています。発展途上国ではとくに、DUP活動の大きさが問題となります。チリなどが導入している輸入課徴金（import surcharge）、すなわち全輸入品に同じ関税率を適用するという制度も、やはりDUP活動の減少を重視した制度と解釈することができます。先進国においても程度の差はあれ、政策決定における恣意性を排除していくことのメリットをしっかりと評価すべきでしょう。

3．貿易政策についての政治経済学モデル

　クルーガー、バグワティらの一連の研究では、レント・シーキング活動あるいはDUP活動が存在する場合の厚生分析がなされました。当然次に出てくる理論研究の課題は、政策決定の仕組みを明示的に理論モデルに書き込んでいくことです。しかし、これは容易なことではありません。現実に政策がどのように決定されているのかについてわれわれは十分な知識を持っていませんし、また仮に妥当と思われるメカニズムがわかったとしても、それを理論モデルに組み込めるような単純な形で表現しなければなりません。理論家

がいかに苦心しているかをかいま見てみましょう。

Rodrik（1995, pp.1463-1469）によれば、既存論文における政策決定メカニズムのモデル化の方法は5つに分類されます。第1は、Findlay and Wellisz（1982）などが用いた関税設定関数アプローチ（the tariff-formation function approach）です。これは、政策の需要側である利益集団がどれだけのロビイングを行うかによって貿易障壁、例えば関税の高さが決まってくるとするものです。ロビイングにどれだけの資源を投入するか、それによってどのくらいの高さの関税を設定させるかは、利益集団の利潤最大化問題の解として決まってきます。もし利害の対立する利益集団が存在する場合には、それらの間でゲームが行われ、例えばナッシュ均衡の形で貿易障壁が決定されるものと考えます。このアプローチでは、政策の供給側である政府の行動は関税設定関数の中にかくれてしまい、明示的に記述されません。

第2のHillman（1989）らによる政治的支持関数アプローチ（the political support function approach）では、逆に政府の行動の側から貿易障壁の決定を記述します。ここでは政府は、貿易障壁の変化によってそれぞれの利益集団の利潤（あるいは所得）がどのように変わるかを計算し、あらかじめ定めておいたウェイトに基づいて最適な貿易障壁の高さを決定するものとします。このアプローチでは、関税設定関数アプローチとは逆に、政策の需要側である利益集団の行動が明示的に記述されません。

第3のMayer（1984）による中位数投票者アプローチ（median voter approach）は、直接民主制を表現するものです。各個人は保有する資本、労働の比率にしたがって最適な貿易障壁が計算できるものとし、貿易障壁は社会の構成員全員の投票によって決定されるものとします。その他いくつか単純化のための仮定が必要となりますが、ここではちょうど中位数（median）に当たる投票者にとっての最適な貿易障壁が社会全体の選択となるものと設定します。このアプローチは論理的には明快ですが、投票のために要する費用を無視している点など、現実の政策決定とはかなり異なったも

のとなっています。

　第4は、Magee, Brock, and Young（1989）などで用いられているキャンペーン寄付アプローチ（the campaign contributions approach）です。ここでは、利益集団による政治キャンペーンのための寄付が前面に出てきます。マギーらの設定では、2財2要素のヘクシャー＝オリーン・モデルにさらに資本家政党と労働者政党が付加され、その2政党が政権をめぐって政治キャンペーンをくりひろげることになっています。資本家、労働者とも、支持する政党に寄付を行えば、その額に応じてその政党が選ばれる確率を高くできるものとしています。また、政党の掲げる政綱が市場均衡と乖離しているほど、その政党が選ばれる確率は低くなるものと設定しています。ゲームは2段階ゲームで、第1段階でまず各政党が掲げる政綱を決定し、第2段階で資本家と労働者がどれだけの寄付を行うかを決定することになっており、各段階ともナッシュ競争が行われます。

　第5は、Grossman and Helpman（1994）によって提示された政治的寄付アプローチ（the political contributions approach）です。ここではマギーらのモデルとは逆に、政府が政策を決定する以前に、まず各利益集団が政治的寄付の量を決めます。その後で、各利益集団からの政治的寄付と各利益集団の厚生をウェイト付けした目的関数を最大化するように政府が貿易政策を決定することになっています。

　最後の2つのアプローチでは、政策の需要側である利益集団と供給側である政府（もしくは政党）の行動が明示的に書き込まれており、政策決定のプロセスがそれ以前のモデルよりも一般的となっていることがわかります。しかし、現実の政策決定過程の記述としてはまだまだ不十分です。もちろん、モデルを現実に合わせてもっと複雑にすればよいというものではありません。1つのモデルに多くのものを同時に取り込もうとすると、モデルが扱いにくくなってしまう（tractableでなくなる）というトレードオフが存在するのです。

　政治過程を内生化するということは、ある一定の経済与件の下でどのよう

な政策が採られるかをモデルの中で解くということですから、それ自身は現実を説明するための positive な議論であり、政府は何をすべきかという normative な議論は直接は出てきません。行動パターンがあらかじめプログラムされているコンピューターに対して「何々をすべきだ」とお説教してみても仕方がないということです。しかし、政策過程のメカニズムを知った上で、その外側に立ってどのように政治経済制度をデザインすべきかを論じることはもちろん重要です。

4. 政治経済学に関する実証的観察

一方、現実の貿易政策がどのように決定されているのかについての実証研究も、アメリカを中心に行われています。通常の政策論では自由貿易が望ましいとされるにもかかわらず、しばしば保護貿易が選択されるのはなぜでしょうか。また、どのような産業が手厚く保護される傾向があるのでしょうか。このような政策選択のメカニズムを分析する手法は公共経済学の中の公共選択論という分野で開発されており、貿易政策をめぐる政治経済学もその影響を受けています。Baldwin (1989) は一連の実証研究を経済的自己利益アプローチ (economic self-interest approach) と社会的関心アプローチ (social concerns approach) に分類して整理しています。

経済的自己利益アプローチのベースとなっているのは以下の2つの議論です。第1は、効率的な富の再分配メカニズムが存在しないということです。もし経済主体間の富の再分配が容易であるならば、まずパレート最適な政策（例えば自由貿易）を選択して経済全体のパイを最大化しておいて、その後で各人の取り分を適切に調整してやれば、すべての経済主体の厚生水準を向上させることができるはずです。問題は、そのような富の再分配が簡単に行えないことにあります。

第2は、政策の策定・施行に影響力を持つためにはそれなりのコストを支払わなければならないということです。ボールドウィンは投票費用（voting

図10-2 貿易障壁撤廃と投票費用

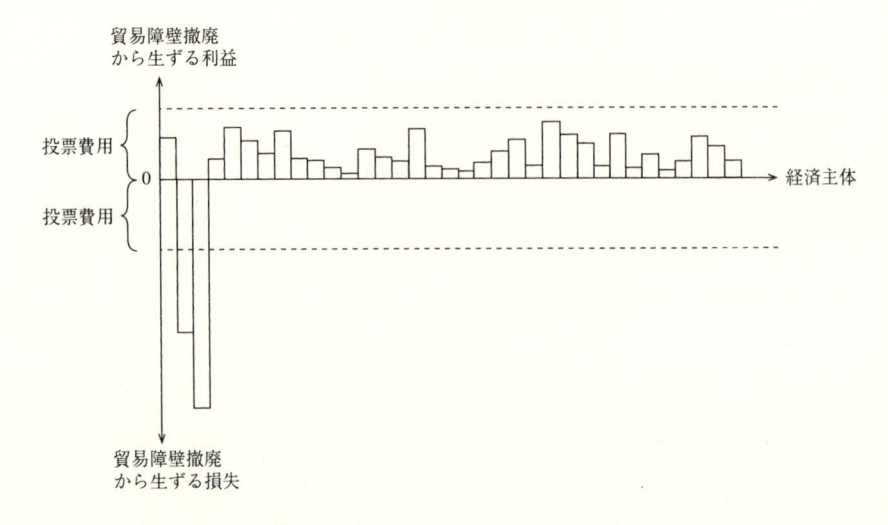

cost）という言葉を使っていますが、政策に影響を与えるための投票などの行為にコストがかかるとすれば、ある政策の有無によって大きな影響を受ける経済主体のみがそのような行動をとることになる可能性があります。図10-2を見てください。例えば現在貿易障壁が課されていて、それを撤廃するかどうかの国民投票が行われるものとしましょう。この図のケースでは、投票費用が存在しなければ明らかに大多数の国民（経済主体）が貿易障壁撤廃を支持する投票をし、撤廃が決議されるでしょう。国民全体として考えても、撤廃した方が厚生が向上するかもしれません。しかしもし投票費用がかかるとすると、この図のケースであれば、貿易障壁撤廃によって利益を受ける人は、投票費用がその利益を上回ってしまっているので、誰も投票に行きません。したがって、国民投票の結果は貿易障壁の存続となってしまいます。現実にも多くの場合、消費者あるいは他産業に従事する人などが自由貿易から得る利益は、1人当たりではごく小さいものにしかなりません。それに対し貿易保護を受けている産業は、1経済主体当たりに直してみると、保護を受けることによって大変大きな利益を得ています。したがって、政治活

動に要する費用を考慮すると、数からいえば圧倒的に大きい消費者の方は政治活動を行わず、一方保護を受ける産業の方は積極的に政治過程にかかわって、結果的に保護貿易が選択されてしまうことがあるのです。

　それでは、どのような性格を持った産業が保護を受けやすいのでしょうか。上の2つの条件を考慮すると、保護を享受することによって利益を得る集団がいかに団結して、強い政治力を発揮するかが問題となってきます。ボールドウィンは、他の研究者の主張をひきながらいくつかの仮説を提示しているので、そのうち代表的なものを列挙しておきます。まず第1に、圧力団体モデル (common-interest or pressure group model) があげられています。これは、メンバーの数の少ない利益集団ほどフリーライダー問題を回避して団結しやすく、したがって強い政治的圧力をかけて貿易政策に影響を与えることができるとする考え方です。第2は集票器モデル (adding-machine model) です。これは、その産業が地理的にも企業集中という意味でも拡散しているほど多くの選挙人を獲得することができるので、それだけ高い貿易障壁を設定させることができるとするものです。第3は、利益集団の組織化は、輸入の急増や雇用の減少など、その産業にとっての危機 (crisis) が引き金になるとするものです。

　一方、社会的関心アプローチでは、政府が特定の社会的・経済的グループの厚生を考慮したり、あるいは国家的・国際的目標の実現をめざすなど、主体的に政策目的の達成のために貿易政策を用いるケースを考えます。そこであげられている仮説の中には、所得分配に対する影響をなるべく小さくしようとする配慮が貿易政策を左右すると考える現状維持モデル (status-quo model)、逆に低所得者層の所得向上をめざす場合を想定する平等重視モデル (equity-concern model)、外交政策としての貿易政策という側面を考慮するモデルなどが含まれています。

　これらには「モデル」という呼び方が用いられていますが、いわゆる経済理論におけるフォーマルなモデルという意味ではなく、その素材となる可能性を秘めた仮説とも呼ぶべきものを指しています。これらの現実説明能力に

ついて、とくにアメリカとカナダを中心に、盛んに実証研究が行われています。例えば Baldwin（1985）は、1970年代のケネディ・ラウンド下の貿易障壁削減交渉でアメリカの各産業の貿易障壁がどのくらい低められたかを被説明変数とし、各産業の性格を表す説明変数を右辺に置いて、クロスセクションの回帰分析を行っています。そこではとくに、圧力団体モデル、危機が引き金となったとする仮説などを支持する結果が得られています。

最近は、さらに注意深い実証的観察を積み上げようという努力が払われています。Krueger（1996a、1996b）は、アメリカの貿易政策を歴史的に鳥瞰した論文や産業ごとのケーススタディを行った論文などを集めたものです。さらにその他の近年の実証研究については、Rodrik（1995, pp.1480-1487）に詳しいサーベイがありますので、興味のある読者は覗いてみてください。

5．今後の研究課題

以上のように、貿易政策の政治経済学という分野はまだ中身が固まりきっていないというのが現状です。現実に少数の既得権益者の影響力の下で貿易政策が決定されてしまっていることは決して望ましいことではありませんので、解決策を探るためにさらに分析を進めていくことが必要です。

ごく単純に見えることでも、きちんと説明されていない政治経済学的問題はたくさん存在します。例えば、国際通商交渉の方法と経済理論との間の食い違いは大きなものです。経済理論は、仮に外国が何もしなくても、一方的に貿易障壁を削減すれば自国の社会的厚生を向上させることができると説きます。しかし現実の交渉担当者が目指すのは、いかに自国の譲歩を小さくとどめつつ、外国から多くの譲歩を引き出すか、ということです。そのため、2国間にしろ GATT ベースのものにしろ、貿易障壁削減交渉では、双方が同時に障壁を削減するという互恵性（reciprocity）が交渉の原則とされてきたのです。交渉担当者が経済理論と不整合な行動をとってしまうのは、交渉担当者自身のインセンティブが違う方向を向いてしまっているということ

なのか、なるべく現状を変更したくないという「現状維持モデル」の論理が表面に出ているのか、それとも背後に既得権益者からの強い圧力がかかっているのか、まだまだ分析を進める必要があります。

また、ある産業を保護するにしても、なぜ国内政策でなく貿易政策が選択されるのか、あるいは同じ貿易政策でもなぜ貿易促進的な政策でなく貿易制限的な政策が選択されるのか、といった問題も未解決で残っています[1]。

さらに、政策がいかに形成されるかはそれぞれの国の政治体制と密接にかかわり合っているので、本章の議論を日本に応用する際にはそれなりの配慮が必要でしょう。日本の政策決定メカニズムはアメリカのそれとはかなり異なっており、選挙や投票を中心とする論理構成をそのままあてはめることはできないかもしれません。日本の場合の1つのキーワードは外圧でしょう。自由化・規制緩和を進めようとするグループはこれまで、外圧を有効に利用しながら、自らの望む方向に政策を誘導してきました。とくにアメリカから圧力のかかった分野については、自由化・規制緩和が進んでいます。しかし、外部からの圧力は必ずしも日本の厚生を考慮したものではありませんから、アメリカ企業に有利なように歪んだ形で市場開放が進んでしまった分野もあります。また、アメリカが指摘しなかった分野の中には、問題点すらも十分に認識されていないさまざまな障壁が残存しています。

最後に申し上げておきたいのは、経済学者・エコノミストが時に「書生論」と批判されながらも単純なモデルに基づいて自由貿易を主張することにも、それなりの政治経済学的意味があるということです。経済学の論理から自由貿易を主張することは、多くの場合消費者の利益を代弁することになります。消費者は十分な情報が供給されていない場合が多く、問題自身を認識していないことも多々あります。また、仮に問題はわかっていても、「投票費用」が存在するために政治行動を起こすには至らない場合もあります。貿

---

1) これらの問題については Rodrik (1995, pp.1470-1480)、Krueger (1990)、池間 (1996、472～473ページ) などを見てください。

易政策の目的関数を一国の社会的厚生関数とするのが妥当だとすれば、まず不特定多数の消費者の味方をすることが全体の議論のバランスをとる方向に働くはずです。「国益」とは何かが議論になることもありますが、多くの場面ではまず消費者のことを考えるべきと言ってもよいかもしれません。

練習問題

(1) DUP活動と厚生(1)：小国で市場の歪みが存在しないならば、DUP活動が厚生を高めるという逆説的な場合は生じないことを、図10-1と同様の図を描いて説明しなさい。

(2) DUP活動と厚生(2)：DUP活動は資源を浪費するものと考えるのは一般に妥当でしょうか。一部の経済主体がDUP活動そのものから効用を得るということは考えられないでしょうか。

(3) 政治的寄付と政策形成のタイミング：Magee, Brock, and Young (1989) と Grossman and Helpman (1994) とでは、政府（あるいは政党）が政策を決定することと民間利益集団が献金を行うことの時間的順序が逆になっています。それぞれの考え方の長所と短所を考えてみよう。

(4) 経済的自己利益アプローチ：日本の米などを例として、圧力団体モデルや集票器モデル、「産業の危機」モデルなどにどのくらいの説明能力があるか、考えてみよう。

第3部●国際貿易と経済成長

第11章
経済成長が貿易に与える影響

[この章のポイント]
・従来、経済成長が貿易パターンに与える影響は、静学的な国際貿易理論の枠組みで分析されてきた。
・多財モデルにおいては、一国の経済成長は生産可能性フロンティアの外側へのシフトとして表される。シフトの仕方と社会的無差別曲線の形状によって、貿易への影響が変わってくる。
・経済成長の要因は大きく生産要素の増投と技術進歩の2つに分けることができ、それらが生産可能性フロンティアのシフトの仕方を規定する。
・成長会計方式は、マクロ、産業、企業、あるいは事業所の生産成長を要因ごとに分解するための手法である。
・貿易が存在する場合の経済成長の厚生効果の分析にあたっては、交易条件の変化を考慮する必要がある。経済成長によってかえって社会的厚生が下がってしまうという「窮乏化成長」が起きる可能性もある。
・発展途上国の経済発展の過程で観察される比較優位構造の変化も、本章の分析枠組みで部分的には分析可能である。

1. 貿易と成長

　国際貿易理論は多財・多要素・多国を含むモデルとして、まず静学的理論枠組みから発展してきました。1950年代、60年代には、ミクロ経済理論の核となる静学的一般均衡理論にアプリケーションを提供する分野として、理論研究の最先端に位置したこともありました。

　しかし本来、国際貿易への関心はもっと動学的なものであったはずです。貿易パターンを規定する比較優位構造は工業化や経済成長によって変化していくものであり、それに従って貿易パターンも変わっていきます。現状の貿易パターンがどう説明されるかを分析するのも重要ですが、それがこの先どのように変わっていくかにはさらなる関心が払われるべきでしょう。また、貿易体制が自由貿易に近づくべきとする直観には、ワンショットの静学的な厚生効果にとどまらず、それが動学的な経済成長にも寄与するはず、との発想が含まれています。

　問題は、国際貿易を対象とする場合、財、生産要素、国がそれぞれ複数存在するなどモデルが複雑になりがちであるため、分析上有用な動学的理論モデルを構築するのが難しいことです。経済成長理論モデルの大半は1財・1国モデルであるわけですが、それでも動学的最適化問題を解くのは決して容易なことではありません。したがって、国際貿易理論における代表的モデルであるヘクシャー＝オリーン・モデルでさえ、直接の動学化は大変難しいのです。そのため、理論面の事情としては、いかに扱いやすく、しかも実証的に意味のある理論枠組みを構築するかが、課題となってくるのです。

　本章から2章にわたって、貿易と経済成長についてお話しします。本章はまず、経済成長が貿易パターンにどのような影響を与えるかについて、主として2財モデルの下で伝統的な比較静学の手法を用いて検討していきます。次節では、経済成長と貿易量の関係について、生産可能性フロンティアのシフトの仕方と社会的無差別曲線の形状という2面から整理します。第3節では、経済成長の要因を生産要素賦存量の増加と生産性の向上に分解して、そ

れを2財モデルの枠組みに取り込みます。第4節では、経済成長のもたらす貿易パターンの変化が社会的厚生にいかなる影響を与えるかを検討します。最後の第5節では、発展途上国の工業化の過程で起きる各製造業の輸入代替と輸出化を、雁行形態論に言及しながら説明します。

2．経済成長と貿易パターン

「経済成長」という言葉は、しばしば「経済発展」という言葉よりも限定的に用いられ、一国あるいは1人当たりの所得の上昇を意味します。一国についての標準的なマクロ生産関数は、次のように設定されます。

$$Y = G(K, L)$$

ただし、Y は国民所得（GNP）、K は資本投入量、L は労働投入量、$G(\cdot, \cdot)$ は K と L についての関数です。Y が大きくなるためには、資本や労働の投入量が増える（生産要素の「増投」といいます）か、あるいは技術進歩によって生産関数がシフトし、より効率的に生産ができるようになるか、どちらかが起きる必要があります。

財が2つ以上ないと貿易は起こらないので、国際貿易モデルは通常2財または多財モデルとなっています。財が複数存在すると、いろいろとおもしろいことが起きてきます。生産要素の増投あるいは技術進歩があると、生産と消費に関し、複数の財の間のバランスが変わるのです。経済成長の要因については次節で見ることにして、まず経済成長によって貿易量は増えるのか、減るのかについて見てみましょう。

生産要素の投入量が増えたり、技術進歩が起こったりすると、多財の貿易モデルでいえば、財空間に描いた生産可能性フロンティアが外側にシフトすることになります。図11-1は、財1と財2の財空間です。当初、この国の生産可能性フロンティアは PPF^0 で、財1は輸出財、財2は輸入財、したがって生産は P^0 点、消費は C^0 点で行われているものとします。ここでは、生産可能性フロンティアのシフトの仕方を見るために、交易条件は変化しな

図 11-1 生産効果に基づく経済成長の分類

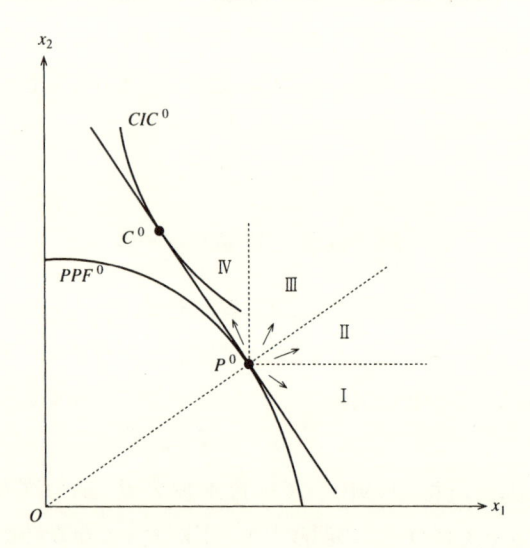

いものとします。自国は小国であって、貿易線の傾きは変わらないと考えても結構です。その時、生産点が動いて貿易量を変化させることを生産効果と呼んで、それによって経済成長の分類を行います。新しい生産可能性フロンティアの上で、P^0 における PPF^0 と同じ傾きの点が、どちらに動くかを見るのです。新しい生産点が原点からの直線 OP^0 の延長線上にある時には、その経済成長の生産効果は「中立的（neutral）」であるといいます。その線より下、P^0 を通る水平な線よりも上に生産点が動く時（IIのケース）には、両方の財の生産が増えますが、輸出財である財1の生産の割合が増えます。中立的な場合以上に輸出財の供給が増えるので、IIの場合を「順貿易偏向的（protrade-biased）」と呼びます。Iのケースでは、輸出財の生産の割合が増えるだけでなく、輸入財の生産が減少するので、「超順貿易偏向的（ultra-protrade-biased）」といいます。IIIのケースは両方の財の生産が増えるけれども、輸入財の生産の方がよけいに増えますから、「逆貿易偏向的（antitrade-biased）」といいます。IVのケースではさらに、輸出財の生産が

図 11-2 消費効果に基づく経済成長の分類

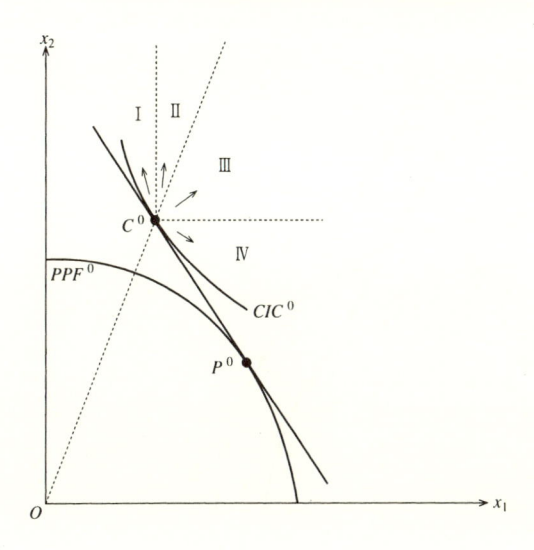

減少するので、「超逆貿易偏向的（ultra-antitrade-biased）」と呼びます。

　経済成長によって予算線が外側にシフトすると、消費パターンも変わってくる可能性があります。そこに着目するのが消費効果を用いての経済成長の分類です。図11-2は図11-1と同じく、2つの財の財空間です。上と同じく、交易条件、すなわち貿易線の傾きは変わらないものとします。消費点が原点からの直線 OC^0 の延長上にくる時は、消費効果は「中立的（neutral）」であるといいます。標準的なヘクシャー＝オリーン・モデルのようにホモセティック（homothetic）な社会的厚生関数を仮定している場合には、消費効果は中立的となります。それ以外のケースは、生産効果の場合と同じく輸出財、輸入財の消費のどちらが中立的な場合以上に増加するか、もう一方の財の消費が減少するかどうかによって、4つに分類されます。図中のⅠ、Ⅱ、Ⅲ、Ⅳの順に、「超順貿易偏向的（ultra-protrade-biased）」、「順貿易偏向的（protrade-biased）」、「逆貿易偏向的（antitrade-biased）」、「超逆貿易偏向的（ultra-antitrade-biased）」と呼びます。これらは、図の中に

第11章　経済成長が貿易に与える影響　207

図 11-3 生産効果、消費効果とも中立的である場合

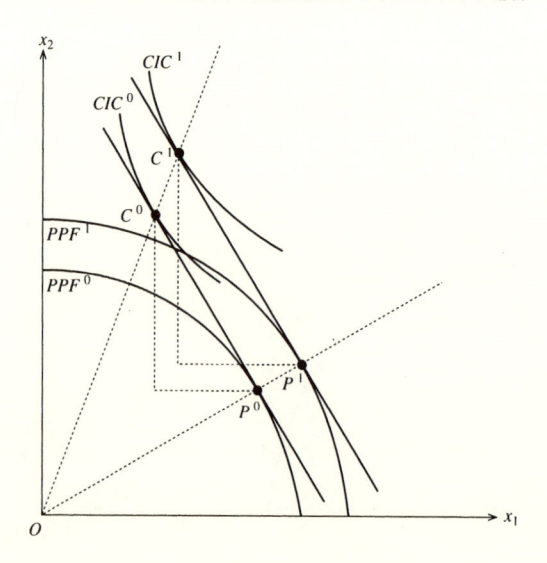

描けるたくさんの社会的無差別曲線上で傾きが同じ点の軌跡、すなわち所得・消費曲線 (income consumption curve または income expansion path) を見ていることになります。

　経済成長が起きれば、上の生産効果と消費効果の組み合わせによって、交易条件が変化しないという仮定の下であっても貿易量は増えたり減ったりします。逆貿易偏向的なパターンが強く出てくる時には、その国の輸出財と輸入財が入れ替わってしまうこともあります。とはいえ、経済成長によって両財の生産が拡大し、消費も拡大するというケースをベンチマークとして考えてもよいでしょう。図11-3は生産効果、消費効果とも中立的である場合について描いたものです。ここでは両財の生産、消費、輸出入が比例的に増加しています。

　World Bank (1999、pp.250-251) によれば、世界全体の年平均実質GDP成長率は1980〜90年、1990〜98年にそれぞれ3.2％、2.4％であったのに対し、財・サービス輸出量（実質）の年平均成長率は5.2％、6.4％でした。第

2次世界大戦後の一般的傾向として、国内経済の成長率よりも貿易の成長率の方が高いといえます。これはもちろん、各国の貿易障壁削減などに影響される部分も大きいわけですが、全体として順貿易偏向的な経済成長が起きてきたとの仮説を立てることもできます。

3．経済成長要因と生産可能性フロンティア

次に、生産面に話を絞り込んで、経済成長によって生産可能性フロンティアがどのようにシフトするのかを見ていきましょう。生産可能性フロンティアのシフトは、生産要素の増投もしくは技術進歩によって起きます。これを正確に取り扱うには、どのような経済活動の結果として生産要素増投や技術進歩が起きるのかを考え、そのためのコストがかかるならばそれをモデルの中で勘案しなければなりません。しかし以下では議論を単純化するため、生産要素の増加や技術進歩は外生的にコストなしに起こるものとします。まず生産要素投入の増加の方から検討します。

生産可能性フロンティアの形状についてはこれまで何度も論じてきましたが、ここでは最も標準的モデルである2財2要素のヘクシャー＝オリーン・モデルの枠組みで考えていくことにしましょう。両財の生産関数が通常の仮定を満たし、両財の生産が異なる資本・労働比率でなされるとすると、生産可能性フロンティアは原点に向かって凹（concave）となります。ここで、資本と労働が同じ比率だけ増加したとしましょう。その場合には、両財の生産関数は規模に関して収穫一定（constant return to scale）と仮定されていますから、両財の生産も比例的に増加するはずであり、したがって生産可能性フロンティアは図11-3のように均等に拡大します。このような経済成長は生産要素中立型成長と呼ばれることもあります。

それでは、どちらか片方の生産要素だけが増加した場合にはどうなるでしょうか。例えば労働のみが増加したならば、生産可能性フロンティアは労働集約的財の方に偏って拡大するはずです。図11-4は、財1を労働集約的財、

図11-4 労働豊富国における労働賦存量増加

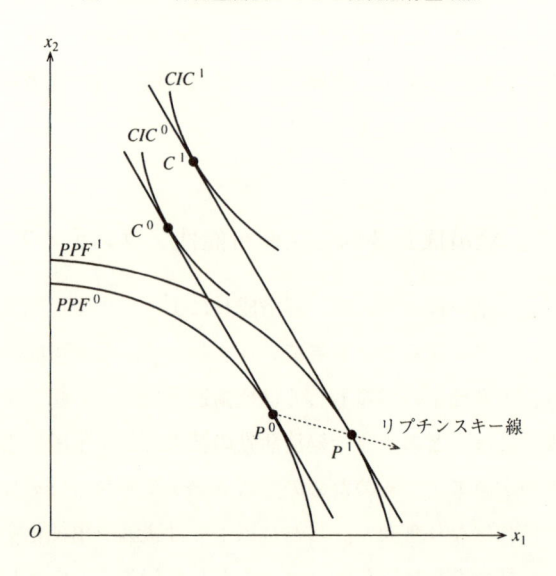

財2を資本集約的財と仮定し、労働のみが増加した場合の生産可能性フロンティアのシフトを描いています。自国は労働豊富国であったとします。ここでは、第3章でお話ししたリプチンスキーの定理から、財1の生産は増加し、財2の生産は減少することがわかります。この国は、図にあるように財1を輸出し財2を輸入していたわけですから、労働賦存量の増加は超順貿易偏向的生産効果を持つことがわかります。このように2財2要素の設定の下では、生産可能性フロンティアのシフトはどちらかに極端に偏ったものともなりうるのです。

次に技術進歩の場合を見てみましょう。技術進歩が起きると、生産要素の投入量が変わらなくても生産量が増えるわけですから、要素空間上の単位等量曲線 (unit isoquant) が内側にシフトします。そのシフトの仕方によって、技術進歩の分類をすることができます。図11-5を見てください。当該財の生産において、もともとは単位等量曲線 i^0 に基づき、相対要素価格 w^0/r^0 の下で、OP^0 の傾きで表されるような資本・労働比率が選択されてい

図11-5 技術進歩による単位等量曲線のシフト

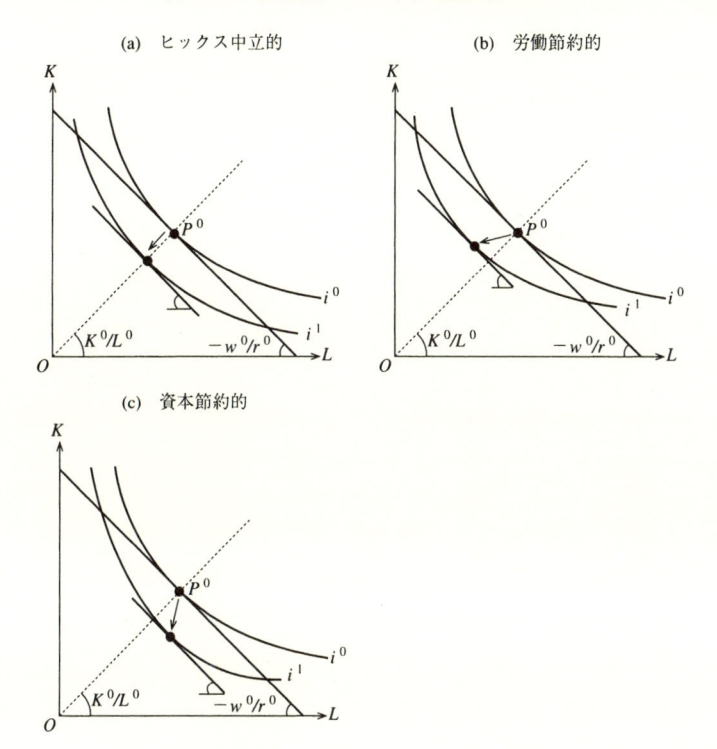

(a) ヒックス中立的

(b) 労働節約的

(c) 資本節約的

たものとします。ここで技術進歩が起きると、単位等量曲線が i^0 から i^1 へと内側にシフトします。相対要素価格が変化しない場合に、新しい生産点における資本・労働比率が変化しないような技術進歩を、「ヒックス中立的（Hicks-neutral）」な技術進歩といいます。図11-5(a)がそれに当たります。それに対し、やはり相対要素価格一定の下で資本・労働比率が上昇する場合（図11-5(b)）は労働節約的（labor-saving）もしくは資本使用的（capital-using）技術進歩、逆に資本・労働比率が下落する場合（図11-5(c)）は資本節約的（capital-saving）もしくは労働使用的（labor-using）技術進歩と呼びます[1]。

図11-6 技術進歩による生産可能性フロンティアのシフト

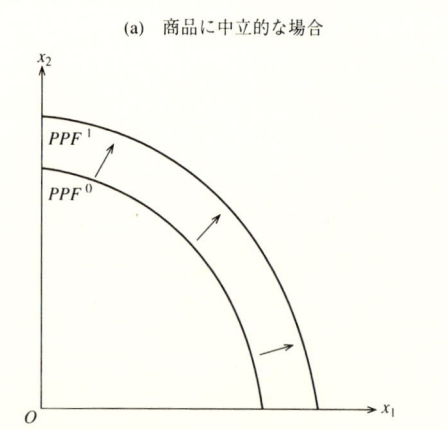

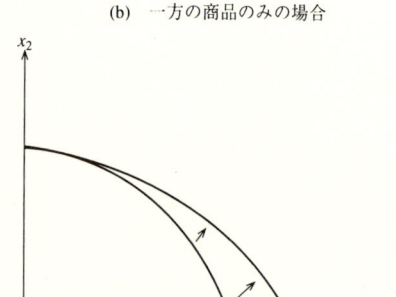

(a) 商品に中立的な場合　　　　(b) 一方の商品のみの場合

図11-5は1つの産業において技術進歩が起きた場合に対応する図でしたが、国全体の生産可能性フロンティアのシフトはまた別途考える必要があります。図11-6(a)は、2つの産業に均等に技術進歩が起きた場合の生産可能性フロンティアのシフトを描いたものです。両産業に同じ比率のヒックス中立的技術進歩が起きた場合などがこれに当たります。それに対し、1つの産業だけに技術進歩が起きた場合には、図11-6(b)のように、片方の切片は動かないような生産可能性フロンティアのシフトが見られるはずです。

経済成長の要因としての要素投入増と技術進歩の重要度は、実際にはどのくらいなのでしょうか。この問いに答えるために用いられるのが成長会計方式です。成長会計フォーミュラは次のように導くことができます。マクロでも産業ごとでも、あるいは企業・事業所ごとでもいいのですが、生産関数を次のように定義します。

$$Y_t = A_t F(K_t, L_t)$$

---

1) 以上はヒックス中立性を用いた技術進歩の分類ですが、他にもハロッド中立 (Harrod neutrality)、ソロー中立 (Solow neutrality) という中立概念があります。詳しくは Burmeister and Dobell (1970, Chapter 3) などを見てください。

ただしここで、Y_t は生産量、A_t は全要素生産性 (total factor productivity: TFP)、K_t、L_t はそれぞれ資本と労働の投入量、$F(\cdot, \cdot)$ は K_t と L_t に関し1次同次の関数です[2]。t は時間を表します。関数 F のところに t がついていないことに注意してください。関数 F の形状は固定しておいて、要素投入以外の変化はすべて全要素生産性のところに入ってくるように、生産関数の関数形を特定化しているのです。これを時間 t で全微分して整理すると、次のような成長会計フォーミュラが求められます。

$$\hat{Y}_t = \hat{A}_t + \alpha_t \hat{K}_t + (1-\alpha_t)\hat{L}_t$$

ここで $\hat{\ }$ は変化率を表します。α_t、$1-\alpha_t$ は資本・労働の弾力性と呼ばれるもので、資本・労働がそれぞれ1%増加することによって生産が何%増加するかを表しており、それらは生産要素市場が完全競争下にあれば資本・労働の分配率となります。さらに、関数 F がコブ＝ダグラス型であれば、α は一定となります。このフォーミュラの各項を実証データを用いて推計することによって、生産の成長率を要素増投による部分と技術進歩その他による部分とに分離できます。

ただし、TFP成長率には技術進歩だけでなくその他さまざまなものが含まれていることに注意してください。もし規模の経済性が存在するならばそれもここに入ってきますし、もし技術進歩がヒックス中立的でなければその分のバイアスもここに含まれます。マクロについての成長会計であれば、産業間の要素移動による効率性上昇などもここに入ってきます。比較優位構造が変化して産業構造変化が起きれば、その影響も全要素生産性のところに現れることになります。

図11-7は、産業レベルではなく一国全体のマクロレベルではありますが、各国の1960～89年の各国のGDP成長率を成長会計フォーミュラで分解した

---

2) 産業、企業、事業所などについて成長会計方式を用いる際には、関数 F の中に部品・原材料等の中間投入を含めた生産関数を設定することもあります。また、関数 F を1次同次と仮定しないで回帰法を用いる方法もありますが、その時にはもちろん、全要素生産性成長率の解釈は変わってきます。

図 11-7 成長会計フォーミュラによる成長要因分解

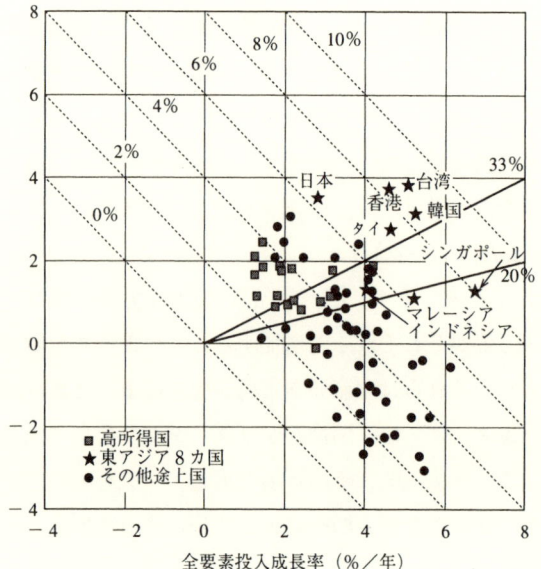

TFP 成長率 1960-89 年（％／年）

（グラフ）
凡例：■ 高所得国　★ 東アジア8ヵ国　● その他途上国

全要素投入成長率（％／年）

出所：World Bank (1993, p. 58, Figure 1.11).

ものです。斜めの点線が年平均 GDP 成長率（$\hat{Y}$）、横軸が生産要素増投による成長分（$\alpha\hat{K}+(1-\alpha)\hat{L}$）、縦軸が全要素生産性成長率（$\hat{A}$）を表しています。国によってかなりのばらつきがありますが、マクロ経済成長率の20〜50％くらいは全要素生産性の成長によって説明できることがわかります。後発の東アジア諸国、とりわけシンガポール、マレーシアの全要素生産性の貢献分が小さいことは、Krugman（1994）によってセンセーショナルに取り上げられたので、どこかで関連論文を見た人もいるでしょう。またそれに関連し速水（1995、第6章）は、工業化の過程ではシステミックにバイアスした技術進歩が起きるとの興味深い仮説を提示しています[3]。

---

3) 東アジア諸国の全要素生産性成長については Young（1995）や Kim and Lau（1994）も参照してください。

4．貿易パターンの変化と社会的厚生

　経済成長が起きれば経済全体の社会的厚生は高まる、というのがわれわれの通常の直観です。しかし、複数の財が存在し、貿易がなされている場合には、この直観に反するケースも出てきます。以下では、経済成長が一国全体の社会的厚生に与える影響を検討しましょう。

　まず最初に確認しておきたいのは、労働賦存量が増加する場合、一国全体の厚生を議論するのか、それとも1人当たりの厚生を議論するのかをはっきりさせておかねばならないことです。単純化のため人口と労働人口を同一視すると、労働人口が増加することによって経済全体の生産可能性フロンティアは外側にシフトしますが、同時に人口も増えるので、1人当たり所得に直す時の分母も大きくなります。実は、標準的な設定に基づけば、労働の増加だけでは1人当たりの消費を減少させてしまう可能性が大きいのです。このことは、さきほどの成長会計フォーミュラを用いて説明できます。フォーミュラより、労働投入が1％増加（$\hat{L}=1\%$）すると、GDPの成長率（$\hat{Y}$）は $(1-\alpha)$ ％だけ押し上げられます。労働のシェアである $(1-\alpha)$ の値は国によっても期間によっても異なりますが、だいたい60〜80％程度と考えてよいでしょう。一方、1人当たりGDPの成長率は、人口と労働人口を同視すれば

$$\widehat{(Y/L)} = \hat{Y} - \hat{L}$$

と表せます。したがって、人口・労働が1％増加すると、1人当たりGDPは $\{(1-\alpha)-1\}$ ％ですから、おおよそ0.2〜0.4％程度減少します。技術と資本投入を一定として労働だけを増加させると、追加的に投入された労働の生産性は逓減するので、1人当たりにすると生産量は小さくなってしまうのです。

　以上のことに注意しながら、ここからは1人当たりではなく一国全体の厚生水準を議論することにしましょう。経済成長によって生産可能性フロンティアが外側にシフトし、その国の生産パターンが変化するわけですから、次

の問題は財の相対価格、すなわち交易条件（輸出財価格／輸入財価格）がどう変化するかです。まず、交易条件が変化しない小国のケースを考えてみましょう。ここまで描いてきた図11-1～4、6を見ればすぐにわかるように、ごく特殊な端点解（corner solution）を除けば、経済成長後の貿易線は最初の貿易線よりも外側にきます。したがって、より高い社会的無差別曲線に到達できることは明らかです。小国の場合、経済成長は国全体の厚生を高めると結論づけることができます。

しかし、自国の生産・貿易パターンの変化が外国の財価格に影響を与えるような大国の場合には、事情が異なってきます。第2節で見たように、生産可能性フロンティアの形状がどのように変化するかによって、各財の生産量も変わってきます。その時、生産効果が中立的な場合にそうであるように、交易条件一定の下では輸出、輸入とも増加する可能性が高いといえます。したがって大国の場合、輸出が増えて輸出財の外国価格が下落し、輸入が増えて輸入財の外国価格が上昇することによって、自国の交易条件が悪化してしまう公算が高いことになります。

図11-8は、交易条件の悪化が極端に大きく、自国の社会的厚生が低下してしまうケースを示しています。小国であれば、生産可能性フロンティアのシフトに伴い、消費点が C^0 から C^1 へと動き、社会的厚生は上昇します。しかし、大国の場合は交易条件が悪化する可能性があり、その際には貿易線の傾きは小さくなります。場合によっては、図のように消費点が C^2 にきてしまい、自国の社会的厚生が低下してしまうこともありうるのです。経済成長を遂げたにもかかわらず社会的厚生が低下してしまうことから、Bhagwati（1958）はこのようなケースのことを窮乏化成長（immiserizing growth）と呼びました。

このバグワティの議論は、途中で交易条件の変化がはさまってきて逆説的な結論が導かれるというところが、いかにも貿易論らしいといえます[4]。しかし、現実にそれが起こるためには、自国が輸出財について大国でなければならず、そう頻繁に観察される状況とは思われません。むしろ、貿易政策な

図11-8 窮乏化成長：バグワティのケース

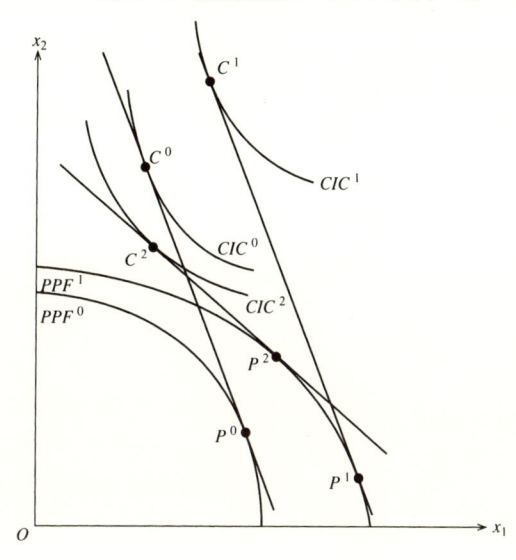

どの市場の歪みが存在しているために窮乏化成長が起きてしまうことの方が現実妥当性があるかもしれません。Johnson (1967) は、小国であっても輸入品に関税が課されている場合には、窮乏化成長が起こる可能性があることを示しました。図11-9を見てください。拡大した生産可能性フロンティア (PPF^1) 上の新しい生産点 P^1 が元の貿易線 P^0C^0 よりも左側に来てしまうと、社会的厚生は下落してしまうのです。このケースに限らず、何らかの市場の失敗が存在する場合には、窮乏化成長が起きる可能性があります。

---

4) 交易条件をめぐる議論で有名なものにトランスファー問題があります。第1次世界大戦後のドイツの賠償問題をめぐってケインズとオリーンの間で行われた有名な論争については、竹森（1995、60〜68ページ）が解説を加えています。

図11-9 窮乏化成長：ジョンソンのケース

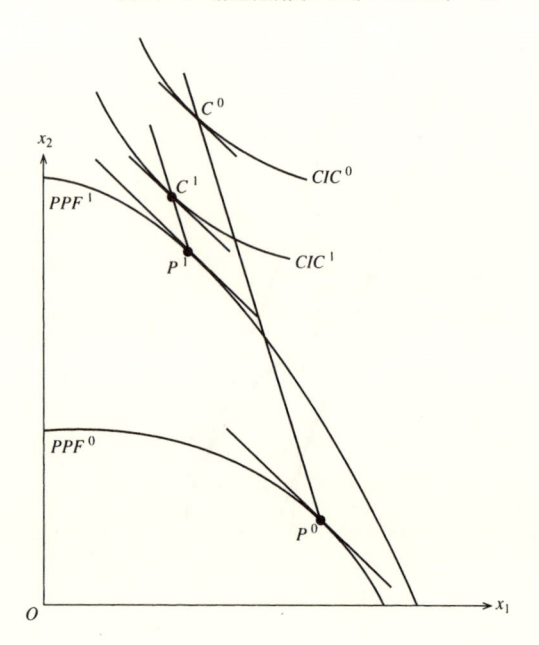

5．輸入代替と輸出化

　発展途上国の経済発展の過程では、物的・人的資本の蓄積や技術進歩（もしくは技術模倣・移転）によって、国際貿易における比較優位構造も変化していきます。工業化に伴う比較優位構造の変化は、以前から雁行形態論の文脈で議論されてきました[5]。発展途上国における1つの産業の輸入代替、輸出化、再輸入という比較優位の変遷を描いたのが図11-10です。当初は生産も需要も存在しなかったある商品について、t_0という時点で先進国からの輸入が始まります。国内需要が次第に拡大し、t_1ではついに国内生産が始まり、輸入代替期に入ります。輸入はだんだんと国内生産によって置き換えら

5）雁行形態論については木村・小浜（1995、第3章）で詳しく紹介しました。

図11-10　産業の雁行形態的発展

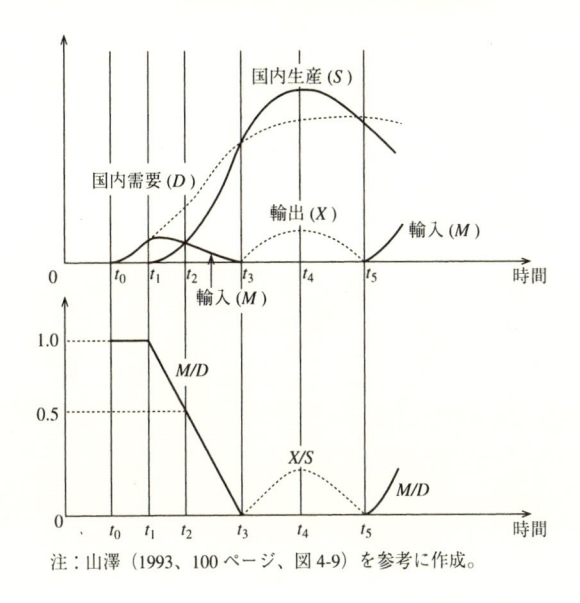

注：山澤（1993、100ページ、図4-9）を参考に作成。

れ、t_3 で輸入代替が完了します。その後は国内生産が国内需要を上回り、その差分は輸出されるようになります。これを輸出化と呼ぶこともあります。やがてそれもピークに達し、今度はより後進の国の追い上げを受けて、その商品についての比較優位を失っていき、t_5 では再び輸入に転じます。このように、輸入、国内生産、輸出が時間のずれを置きながら継起的に発生しているのを雁の群れになぞらえたのが、雁行形態論です。

　この雁行形態論は近年拡大解釈され、1つの国の1つの産業についての輸入代替、輸出化、逆輸入の過程をたどるだけでなく、1つの国のなかでも労働集約的製造業から資本集約的・人的資本集約的製造業へと比較優位が移行していくこと、また1つの産業につき複数の国を見れば工業化の進んでいる順に比較優位が受け渡されていくことも含めて、議論されるようになってきています。経済発展の過程での比較優位の変遷に一定のパターンが存在するという考え方は、それがどの程度普遍的にあてはまるかについては議論があるものの、大枠としては多くの開発経済学者の共有するところとなっていま

図11-11 輸入代替と輸出化

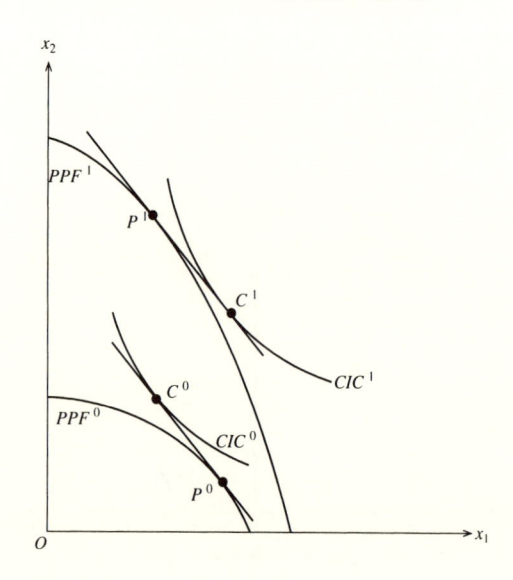

　す。

　比較優位の変化の背景にあるのは、経済発展過程における生産要素賦存比率の変化、技術移転あるいは技術模倣、直接投資の受け入れ、工業化を推進するための経済政策などです。その中でとくに生産要素賦存の増加と技術進歩が貿易パターンに与える影響については、生産可能性フロンティアの外側へのシフトという枠組みである程度とらえることができます。図11-11は、2財モデルという単純な設定ではありますが、輸入代替、輸出化、再輸入という貿易パターンの変遷を描いたものです。当初この国は、財1（例えば軽工業品）を輸出し、財2（例えば重工業品）を輸入しています。工業化の過程で生産要素が蓄積され、また先進国からの技術移転がなされることによって、生産可能性フロンティアが外側にシフトします。そのシフトが図のように財2の方にバイアスした形で起こったならば、財2について輸入代替が進み、やがて輸出に転じることも考えられます。財1について見れば、当初は輸出していたものが次第に比較優位を失い、ついには逆に輸入するようにな

るわけです。このように、生産可能性フロンティアの拡大が商品中立的でなければ、貿易パターンが時系列で変化していくこともとくに不思議なことではありません。

今後取り組むべき実証的問題は、観察される貿易パターンの変遷を、その背後にある生産可能性フロンティアのシフトとして裏付けることです。各国の要素蓄積や経済政策の変遷のパターンについては、かなりしっかりとした実証的把握がなされるようになってきました。今、実証研究のボトルネックとなっているのは、技術の変化の部分だと思います。発展途上国への技術移転、あるいは途上国による技術模倣に一定のパターンが存在することが裏付けられれば、雁行形態的発展の要因を整合的に説明できるようになるのではないかと思います。その過程では、先進国企業による直接投資をどのように取り扱うかも問題となってくるでしょう。

練習問題

(1) 経済成長の消費効果：ケースⅠ～Ⅳにおいて財1、財2のどれが下級財（劣等財ともいう。inferior goods）、正常財（普通財ともいう。normal goods）、贅沢品（奢侈品ともいう。luxuries）、必需品（necessities）に当たるでしょうか。

(2) 生産可能性フロンティアの形状（復習）：ヘクシャー＝オリーン・モデルの設定の下で、生産可能性フロンティアの曲がり方はどのような要因で決まってくるのでしょうか。

(3) 生産要素賦存量増加による経済成長：図11-4において、自国が財1を輸入し財2を輸出していた場合には、生産効果はどのようになると考えられるでしょうか。

(4) 輸出財と輸入財が入れ替わるケース：図11-11において、社会的厚生関数がホモセティックでなかったとすると、貿易パターンの変化はどのように影響されるでしょうか。

第12章
貿易が経済成長に与える影響

[この章のポイント]
・天然資源賦存が経済成長に与える影響については、ステープル理論やオランダ病の文脈で分析されてきた。
・1960年代に始まったプロダクト・サイクル論は、「新」国際貿易理論の中で再び取り上げられ、先進国による新製品開発と発展途上国による模倣についての理論分析がなされた。
・幼稚産業保護政策の是非については、理論、実証・政策研究の両面で論争が続いている。
・貿易自由化が経済成長を促進するという直観は多くの研究者・政策決定者によって共有されているが、その理論的・実証的検証は未だに不十分である。

1．国際貿易の経済成長に対するインパクト

　前章では、伝統的な静学的理論モデルの枠内で、経済成長が貿易パターンに与える影響についてお話ししました。本章では、逆に貿易が経済成長にいかなる影響を与えるか、とくに静学的な枠組みを超えて動学的な比較優位構造の変化と経済成長の関係について、解説していきます。

この分野の諸研究をどのような体系の下に整理すべきかについてはいまだに定説が確立されていませんが、以下では4つのトピックを取り上げます。第1は、ステープル理論とオランダ病の研究です。これらは、資源賦存のもたらす比較優位構造が経済成長に影響を与える道筋を考えているものとして、まとめて論じることができます。第2は、先進国と後進国との間で行われる新製品開発と技術模倣の「いたちごっこ」としてのプロダクト・サイクル理論です。各国の比較優位構造が刻々と変化していく中で、各国が生産する財の数はどのように変化していくのか、ひいては国と国の間の相対的な所得水準はどのように決定されるのかを見ていきます。第3は、伝統的な幼稚産業保護論と動学的な規模の経済性をめぐる議論です。技術革新の性格の多様性を見るために、learning by doing と leapfrogging の話をし、さらに最近の実証研究、政策論の状況を紹介します。最後に、そもそも貿易自由化は経済成長にいかなる影響を与えるものと考えることができるのかという問題を議論します。

2. ステープル理論とオランダ病

ステープル理論（staple theory）は、第2次世界大戦前のカナダの経済史研究の中で生まれてきたものです。パイオニアである Innis の論文は Drache (1995) に収録されていますが、理論のエッセンスは Watkins (1963) によって明快に紹介されています。経済を先導するような天然資源に基づく輸出産業が存在し、その産業から他産業への波及効果によって経済成長が促進される、というのが基本となる考え方です。イニスは主要輸出産業として毛皮取引やタラ漁などを検討しましたが、その後プランテーション農業や鉱業その他の天然資源に基礎を置く輸出産業にも同様の考え方が適用されました。この理論の核心は、輸出産業から他産業に向けて、後方連関、前方連関、所得上昇に伴う最終需要増加などの波及効果が生じると考えている点にあります。ワトキンズは、ステープル理論を経済成長一般にあてはまるもの

とは考えず、かつてのカナダのような未開拓地の豊富な国、それも経済発展の初期局面にとくに適用できるものであるとしています。

一方、いわゆるオランダ病（Dutch disease）に関する諸研究の主張するところは、ステープル理論と逆に、天然資源が豊富であることが経済成長の足かせとなる場合もあるということです。オランダ病という言葉が多用されるようになったのは、1970年代末からです。1970年代半ばから北海油田の本格的掘削が始まっていますが、1979年の第2次石油危機による石油価格高騰によって、オランダは石油輸出から多額の外貨を得ることになりました。それ自体はオランダの所得水準を押し上げることになって結構なことだったわけですが、副作用として、製造業部門の急激な縮小が見られたとされています。その後1980年代に入って石油価格は再び下落しますが、いったん縮小してしまった製造業は即座に復旧することができず、不況が長期化したと言われています。事後的に見るとオランダはそれほどひどい「オランダ病」ではなかったようですが、一種の「豊かさの呪い」が存在しうるという発想は人々の心に深く刻まれることとなりました。

非製造業品の輸出ブームによって製造業部門が縮小することは、Corden and Neary（1982）にならい、例えば特殊要素モデルを用いて次のように説明できます[1]。図12-1は、第4章で説明した $VMPL$ ダイアグラムです。ここでは第1次産業（例えば石油部門）と製造業という2つの貿易財部門、サービス産業という非貿易財産業部門からなる経済を考えます。第1次産業は天然資源という産業に特殊な要素、製造業とサービス産業はそれぞれの産業に特殊な資本の投入を必要とし、さらに産業に共通の生産要素である労働が投入されるものとします。3部門モデルですので、図の右側に2つの貿易財部門全体の原点、左側にサービス産業の原点をとり、横軸には産業共通の生産要素である労働、縦軸には部門ごとの労働生産性価値（value of mar-

---

[1] 労働に加え資本も製造業とサービス産業の間で共通であるとすると、以下で解説する資源移動効果の方向は両産業の資本・労働比率に依存することになります。詳しくは Corden and Neary（1982）を見てください。

図12-1 天然資源賦存とオランダ病

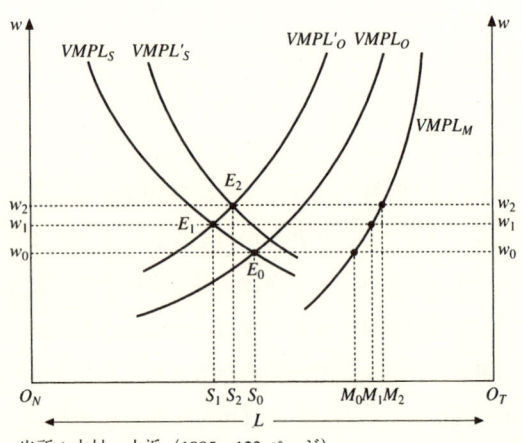

出所：木村・小浜（1995、123ページ）

ginal product of labor: $VMPL$) をとります。$VMPL_M$、$VMPL_O$、$VMPL_S$ はそれぞれ、製造業、第1次産業と製造業の合計である貿易財部門（2つの曲線を横に足したもの）、それにサービス産業の労働生産性価値を描いたものです。それぞれ、原点から見て右下がりとなっているのは通常通りです。最初は E_0 点で労働市場の均衡が成立しており、第1次産業、製造業、サービス産業の労働雇用量はそれぞれ、M_0S_0、O_TM_0、O_NS_0 となっています。

ここで技術革新によって第1次産業の労働生産性が上昇したものとしましょう[2]。そうすると、製造業は2つの効果によって縮小します。まず、$VMPL_O$ 曲線が上方、$VMPL'_O$ へとシフトします。それによって労働市場の均衡は E_1 点に移動し、製造業に雇用される労働は O_TM_1 へと減少します。これを資源移動効果（resource movement effect）と呼んでいます。さらに、もし当該国が変動為替相場制の下にあるならば、一次産品輸出が盛んになることによって名目為替レートが自国通貨に有利となり、国民全体の購買

---

2) 一次産品の価格が上昇したり、新たな天然資源投入が可能になった場合にも、基本的には同じ結論が導かれますが、分析は少々複雑となります。

力が増大し、外国価格と連動する貿易財価格に比べて非貿易財価格が上昇します。もし固定為替相場制が採用されているならば名目為替レートは変わりませんが、一次産品輸出によって生じる外貨取得が国内のマネーサプライの増加につながり、やはり実質為替レートが増価し、非貿易財価格が貿易財価格に比べて上昇します。いずれにせよ、$VMPL_S$ 曲線は $VMPL'_S$ 曲線へと上方にシフトします。そのため、労働市場の均衡は E_2 点へと移動し、製造業に雇用される労働は $O_T M_2$ へとさらに減少します。これを支出効果（spending effect）と呼んでいます。以上のように、非製造業貿易財部門が強くなると、製造業は縮小するのです。

　以上の分析は静学的モデルに基づいて単純な比較静学を行っただけですが、オランダ病の議論をする際には、これに動学的な解釈が付加されることになります。製造業が小さくなっても、国民所得全体が上昇するならば、それで問題はないかもしれません。製造業の縮小が問題となるのは、製造業に何らかの正の動学的外部性が存在していると考えるからです。製造業は産業の特性として生産性成長率が高いとか、他産業の技術進歩を助長するとか、あるいは人的資本蓄積に役立つというようなことがあるとすれば、製造業が縮小することは経済成長に負の影響を与えてしまうかもしれません。また、後で石油価格の下落などによって製造業が相対的に有利になっても、すぐに製造業品の生産拡大が難しいというような技術的条件があるとすれば、やはり製造業が小さくなってしまうことはマイナス要因となりえます。さらに、図12-1に戻ってよく考えるとわかりますが、天然資源の重要度が高いほど、製造業の資本・労働比率は高くなる傾向があります。資源豊富国の場合、技術水準としては単純な労働集約的産業に適した段階にあったとしても、製造業に割り当てられる生産要素が資本の方にバイアスしてしまうわけです。オランダ病が「病気」であるゆえんは、製造業が縮小してしまうことによって製造業の生み出す動学的外部性の利益を享受できなくなる点に求められるのです。

　本当に製造業に正の動学的外部性が存在するかどうかについては、確固た

る実証がなされているわけではありません。しかし、工業化を伴わない経済成長が長期にわたって継続した実証例は存在しません。理論研究では、製造業に learning by doing、あるいは動学的規模の経済性の存在を仮定することは、ごく一般的に行われています[3]。

　生産要素賦存は一国の静学的比較優位を決定し、それによって産業構造が決定されます。その産業構造と経済成長の関係をつなぐのが産業間の波及効果であり、また産業の生産活動に伴う動学的外部性であるのです。

3．プロダクト・サイクル論

　次に、「新」国際貿易理論の中で定式化されたプロダクト・サイクル論を紹介しましょう。

　プロダクト・サイクル論の揺籃期は1960年代でした。当時のヴァーノン、ハーシュなどの著作は大変示唆に富むものでしたが、フォーマルなモデルを用いて経済的論理を整理したものではなかったため、主流の経済学の文脈ではどちらかというと軽視される傾向がありました。そんな中、「新」国際貿易理論のごく初期の論文である Krugman (1979) は、この伝統的プロダクト・サイクル論のアイデアの一部を切り取ってフォーマルな理論モデルに定式化し、新たな命を吹き込みました。

　クルグマンが注目したのは、先進国と後進国との間の新製品開発（product innovation）、技術模倣（imitation）のいたちごっこ、それに伴う両国の相対的所得水準の決定という問題です。モデルの設定はいたって簡単です。先進国と発展途上国の2国モデルで、新製品開発はもっぱら先進国が行い、発展途上国はその生産技術の模倣を行います。単純化のため、一度生まれた財は古くなったからといって生産をやめることはなく、未来永劫に作り続けられるものとします。先進国は新しく生み出した製品を生産しますが、

　3）例えば Matsuyama (1992b) などが、製造業に動学的外部性を導入しています。

いったん途上国に模倣されてしまった製品は先進国で作り続けることはできず、その後は途上国のみが生産することとします。先進国と途上国がそれぞれどれだけの種類の製品を生産するかは、先進国が新製品を開発するスピードと、途上国がそれを模倣するスピードに依存します。ここで心配となるのは、新製品開発と技術模倣のバランスが崩れ、先進国で作られる財の種類の比率がどんどん高くなってしまったり、逆にどんどん低くなってしまったりするのではないかということです。このようなことが起きるならば、両国の所得比もゼロか1に向かって動いていってしまうかもしれません。

　クルグマンはごく単純な設定の下で、両国の生産する財の種類の比率がある一定値に収束しうることを示しました。時間を連続（continuous）なものとして、新製品開発と技術模倣のスピードを次のような式で表現します（各変数に時間を表す下付きの"t"を添付すべきですが、煩雑になるので省略します）。

$\dot{n} = in$

$\dot{n}_S = tn_N$

ただしここで、n は世界全体の財の種類、n_N、n_S は先進国と途上国で生産されている財の種類（$n = n_N + n_S$）、i と t は正の定数で、"・"は時間で微分した増分を表します。第1の式は、先進国における新製品開発の成長率（$\dot{n}/n$）が i で、一定であることを表します。第2の式は、各瞬間に先進国が生産している財のうち t だけの比率の財が先進国から途上国に移転されることを意味します。

　先進国が生産する財の種類の比率を $\sigma(\sigma = n_N/n)$ とし、それが時間を通じてどのように変化していくかを見てみましょう。各瞬間における先進国の生産する財の種類の変化は、新たに生み出される財の数と途上国に模倣されてしまう財の数の差となりますから、上の式から次のように表現できます。

$\dot{n}_N = in - tn_N$

$\sigma = n_N/n$ を時間で微分して $\dot{\sigma}$ を導き、$\dot{n}_N$ の式を代入することにより、σ の変化分は次のように表現できます。

図12-2 クルグマンのプロダクト・サイクル・モデル

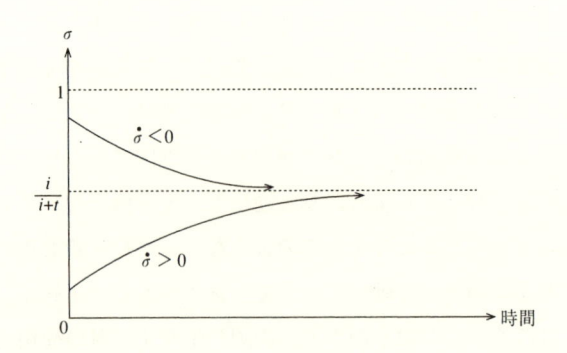

$$\begin{aligned}
\dot{\sigma} &= \dot{n}_N(1/n) - \dot{n}(n_N/n^2) \\
&= \dot{n}_N/n - \dot{n}\sigma/n \\
&= (in - tn_N)/n - (\dot{n}/n)\sigma \\
&= i - t\sigma - i\sigma \\
&= i - (i+t)\sigma
\end{aligned}$$

ここから、σ が一定となるような定常状態（$\dot{\sigma}=0$）では、$\sigma = i/(i+t)$ となることがわかります。さらに、σ がこの値よりも低い時には $\dot{\sigma}$ は正であり、高い時には負となりますから、最初の σ がどのような値をとっていたとしても、図12-2のように定常状態の値へと時間を通じて収束していくことがわかります[4]。この設定に基づく限り、σ が0や1に収束してしまうことはないのです。定常状態において両国が生産する財の種類の比率は

$n_N/n_S = i/t$

です。これは、i と t がどのような正の値をとっていても、定常状態が存在することを示しています。

これに簡単な需要構造を付け加えれば、先進国と途上国の間の所得のバラ

4）正確には、ここでは σ が定常状態にない時にどちらの方向に動くかを示しているだけですから、本当に定常状態の値に収束するかどうかについては別途証明が必要です。

ンスがどのようになるか、すなわち国際間所得分配の問題を議論できます。直観的には、n_N が大きくなると、先進国の生産する財1種類当たりの生産量が減少するのでそれらの財の価格は上昇し、先進国の交易条件が改善され、したがって先進国の相対的所得水準は上昇することがわかるでしょう。逆に n_S が大きくなれば、途上国の交易条件が有利化し、その相対的所得水準は上昇します。

このクルグマンのプロダクト・サイクル・モデルは、1980年代に入って盛んとなった経済成長理論とも結びついて、多くの理論研究を喚起しました。とくに、新製品開発と技術模倣を内生化する方向で技術変化をモデル内に取り込む理論的枠組みが発達したこと、交易条件が変わることによる国際間の相対的所得水準の変化を見るアプローチが多用されるようになったことは、クルグマン論文以降の理論上の大きな変化であったといえます。

4. 幼稚産業保護論と動学的な規模の経済性

幼稚産業保護政策とは、ある未熟な産業を一時的に保護して生産規模を拡大させ、そこで生み出される生産性向上、すなわち動学的な規模の経済性を通じ、その産業を国際競争力を持つ産業に育て上げようとする政策のことです。幼稚産業保護論は古くは19世紀から議論されてきたテーマですが、現在の発展途上国にとっても差し迫った問題です。次節で見るように、国全体として開放度（openness）を高めるべきとの議論は多くの経済学者や政策立案者の認めるところとなっていますが、細かい産業まで降りていって貿易保護を行うかどうかというミクロの経済政策を考える段になると、未だに大論争が巻き起こります。

幼稚産業保護政策が正当化されるための条件は、実際に判断できるかどうかはともかくとして、理屈の上では次のように整理できます。第1に、政策施行に伴う費用と期待される便益に割引率をかけて現在価値に直した時に、便益が費用を上回っていることが必要です。これを「バステーブルの規準」

と呼びます。対象となる産業が将来一人立ちして保護を撤廃できなければならないとする「ミルの規準」が満たされていなければならないのは当然ですが、それに加え、政策の便益と費用をチェックしなければならないのです。第2に、動学的外部性その他による市場の失敗が存在し、市場メカニズムの下では産業の育成が望めず、政府の介入が不可欠であることが必要です。例えば民間金融機関が有望とわかっている産業に融資を行うことができるならば、わざわざ政府が乗り出していく必要はなく、市場メカニズムに任せておけばよいはずです。第3に、市場の失敗をうまく相殺し、新たに深刻な歪みを生み出さないような政策が策定・施行可能かどうかを検討しなければなりません。第8章で解説したように、歪みを直接相殺して新たな歪みを生じさせない政策を first-best policy と言いますが、まずその施行可能性をチェックしなければなりません。それが難しい場合にはいわゆる second-best policy の検討をすることになります[5]。

　理論の方から見ると、幼稚産業保護政策も市場の歪みを相殺する政策の一種ですから、どのような市場の歪みを理論上想定するかがまず問題となります。政策の対象となるのは政府の保護なしには適正生産規模に達しないような産業であり、保護を与えて生産規模を拡大することによって初めて生産性の向上が可能になるという状況になければ、そもそも幼稚産業保護政策を施行する意味がありません。生産規模拡大が生産性向上につながるという部分を理論で記述するのに最も簡単なやり方は、learning by doing の導入です。Learning by doing とは、生産活動によって得られる学習効果（learning effect）を通じて生産性が向上するというもので、ここではとくに、累積生産量が大きくなるにしたがって生産性が高まるという理論的設定を指しています。Learning by doing の成果が市場に内部化されない動学的外部性という形で存在しているものとすれば、理論的にも扱いやすく、かつ直観にも訴える設定ができあがります。いったん生産を始めれば、作り続けることによ

---

[5] 幼稚産業保護政策を正当化するための諸規準については、伊藤・清野・奥野・鈴村（1988、第4章）や木村・小浜（1995、第7章）を見てください。

って生産性が向上していくわけですから、比較劣位が比較優位に変わるところまで一時的な保護を与えてやれば、後は自動的に比較優位は強まっていくことになります。Krugman (1987) はこのような learning by doing を連続財のリカード・モデル（第2章参照）に適用し、産業政策の効果を論じています。

　この動学的規模の経済性の文脈では、とにかく早く生産を始めて比較優位を獲得してしまった方がよいという結論が導かれがちです。しかし、実際の技術進歩の性格はもっと多様なものなのかもしれません。例えば Bresiz, Krugman, and Tsiddon (1993) の leapfrogging という考え方は、ある意味では逆のストーリーを提示するものです。ここでいう leapfrogging（辞書によると「馬とび遊び」のこと）とは、技術的後進国が新しい技術を採用することによって技術的先進国を追い抜いてしまうという現象のことです。先進国が古い技術にとくに強く熟達しているためにそれに固執して新しい技術の導入を必要と認めず、一方で後進国は低賃金労働などの利用によって新しい技術を導入しやすい場合などに、このような追い越しが起こりうるのです。このようなことはそれほど頻繁に起こることではないのでしょうが、技術を一新した新規投資によって生産性が大きく変わってくる鉄鋼業などはその例と考えられるのかもしれません。その他、国際貿易の文脈での技術革新をめぐるさまざまな理論的研究については、Grossman and Helpman (1995) を参照してください。

　幼稚産業保護論をめぐる実証研究と政策論について若干触れておきましょう。最近では極端な輸入代替的開発戦略を望ましいとする論調は影を潜めていますが、限定的な場面では政府による産業政策が有効と考える研究者、政策決定者もたくさんいます。しかし、産業政策の費用と便益をきちんと評価した実証研究は、筆者の知る限り存在しません。世界銀行の『東アジアの奇跡』レポート（World Bank (1993)）は、東アジア諸国の産業政策を詳しくレヴューし、主として定性的な手法に基づいてではありますが、各種政策の事後評価を行っています。日本については、通産省主導の選別的産業政策

には明らかな成功例を見出せなかったとし、一方政府系金融機関による低金利政策はプラスに働いたと評価しています。このレポートが、安易に他国に応用するのは危険と断りながらも、産業政策が有効な場合もあると認めたことは、その後の開発戦略をめぐる議論に大きな影響を与えました。このレポートには、産業政策の効果の実証分析を試みた部分もありますが、単に産業ごとの保護政策とパフォーマンスをクロスセクションで回帰分析しただけであり、産業ごとの性格をコントロールしていないという意味で十分なものとはいえません。Lee (1995) は韓国の産業保護と生産性向上を時系列と産業別のクロスのパネル・データを用いて分析していますが、これならば産業ごとの性格がある程度勘案できます。ただし結果は、産業政策の効果は疑わしいというものでした。

結局、政策決定者が産業政策を行うかどうかを決定する際には、ある程度「蛮勇」をふるって決断せざるをえない場合もあるということでしょう。ただ少なくとも、政策を実際に適用する際に留意すべき点を列挙することはできます。第1に、市場の失敗がどこにどのような形で存在しているのかをはっきりさせることが重要です。第2に、政策を選択するに当たっては、なるべく市場の失敗に直接働きかけるような政策を考えることが必要です。第3に、無用なレント・シーキングの余地が生じないように、保護を受ける産業・企業の選択や保護の形態などについてあらかじめルールを明確にしなければなりません。第4に、保護政策には必ず期限をつけ、定期的に成果を評価することが必要です。第5に、できれば政策を施行する組織の外にモニターをする仕組みを作り、官僚その他の規律の確保を試みるべきです。これらのチェック・ポイントが明確になってきた点が、最近の政策論の進歩です。

5．貿易自由化と経済成長

最後に、貿易自由化と経済成長の関係についてお話ししましょう。この方面の研究は、1980年代後半に至り、理論的背景と政策論上の要請の両方から

喚起されました。まず理論側は、「新」経済成長理論の発達の影響を強く受けました。貿易理論は伝統的には静学的分析を中心とするものですが、新たな成長論のブームの中で動学的モデル構築のための技術的条件もそろってきたのです。貿易自由化の効果を分析するモデルはもちろん以前からありましたが、ほとんどは静学的効果の分析にとどまっていました。静学的モデルでは、貿易自由化によって社会的厚生の水準（レベル）は向上することになりますが、成長率に対して正の影響があるという結論は出てきません。たかだか、自由化の過程において一時的に成長率が加速される可能性が示唆されるに過ぎません。ごく標準的なモデル設定の下では、貿易自由化が経済成長を促進する、というストーリーはほとんど支持されないのです。そこで期待をかけられたのが「新」経済成長理論です。その中では技術進歩率あるいは経済成長率を内生化する試みがなされたのですが、これに貿易を導入すれば、貿易自由化が経済成長率にどのように影響を与えるかという動学的効果の議論を行うことが可能と考えられたのです。

　一方、政策論の方では、貿易自由化を1つの柱とするいわゆる新古典派開発戦略論が台頭し、それを正当化するために貿易自由化と経済成長の間の正の因果関係を証明しようという試みがなされました。新古典派開発戦略は1980年代初頭から世界銀行、IMFなどによって主張され、累積債務問題に対する対応としての構造調整とコンディショナリティの中で、実際の政策として推進されました。貿易自由化が静学的厚生向上のみならず、経済成長率にも影響を与えるということを立証できれば、貿易自由化政策の説得力が増すわけです。さらに、1980年代後半から1990年代にかけて地域経済統合の動きが盛んになりますが、これも貿易自由化と経済成長の間の関係を見出したいという政策的動機を生み出しました。

　理論の方の進展はGrossman and Helpman (1991) などを見てもらうこととして、実証研究の現状をお話ししておきましょう。マクロ・レベルの実証研究は、所得の成長率を左辺、貿易の自由度を右辺において、国ごとのクロスセクションや、時系列のクロスのパネル・データを用いて回帰し、貿易

自由度と経済成長の相関を見ようとするものが大半です[6]。貿易自由度を何で計るかという部分にさまざまな工夫が見られますが、それについてはHarrison（1996a）を見てください。セクター・レベルの実証研究になりますと、回帰式が生産関数から導かれる場合が多く、その分だけ理論的にはきちんとしたものになります。これらのマクロ・レベル、セクター・レベルの実証研究では、おおむね貿易自由度と経済成長の間に正の相関が見出されています。ただし、これらの研究はあくまでも相関関係を見ているにとどまっており、いくつかグレンジャーの因果性（Granger causality）をチェックした論文もあるとはいえ、どのような経済論理で貿易と成長が結びついているのかを突き止めるには至っていません[7]。

　貿易と経済成長、あるいは輸出と生産性の関係を実証的にきちんと検証する1つの方法は、企業・事業所レベルまで降りたデータを分析することです。Aw and Hwang（1995）は、台湾の電子工業の企業レベルのクロスセクション・データを用いて、輸出と全要素生産性の関係を分析しました。その結果、研究開発投資を行っている企業では輸出の有無と生産性の間に相関は見られませんでしたが、研究開発投資を行っていない企業では輸出をしている方がしていないものよりも生産性が高いことがわかりました。またBernard and Jensen（1995a）は、アメリカの製造業センサスの事業所レベルのロンジテューディナル・データ（各事業所を時系列で追跡できるようなデータのこと）を用いて、輸出を行っている事業所とそうでない事業所のパフォーマンスの違い、事業所のパフォーマンスと輸出市場への参入の関係などを分析しています。ここでは、輸出市場に参入している事業所は、規模が大きく、生産性も高いことが明らかにされています。さらにBernard and Jensen（1995b）は、パフォーマンスの良い企業は輸出を開始する傾向があるが、逆に輸出をしているからパフォーマンスが良くなるという関係はデー

6）これらの研究については木村・小浜（1995、第7章）でやや詳しく解説しました。

7）Rodriguez and Rodrik（1999）は、正の相関を見出したとする諸研究についても方法論上の重大な問題点があると主張しています。

タからは明らかでないとしています。その他、世界銀行を中心とする研究グループがコロンビア、メキシコ、モロッコなどのデータを用いた研究成果を発表しています[8]。

　これらの企業・事業所レベルのデータ、とりわけロンジテューディナル・データの分析は大変手間のかかる仕事ですが、このような地道な努力の中から貿易と経済成長の関係も次第に明らかになっていくのではないかと思います。

研究課題

(1)　ステープル理論とオランダ病：天然資源が豊富であることが経済成長にどのように影響を与えてきたと考えられるか、アメリカ、カナダ、オーストラリア、アルゼンチン、ナイジェリアなどの経済史を繙きながら考えてみよう。

(2)　為替増価とオランダ病：何らかの要因で為替レートが増価すると、オランダ病と似た現象が起こりうる。1980年代後半以降の日本経済でそのような現象が起こったのかどうか、検証してみよう。

(3)　プロダクト・サイクル論：特定の産業もしくは商品を取り上げ、プロダクト・サイクル論に整合的な例を貿易統計を用いて検証してみよう。その過程で多国籍企業がどのような役割を果たしたか、考えてみよう。

(4)　幼稚産業保護論：幼稚産業保護政策の成功例はあるか、また成功と失敗を分ける要因は何なのか、考えてみよう。

(5)　貿易自由化と経済成長：世銀・IMFが主張していたいわゆる新古典派開発戦略の中で貿易自由化はどのように位置づけられていたのか、調べてみよう。

---

8) 企業・事業所レベルのロンジテューディナル・データを用いた諸研究については、清田・木村（1999）で文献サーベイを行いました。

第4部●企業活動の国際化と国際経済

第13章
国際収支統計とサービス貿易

[この章のポイント]

- 企業活動の国際化の進展にともなって、財貨貿易以外の国際取引チャンネルが発達し、国際収支統計に関するミクロ的分析も重要となってきている。その中で、サービス貿易のウェイトも高まってきている。
- 国際収支統計は居住者概念を基礎として各種国際取引チャンネルのフローを記録するものである。国民所得統計とも整合的に設計されている。
- 企業活動の国際化の進展とともに、居住者概念に基づく統計だけでは把握できない経済現象の重要性も増大している。
- 国際収支統計上のサービス貿易は、居住者と非居住者の間のサービス取引と定義されている。WTOはもう少し広めにサービスの貿易をとらえており、4つのモード、155の業種に整理している。
- ウルグアイ・ラウンドでGATSが締結され、サービス貿易自由化の枠組みが設定された。2000年からのWTO交渉では、サービスが中心的な交渉分野として取り上げられることが決まっている。

1. 重要性高まる国際収支統計とサービス貿易

本章では、国際貿易論の教科書では従来あまり解説されてこなかった国際

収支統計とサービス貿易について見ていきましょう。

国際収支は以前から、国際金融論あるいは国際マクロ経済学の文脈で取り上げられてきました。為替レートの決定を議論する時に国際収支が話題にのぼるのは当然ですし、またマクロ経済学との接合という意味でも国際収支統計は国際金融論の重要な構成要素の1つです。しかし近年の国際経済環境の変化に伴い、マクロ面にとどまらず、ミクロ面を扱う国際貿易論の方でも国際収支にかかわる諸問題を議論することが必要となってきています。とくに、各国経済の実態面での統合が進み、国際間取引が財貨貿易を中心とするものから次第に多様なチャンネルを用いるものとなるにつれ、国際収支統計のうち財貨以外の部分の重要性が高まってきています[1]。

またサービスは従来、貿易されないもの (nontraded) として扱われることが多く、サービス貿易は国際貿易モデルの中で無視されがちでした。しかし近年、通信・運輸技術の発達、製品差別化の進行、企業活動の国際化の進捗に伴い、サービスの国際間取引は取引額としても国際収支全体の中で無視しえないものに成長してきています。

国際収支およびサービス貿易をめぐる統計データは、概念的構成という点でも、信頼のおけるデータ収集という点でも、さまざまな問題を抱えています。理論的サポートにも改善すべき点があります。以下ではまず、居住者概念に基づき構築されている国際収支統計について解説します。企業活動の国際化に伴い、居住者概念の統計では扱えないさまざまな経済現象が生じてきていることについてもお話しします。章の後半では、話題をサービス貿易に絞り、その概念と統計、さらにそれをめぐる政策論についてまとめていきます。

---

1) 本章後半ではサービス貿易の話をしますので、混乱を避けるため、service に対する merchandise という言葉には、「モノ」あるいは「商品」ではなく、「財貨」という訳語を当てることにします。

2. 居住者概念と国際収支統計

　近年の国際取引チャンネルの多様化を論ずるためには、国際収支統計がどのような構造を有しているのか、またその限界はどこにあるのかを、正確に理解することが必要です。

　国際収支統計は、「1) 一定期間における、2) 居住者・非居住者間の経済取引を、3) 市場価格を基準に、4) 所有権ないし債権・債務の移転があった時点を計上時期とし、5) 同額の2つの項目に貸記・借記する『複式計上方式』により、体系的に把握・記録し、対外受払・収支動向を明らかにした統計表」と定義されています（日本銀行国際収支統計研究会（1996、2ページ））。IMF (International Monetary Fund：国際通貨基金) は国際比較を可能とするため国際収支マニュアルを作成しており、各国はそれに準拠した国際収支表を作成しています。

　国際収支統計の性格を理解するのにまず注目していただきたいのは、それが国民所得統計と整合的となるように、居住者概念に基づき作られているということです。IMFの国際収支マニュアルによれば、個人（自然人）、法人などがある国の領域内に拠点を設けて1年以上の期間にわたって経済活動を行った場合にはその国の居住者と見なされます[2]。国民所得統計における国民総生産 (Gross National Product：GNP) は、その国の居住者が生み出した付加価値の総額です。また国際収支統計は、その国の居住者と非居住者との間の取引を記録するものです。この居住者という概念は経済主体の地理的区分に基づくものですから、個人については国籍と必ずしも一致せず、また企業については誰が保有しているかにはよらないで決まってきます。外国人でも一定期間以上日本を経済活動の本拠とすれば日本の居住者と見なされ、また外国人が保有する外資系企業も日本国内に設立されたものは日本の

---

2) 日本の国際収支統計における「居住性」の定義は、IMFマニュアルのガイドラインとは若干異なっています。詳しくは日本銀行国際収支統計研究会（1996、11～12ページ）あるいは内村・田中・岡本（1998、54～56ページ）を見てください。

表13-1　日本の国際収支（1995年）

(億円)

	輸出・受取	輸入・支払	収支尻		資 産	負 債	収支尻
経常収支	647,109	543,248	103,862	資本収支	−199,209	140,756	−62,754
貿易・サービス収支	464,169	394,624	69,545	投資収支	−199,215	138,606	−60,609
貿易収支	402,596	279,153	123,445	直接投資	−21,286	39	−21,249
サービス収支	61,573	115,471	−53,898	株式資本	−22,092	299	−21,793
輸送	21,229	33,790	−12,563	その他資本	805	−260	545
海上輸送	13,943	21,663	−7,718	証券投資	−80,038	49,264	−30,772
旅客	1	0	1	株式	68	48,051	48,119
貨物	8,908	9,563	−653	債券	−80,104	1,210	−78,894
航空輸送	7,287	12,130	−4,844	中長期債	−84,794	−9,197	−93,991
旅客	1,570	9,608	−8,038	短期債	5,820	18,931	24,751
貨物	1,865	1,584	280	金融派生商品	−1,130	−8,522	−9,652
旅行	3,048	34,644	−31,595	その他投資	−97,891	89,305	−8,585
その他サービス	37,299	47,032	−9,740	貸付・借入	−156,337	97,582	−58,755
通信	474	799	−324	長期	−10,432	−253	−10,685
建設	6,200	3,019	3,182	短期	−145,905	97,838	−48,067
保険	278	2,347	−2,070	貿易信用	2,317	−284	2,033
金融	294	440	−143	長期	4,445	−9	4,436
情報	n.a.	n.a.	n.a.	短期	−2,128	−276	−2,404
特許等使用料	5,668	8,881	−3,214	現預金	37,552	−255	37,297
その他営利業務	23,021	30,025	−7,004	雑投資	18,577	−7,744	10,833
文化・興行	130	517	−389	その他資本収支	6	2,150	−2,144
公的その他サービス	1,231	1,009	221	資本移転	6	2,150	−2,144
所得収支	181,067	139,496	41,573	公的部門	6	2,150	−2,144
雇用者報酬	1,087	1,718	−632	その他	n.a.	n.a.	n.a.
投資収益	179,980	137,778	42,204	その他資産	n.a.	n.a.	n.a.
直接投資収益	8,673	2,393	6,282				
証券投資収益	53,536	18,758	34,781	外貨準備増(−)減			−54,235
その他投資収益	117,935	116,792	1,144				
経常移転収支	1,873	9,128	−7,253	誤差脱漏			13,127
公的部門	309	3,449	−3,140				
その他	1,564	5,679	−4,115				

注：四捨五入のため、収支は完全には一致しない。
出所：日本銀行国際収支統計研究会（1996）。

居住者となります。このことが、国際収支統計の構造を理解するために決定的に重要です。

　大蔵省と日本銀行によって作成されている日本の国際収支表のフォーマットは1996年1月に全面改訂となり、IMFの国際収支統計マニュアル第5版に準拠するものとなりました。表13-1は、そのフォーマットに基づき再集計された1995年の日本の国際収支表です。全体は大きく経常収支と資本収支に分かれており、それらの収支尻に外貨準備増減（増加をマイナスとカウントする）と誤差脱漏を加えればゼロとなるように表が作られています。ご存じの通り、1995年の日本の経常収支は黒字であり、その裏側の資本収支は赤字、すなわち日本は外国にネットでお金を貸し付けています。

国際収支表をもう少し詳しく見ていきましょう。経常収支については、輸出・受取から輸入・支払を引けば収支尻が求められます。経常収支のうちとくに大きな部分を占めているのが（財貨）貿易収支です。国際収支統計は居住者概念に基づいて作成されているので、そこに含まれる貿易収支も通関統計の貿易収支とは2つの意味で異なってきます。第1に通関統計では多くの場合、輸出は free on board (f.o.b.) ベース、輸入は cost, insurance, and freight (c.i.f.) ベースで評価した貿易額が報告されています。平たくいえば、f.o.b. ベースとは輸出国の港で船に積み込まれる時の価格で財貨の価値を評価するもの、c.i.f. ベースとは輸入国の港に着いた時の価格で評価するもので国際間輸送費や保険などの諸経費が上積みされたものです。これらはどちらも、一国が通関手続きを行う際の財貨の評価額に対応しています。それに対し国際収支統計では、輸出、輸入ともに f.o.b. ベースで計上され、輸入の c.i.f. ベースのものに含まれる国際間輸送費、保険などはサービスとして分離され、そのうち居住者・非居住者間取引にあたるものはサービス貿易として国際収支表に登場します。第2に、通関統計における輸出入は財貨の通関手続きが行われた時に記録されますが、国際収支統計では概念上、居住者、非居住者間で所有権が移転した際に記録されます。通関統計は物流、国際収支統計は商流を追うことになります。実際に統計を作成する時に所有権の移転をどこまで把握できるかという問題は残りますが、概念上はこう定義しないと統計体系の中に収まらないのです。

　次のサービス収支についてはこの章の後半で詳述しますが、やはり居住者と非居住者の間の取引を計上している点が重要です。

　その次の所得収支には、非居住者の雇用者報酬と直接・証券投資などに対する投資収益が含まれます。受取の方は、日本の居住者が保有している資本・労働が海外で用いられる時に、その要素サービスに対してなされる支払いが計上されます。支払いの方は逆に、外国の居住者が保有する資本・労働が日本で用いられる場合に、その要素サービスに対してなされる支払いが記録されます。これらは後で見るように、国内総生産 (gross domestic product：GDP）と GNP の間のギャップに対応しています。

　経常収支の最後の項目である経常移転収支には、外国の居住者となっている労働者の本国への送金のほか、政府による経常的な無償資金協力、国際機関に対する政府の分担金・拠出金などが含まれます。

　反対側の資本収支では、日本の居住者の保有する資産と負債の増減がプラスとマイナスを逆にして記されています。ここでのマイナスは、日本の居住者の資産の増加あるいは負債の減少を表します。資産と負債を足せば収支尻となります。資本収支の部分のプラス・マイナスの符号は混乱しがちですが、日本の居住者の方にお金が入ってくる方がプラス、出ていく方がマイナスと覚えておくとよいでしょう。日本の居住者の資産増加は、非居住者にお金を払って資産を取得するか、あるいはお金を貸し付けるのですから、お金が出ていくのでマイナスです。逆に負債の増加は、非居住者に資産を売却したり、お金を借りたりするわけですから、お金が入ってくるのでプラスです。なお、資産、負債の数字は一定期間中のそれぞれの増減をネットとして表したもので、グロスの取引量を表したものではないことに注意してください。

　資本収支の大きな部分は投資収支が占めており、その中はさらに直接投資、証券投資、その他投資に分かれています。国際収支統計における直接投資は、経営に参加する意図を持って外国企業の株式を10％以上取得する投資と定義されています。証券投資は、企業経営には直接参加しない投資で、株式・債権その他にかかわる対外取引です。その他投資には、貸付・借入、貿易信用、現金・預金、雑投資といったその他の項目に含まれないすべての金融取引が計上されています。

　ここで、国際収支統計と国民所得統計の関係もまとめておきましょう。どちらの統計も居住者概念を用いて「国民」を定義し、整合的に作成されています。図13－1は両統計のおおよその関係を示したものです。

　「国民総生産（GNP）」は、消費、投資、政府支出の合計である「内需（アブソープションとも呼ばれる）」と「経常海外余剰」の和からなっていま

図 13-1　国際収支統計と国民所得統計の対応関係

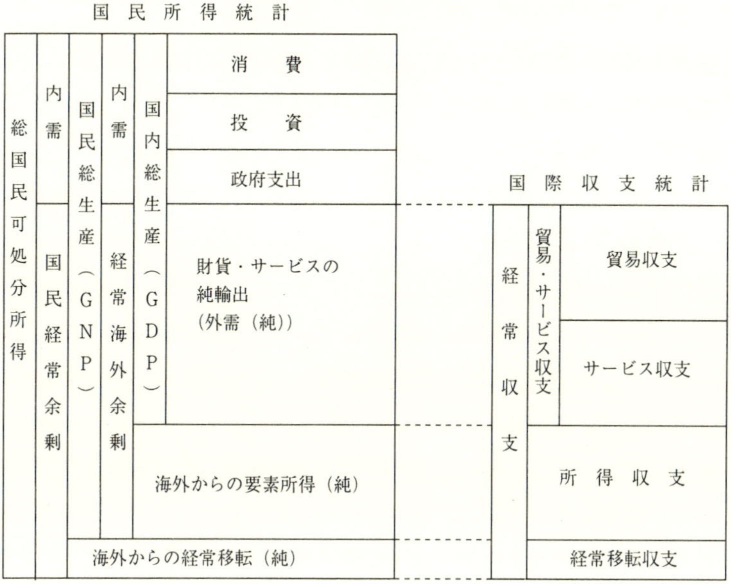

す。「経常海外余剰」は「財貨・サービスの純輸出（＝貿易・サービス収支）」と「海外からの要素所得（純）（＝所得収支）」との和であり、後者を含むかどうかが「GNP」と「国内総生産（GDP）」との違いになります。

通常のマクロ経済学の教科書[3]では、若干の単純化を施して、所得・支出恒等式と貯蓄・投資恒等式を次のように表しています。

$$Y = C + I + G + NX$$
$$I = S_d + S_r$$

ただしここで、Y は GNP、C は民間消費、I は国内投資（民間投資プラス政府投資）、G は政府消費、NX は経常収支、S_d は国内貯蓄（$S_d = Y - C - G$）、S_r は海外からの貯蓄（$S_r = -NX$）です。これを国民所得統計の

3）例えば、中谷（1993、54〜56ページ）を見てください。

体系に載せるには、教科書ヴァージョンの体系を1カ所だけ複雑にする必要があります。Y を「総国民可処分所得」と読み変えて、

　　総国民可処分所得$(Y)=GNP+$海外からの経常移転（純）

とするのです。それに対応して、「経常収支」も、

　　経常収支＝貿易・サービス収支＋所得収支＋経常移転収支

とすれば、すべての辻褄が合います。ちなみに、「海外からの経常移転（純）」＝「経常移転収支」です。

　国際貿易論の理論モデルが主として取り扱っているのは、経常収支の中で最も大きな項目である貿易収支の部分です。多くの国際貿易モデルでは、国際収支表のうち貿易収支以外の部分を無視し、貿易収支がバランスしている場合を考えて、財貨の貿易パターンを分析します。おなじみの一般均衡アプローチの図において、一国の生産可能性曲線に接する貿易線上で消費が行われるのは、貿易収支がゼロと設定されているためです。モデルを拡張して国際間要素移動を導入した場合には、経常収支の中の所得収支の部分も議論することになります。一方、資本収支の方は国際間の貸し借りを表しているのですから、理論モデルにきちんと取り込むには複数時点を含む動学モデルを用いる必要があります。

3．企業活動の国際化と既存の統計体系の限界

　居住者概念に基づく国民所得統計と国際収支統計は大変有用なものですが、企業活動の国際化が進展する今日、それだけでは十分に対応しきれない経済現象も生じてきています。とくに問題なのは、企業活動の拠点が国境をまたいで設けられるようになってきたために、企業を経済活動の1つの単位として統計的に把握するのが難しくなってきていることです。

　例えば、ある日本企業がシンガポールに海外子会社を設立したとしましょう。日本の親会社とシンガポールの子会社とは、法律上は別会社ですけれども資本保有ではつながっており、あたかも1つの会社であるかのごとく経営

上の意思決定を行うかもしれません。しかし、国民所得統計の体系の中では、日本の親会社の付加価値は日本のGNPに、シンガポールの子会社のそれはシンガポールのGNPにと、バラバラに計上され、それぞれの国の同業種企業と区別がつかない形で足し上げられてしまいます。シンガポールの子会社のあげた収益のうち日本企業の資本の取り分は、日本に送り返した場合は所得収支の投資収益の部分、現地で再投資した場合には（どの程度信頼に足る数字が得られるかには疑問が残りますが）所得収支の投資収益の部分と資本収支の直接投資の部分の両方にカウントされます。しかし、海外子会社の活動全体は、所得収支や資本収支の数字からは見えてきません。貿易・サービスの輸出入についても、他の特別な統計がない限り、日系子会社の輸出入のデータは得られません。ましてや、親会社と子会社との間の企業内貿易は、国際収支表では別記されません。

このように、現行の居住者概念に基づく統計のみでは、企業を単位として考えるべき事象が十分に把握できません。企業の持つ国際競争力の把握、海外生産・流通拠点展開の動機の分析、企業内貿易の把握など、企業行動に関して新たな切り口を必要とする問題の重要性が増してきています。そこで、居住者ベースの国際収支統計を補完するものとして、企業国籍という概念を導入した新たな統計フレームを構築する試みもなされるようになってきています[4]。

4．サービス貿易とは何か

以下では、サービス貿易について考えていくことにしましょう。

世界の大半の国において、GNPに占めるサービス業の割合は50％前後に達しています。サービスのかなりの部分は貿易されませんが、近年はサービ

---

[4] 現行の国際収支統計を補完するような新たな統計体系構築の試みについては、内村・田中・岡本（1998、190～193ページ）やBaldwin and Kimura（1998）を参照してください。

スの国際間取引の大きさも無視できません。表13-1に見るように、1995年の日本の場合、国際収支統計の上でのサービス受取（輸出）、サービス支払（輸入）はそれぞれ6兆円、12兆円に達しており、財貨貿易・サービス貿易全体の輸出、輸入のそれぞれ13％、29％に達しています。その他のチャンネルを経由するサービス取引も加えると、かなりの規模に達するものと考えられます。今後、各国経済の実態面での統合が進み、また通信・運輸技術が発達するにつれ、サービスの国際間取引はさらに大きくなっていくことでしょう。それにともなって、政策論の対象としても重要度が高まってくることは間違いありません。

一方、サービス貿易について体系的に解説した教科書は今のところほとんどありません[5]。サービス貿易研究は、国際経済学の中で未だ一分野として確立されていないといってもよいかもしれません。経済理論、経済統計よりも実態面の方が先に走ってしまっているのです。

そもそも財貨とサービスではどのような点が異なるのかを最初に見ておきましょう。財貨とサービスは明確に区別できない場合もありますし、またサービスといってもさまざまなものを含むので簡単にくくることはできませんが、一般に次の2つの性質がサービスの多くに共通するものとされています。第1は、サービスは財貨と異なり、生産と消費が同じ場所で同時に行われる場合が多いことです。この性質は、非保存性（nonstorability）と表現される時もあります。財貨の場合典型的には、生産、流通、消費が別の場所で、しかも別のタイミングで行われます。それに対しサービスは、生産者と消費者が対面して、その場で生産と消費が行われることが多いのです。これは、サービスの多くが非貿易財であるゆえんでもあります。第2は、サービスは財貨と異なり、多くの場合形を持たない（無形性（intangibility）といわれることもあります）ことです。このことから、生産者と消費者との間で情報の非対称性から生ずる問題も起きやすいと考えられます。また、サービ

5）これまでに出版されている参考書・論文としては、佐々波・浦田（1990）とSapir and Winter（1994）を挙げておきます。

スは差別化がなされることが多いとすると、不完全競争の生じる可能性も高いといえます。

　国際収支統計上のサービス貿易は、一国の居住者と非居住者の間のサービス取引と定義されています[6]。しかし、WTO (World Trade Organization：世界貿易機関) の GATS (General Agreement on Trade in Services：サービスの貿易に関する一般協定) の下では、直接投資を通じてのサービス供給なども含むよう、やや広く国際間サービス取引を規定しています。図13-2は、GATS によるサービス貿易の4態様（モード）です。これらは、サービスの提供者（生産者）と消費者が国際間を移動しているかどうかに着目して設けた分類です。第1モードは「越境取引」と総称されるもので、生産者、消費者ともに移動しない種類のサービスです。この種のサービスでは、さきほど述べた生産者、消費者の物理的な近接は必要とされません。例えば国際通信によって提供可能な保険・金融サービス、通信手段によって移動可能な経営ノウハウや商品デザインなどがこれに含まれます。第2モードの「国外消費」と呼ばれるものは、消費者のみ移動するタイプのサービスです。観光、教育、医療、船舶修理、空港サービスなどがこれに当たります。第3モードの「商業拠点」は、生産者が消費国内に拠点を設けてサービスを供給するというものです。この種のサービス取引は生産要素の移動を伴うわけですが、支店開設のように消費国の居住者とはならない場合と、海外子会社設立のように居住者となる場合の両方が、ここには含まれています。技術者の移動を含むエンジニアリング・サービス、支店・海外子会社を通しての金融サービス、建設会社による工事請負などがこれに含まれます。第4モードの「人の移動」は、ある国の自然人が他国に一時的に移動してサ

---

6) 以前の国際収支統計のフォーマットでは、財貨に対立する概念としてのサービスを「非要素サービス」、国際間を移動した生産要素を雇用することによって得られるものを「要素サービス」と呼んで、両方とも貿易外収支の中に含めていました。しかし、新しい国際収支統計の下では、両者を峻別して前者のみを「サービス」と呼ぶようになっています。

図13-2 サービスの貿易の4態様

態　様	内　容	典　型　例	典型例のイメージ図
1. 国境を越える取引 （第1モード）	いずれかの加盟国の領域から他の加盟国の領域へのサービスの提供	○電話で外国のコンサルタントを利用する場合 ○外国のカタログ通信販売を利用する場合など	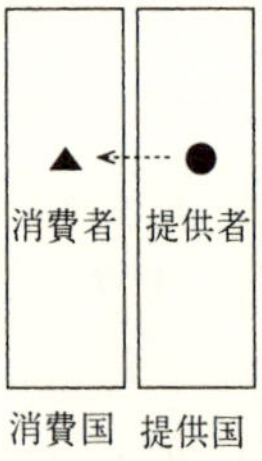 消費者｜提供者 消費国　提供国
2. 海外における消費 （第2モード）	いずれかの加盟国の領域内におけるサービスの提供であって他の加盟国のサービス消費者に対して行われるもの	○外国の会議施設を使って会議を行う場合 ○外国で船舶・航空機などの修理をする場合など	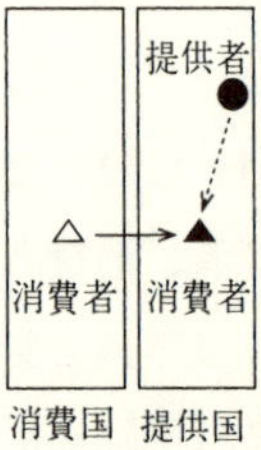 消費者｜消費者 消費国　提供国
3. 業務上の拠点を通じてサービス提供 （第3モード）	いずれかの加盟国のサービス提供者によるサービスの提供であって他の加盟国の領域内の業務上の拠点を通じて行われるもの	○海外支店を通じた金融サービス ○海外現地法人が提供する流通・運輸サービスなど	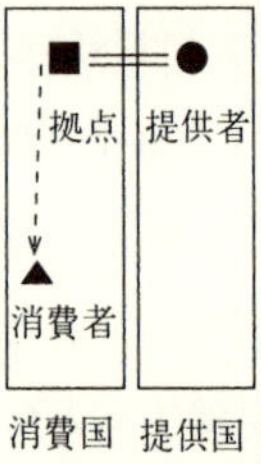 拠点｜提供者 消費者 消費国　提供国
4. 自然人の移動によるサービス提供 （第4モード）	いずれかの加盟国のサービス提供者によるサービスの提供であって他の加盟国の領域内の加盟国の自然人の存在を通じて行われるもの	○招聘外国人アーティストによる娯楽サービス ○外国人技師の短期滞在による保守・修理サービスなど	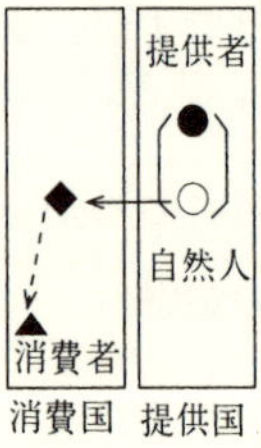 消費者｜自然人 消費国　提供国

注：イメージ図の記号は次のとおり
●：サービス提供者（自然人または法人）、▲：サービス消費者（自然人または法人）、■：業務上の拠点、◆：自然人、○□△◇：移動前、←：移動、◀--：サービス提供、＝＝：拠点の設置
出所：外務省経済局サービス貿易室（1998、56ページ）。

ービスを提供するというタイプのもので、外国アーティストの招聘によるコンサートなどがこれに当たります。これら4つのモードの境目はサービスの性質のみならず、通信・運輸技術の発達や政府規制の変化によってもかなり変わりうるものと考えられます。

　GATSは、これらの4つのモードと155のサービス業種からなるマトリックスにしたがって、各国の自由化約束と義務の留保を行う仕組みを設けています。その155業種を56業種にまとめたものを表13-2に示しました。図13-2と組み合わせてみれば、GATSが対象としているサービスの貿易が何をカバーしているかがだいたいわかるでしょう。

　さらに財貨や生産要素との関係に注目して、広い意味での国際間サービス取引の性格を考えることもできます。単独で取引され消費されるサービスもありますが、財貨や生産要素と強い結びつきを持ったサービスも多数存在します。その1つの例としては、サービス自体は財貨から分離されているけれども、財貨が取引される時に付加されるタイプのサービスが挙げられます。例えば工作機械の販売に当たってその据え付けや使用法の説明のために技術者が派遣されてエンジニアリング・サービスを提供する場合、あるいは融資という形の金融サービスとセットになって財貨が販売される場合などが考えられます。また、サービス取引の意味をやや拡張してとらえれば、財貨に体化されてしまっているサービスもあります。これには、その財貨の生産に当たって中間投入として用いられたサービスの場合もありますし、財貨が生産者から消費者に運ばれる途中で付加される運輸・保険サービスの場合もあるでしょう。音楽CDなどになると、財貨自体の価値はごく小さなもので、財貨がサービスの乗り物として用いられています。さらに、国際間要素移動を伴うサービスはさきの4種類のうちの3番目に当たりますが、そこでは生産要素からサービスを切り離せない場合がほとんどです。このように、サービスの種類によっては財貨や生産要素との結びつきを無視することはできません。サービス貿易のパターンの決定要因を考察する理論的研究も少しずつなされてきていますが、このような財貨や生産要素との特殊な関係を注意深く

表13-2　WTOによるサービス分類

1. 実務サービス 　A. 自由職業サービス 　B. 電子計算機および関連のサービス 　C. 研究および開発のサービス 　D. 不動産にかかるサービス 　E. 運転者をともなわない賃貸サービス 　F. その他の実務サービス 2. 通信サービス 　A. 郵便サービス 　B. クーリエサービス 　C. 通信サービス 　D. 音響映像サービス 　E. その他 3. 建設サービスおよび関連の 　　エンジニアリング・サービス 　A. 建築物にかかる総合建設工事 　B. 土木にかかる総合建設工事 　C. 設置および組立工事 　D. 建築物の仕上げの工事 　E. その他 4. 流通サービス 　A. 問屋サービス 　B. 卸売サービス 　C. 小売サービス 　D. フランチャイズ・サービス 　E. その他 5. 教育サービス 　A. 初等教育教育サービス 　B. 中等教育サービス 　C. 高等教育サービス 　D. 成人教育 　E. その他の教育サービス 6. 環境サービス 　A. 汚水サービス 　B. 廃棄物処理サービス 　C. 衛生サービスおよびこれに類似するサービス 　D. その他	7. 金融サービス 　A. すべての保険および保険関連のサービス 　B. 銀行およびその他の金融サービス 　　（保険を除く） 　C. その他 8. 健康に関連するサービスおよび 　　社会事業サービス 　A. 病院サービス 　B. その他の人にかかる健康サービス 　C. 社会事業サービス 　D. その他 9. 観光サービスおよび旅行に関連する 　　サービス 　A. ホテルおよび飲食店（仕出しを含む） 　B. 旅行業サービス 　C. 観光客の案内サービス 　D. その他 10. 娯楽、文化およびスポーツのサービス 　A. 興業サービス 　　（演劇、生演奏およびサーカスのサービス 　　を含む） 　B. 通信社サービス 　C. 図書館および記録保管所のサービス 　D. スポーツその他の娯楽のサービス 　E. その他 11. 運送サービス 　A. 海上運送サービス 　B. 内陸水路における運送 　C. 航空運送サービス 　D. 宇宙運送 　E. 鉄道運送サービス 　F. 道路運送サービス 　G. パイプライン輸送 　H. すべての形態の運送の補助的なサービス 　I. その他の運送サービス 12. いずれにも含まれないその他のサービス

出所：外務省経済局サービス貿易室（1998、57～58ページ）。

モデル化することが重要なポイントの1つとなってくるでしょう。

5. サービス貿易の統計的把握

国際収支統計に戻って、サービス貿易がどのように把握されているかを見てみましょう。もう一度、表13-1を見てください。1996年の改訂により、サービス収支の部分は大きく輸送、旅行、その他サービスに分けられ、さらに輸送の部分は海上輸送と航空輸送の2つに、その他サービスの部分は通信、建設、保険、金融、情報、特許等使用料、その他営利業務、文化・興行、公的その他サービスの9つに分割されるようになりました[7]。どの項目も概念上、居住者と非居住者の間のサービス取引を計上したものです。受取、支払ともに大きいのは海上・航空輸送とその他営利業務です。全体に赤字の項目が多いのですが、一番大きな赤字を生んでいるのは旅行です。皆さんが海外旅行をして消費した宿泊費、食事代、娯楽費、訪問国内の交通費、おみやげ代などは、旅行サービスのための支払いとして計上されます。サービス収支全体では1995年に約5兆円の赤字となっており、貿易収支の黒字約12兆円の4割程度を相殺しています。日本は世界有数のサービス純輸入国なのです。

世界最大のサービス純輸出国であるアメリカのデータも見ておきましょう。図13-3は、アメリカの財貨・サービス貿易の対GDP比率の推移を1960～97年について見たものです。財貨貿易収支とサービス貿易収支も棒グラフで示してあります。アメリカのサービス収支は1990年代に入って大きく黒字に振れてきています。図13-4は、サービス貿易の内訳ごとに純輸出比率、すなわち（輸出額－輸入額）／（輸出額＋輸入額）を計算してプロットしたものです。分類方法が日本のそれと異なっているので直接比較は難しい

---

[7] それぞれの詳しい定義を知りたい人は通商産業省（1999、96ページ）、日本銀行国際収支統計研究会（1996、85～97ページ）、内村・田中・岡本（1998、97～101ページ）などを見てください。

図 13-3 アメリカの財貨・サービス貿易の対 GDP 比率

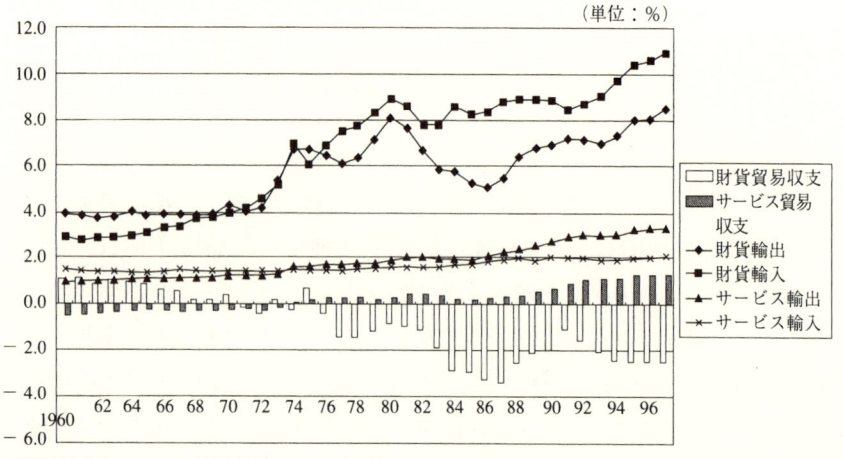

(単位：%)

凡例：
- 財貨貿易収支
- サービス貿易収支
- 財貨輸出
- 財貨輸入
- サービス輸出
- サービス輸入

出所：U.S.Government(1998, Tables B-1 and B-24).

図 13-4 アメリカのサービス貿易の純輸出比率

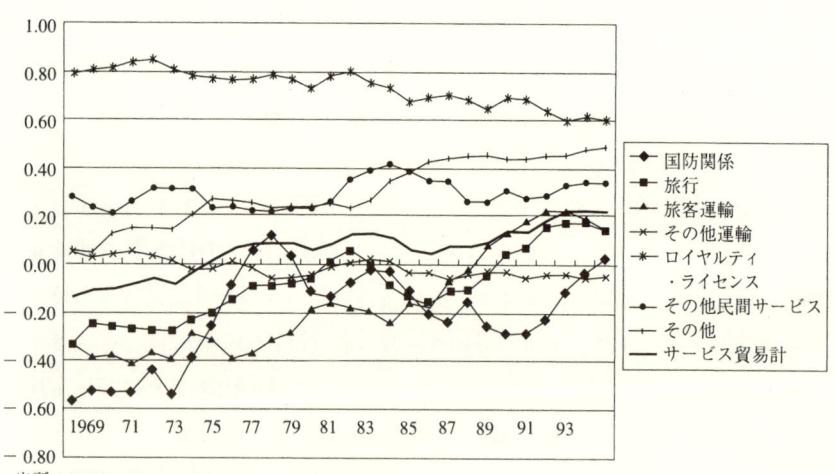

凡例：
- 国防関係
- 旅行
- 旅客運輸
- その他運輸
- ロイヤルティ・ライセンス
- その他民間サービス
- その他
- サービス貿易計

出所：U.S.Depatment of Commerce (1998,Table 4.3).

のですが、黒字の大きな部分はロイヤルティ・ライセンス、その他民間サービス、その他の3項目が貢献していることがわかります。最近では、それらの輸出合計はサービス輸出全体のほぼ半分に膨らんでいます。アメリカの製造業全体が比較優位を失いつつあるのは事実ですが、一方で新しい技術の提供や国際的な専門・技術サービスの供給などの側面では以前にも増して国際競争力を強めている傾向が見てとれます[8]。

なお、これらのサービス貿易データでは、上に述べた広い意味でのサービスの国際間取引のほんの一部だけしか把握していないことに注意してください。先の4分類でいえば、生産者と消費者のどちらも動かないという第1モードのうち財貨に体化されてしまったサービスは、財貨貿易の中に含まれてしまい、サービス貿易にはカウントされない可能性があります。また、生産者が移動する第3、第4モードのうち、直接投資によって消費国に現地法人が設立されたり、個人（自然人）が1年以上の長期にわたって消費国に居住した場合には、その企業や個人は消費国の居住者扱いとなりますから、国際収支上のサービス貿易としては把握されません。金融・流通業における直接投資を通じたサービスの提供などがそれに当たります。広い意味でのサービスの国際間取引は、統計上はさまざまな箇所に別々に計上されているのです。今後さらにサービスの重要度が高まっていくとすれば、いろいろなチャンネルを通じたサービス取引を総合的に鳥瞰できるような統計的枠組みを構築していく必要があります。

6．サービス貿易をめぐる政策論

東京ラウンドまでのGATTベースの多国間貿易障壁削減交渉では主として財貨貿易の自由化が進められてきましたが、1985年に開始されたウルグアイ・ラウンドではサービス貿易の自由化が重要課題の1つとして取り上げら

---

[8] アメリカの各産業の国際競争力については木村（1999）で簡単なサーベイを行いましたので、興味のある方はご覧ください。

れました。これには、サービスに比較優位を持っていると自認するアメリカの強力な後押しもありました。サービス貿易の自由化は、資源配分の効率を高めるという意味で、総論としては広く支持されるものとなっています。

　しかし、サービス貿易の自由化への道のりは平坦なものではありません。生産と消費が近接していなければならないタイプのサービス貿易では、必然的に国境政策だけでなく国内政策が問題となってきます。そこが財貨貿易と異なる点です。財貨貿易の場合は生産、流通、消費を分離できますから、流通過程で国境を越えてくる時に課される関税その他の国境政策さえ撤廃すれば、それだけでかなりの自由化効果が期待できます。しかしサービス貿易の多くの分野では、生産、消費過程も一体となった経済活動に対する政府規制が対象となるのですから、それだけ自由化交渉も困難なものとなるのです。

　また、生産要素移動を伴うサービス取引では、直接投資を含む資本移動や熟練・非熟練労働の移動がどの程度制約されているかという問題を避けて通れません。第14章で改めて議論しますが、直接投資に関してはほとんどの国が各種規制を課しています。国際間労働移動に至っては、政府規制のない国は存在しないといってもよいでしょう。手放しに国際間要素移動の完全自由化が望ましいと考える人はほとんどいません。さらに、電力・ガス・水道などの分野の公益企業のように民営化との関係が複雑な分野、電気通信の一部のように国際的な寡占化が顕著な分野、標準化やネットワーク外部性が効いてくる分野など、単純な完全競争を前提とする規制緩和の議論が成り立たない可能性の高い分野も含まれています。総論としてサービス取引を自由化の方向に持っていくことについては合意が得られるとしても、各論に降りて何をどこまで自由化するかについては、詰めるべき問題がたくさん残されています。

　1993年に実質妥結したウルグアイ・ラウンド交渉を受けて1995年1月に発効したマラケシュ協定（いわゆるWTO協定）には、附属書の1つとして、先ほどから登場しているGATSが入っています。そこでは自由化に向けての大原則として「最恵国待遇」と「透明性の確保」などが確認され、「市場

アクセス」と「内国民待遇」については形態別・業種別の約束表に従って各国が選択的に自由化することとなりました（通商産業省通商政策局（1999、194ページ以下）による）。その後引き続き、金融、基本電気通信、海運、人の移動について、個別に交渉が行われました。

GATS はサービス貿易にかかわる政策規律の大枠を設定したものとして画期的な意味を持つものですが、現実の自由化を促進するためには多くの意味で不十分であると評価されています。サービス分野の自由化は、農業と並んで、2000年からのビルトイン・アジェンダ（当初から交渉分野とすることが決定されている分野）とされています。しかし、1999年12月の WTO 閣僚会議の決裂を受けて、今後の行方が不透明となっています。

研究課題

(1) 国際収支統計の国際比較：日本、アメリカ、発展途上国などの国際収支統計を IMF 統計（*Balance of Payments Statistics*）から入手し、その構造を比較してみよう。

(2) アジア経済危機と国際収支統計：アジア経済危機に見舞われた東アジア諸国の国際収支統計をレヴューし、危機の原因を考察してみよう。

(3) サービス貿易における比較優位：世界各国のサービス貿易の比較優位を、純輸出比率などを計算して読み取ってみよう。

(4) 財貨に体化されたサービス：産業連関表を用いて、財貨貿易に体化されたサービス投入を計測してみよう。

(5) WTO におけるサービス交渉：新聞などを通じてサービス交渉の推移をたどり、その背景となっている政治経済学について考えてみよう。

第14章
海外直接投資と企業活動の国際化

[この章のポイント]
・直接投資は、資本と同時に企業特殊資産も移動するという意味で証券投資・その他投資とは異なっており、近年の企業活動のグローバル化の最も重要な構成要素の1つとなっている。
・直接投資決定の理論は、ダニングの提唱したOLI理論を経済理論体系の中に定式化する形で発展してきている。立地選択と内部化選択をいかに有機的に説明するかが課題として残っている。
・直接投資をめぐる実証研究は、直接投資の動機、貿易と直接投資の関係、直接投資企業のパフォーマンス、直接投資の厚生効果などさまざまな方向に試みられている。しかし、統計データが不十分であることも影響して、全体としては未だに発展途上の段階にある。
・財貨やサービスに関する貿易政策と異なり、直接投資関連政策については、多国間レベルでの政策規律がほとんど課されていない状態にある。

1．直接投資の特殊性

　一般的な国際間生産要素移動についてはすでに第5章で議論しましたが、この章ではそのうち直接投資に焦点を当ててお話しします。

直接投資は、企業がその活動を単純なモノの輸出入を超えて国際化していく際に典型的に行う投資活動です。企業は、直接投資によって生産活動・流通活動を行う子会社を海外に設け、国境をまたいだ活動を展開していきます。直接投資は企業活動のグローバル化の最も重要な構成要素の1つであり、国際取引チャンネルの多様化の引き金となるものです。

　直接投資 (foreign direct investment) とは、国際間資本移動のうち、経営に参加することを意図して外国企業の株式を保有するための投資のことを指します。IMF (International Monetary Fund：国際通貨基金) の定義では、外国企業の株式の10%以上を保有するかどうかで、証券投資 (foreign portfolio investment) との区別をしています。

　資本の国際間移動は、まず第一義的には国際間の資本収益率の差によって起こると考えられます。しかし直接投資の場合には、単に色のついていない資本が移動するにとどまらず、技術や経営ノウハウなどの企業特殊資産 (firm-specific assets) の移動も同時に起こります。したがって、利子率や株式・証券の期待収益率などの国際間格差に基づいて行われる証券投資やその他投資とは異なり、直接投資は企業特殊資産に対するリターンを基準に行われるものと考えられます。1997年央に始まったアジア経済危機においても、危機勃発後、短期資本は急速に流出しましたが、直接投資の多くの部分はそのままアジア諸国内にとどまり、両者の性格の違いが浮き彫りとなりました。このことからも、直接投資を一般的な国際間資本移動とは区別して議論しなければならないことがわかります。

　直接投資に関する統計データはひどく未整備な状態にあるのですが、世界全体の直接投資の流れを大摑みに見るために、UNCTAD (United Nations Conference on Trade and Development：国連貿易開発会議) による推計値を表14-1に示しました。これらの数字は一応、IMFの定義に従った直接投資の1年間のフロー額であり、投資引き揚げなどはマイナスとして計上したネットの数字となっています。対内とは入ってくる方の直接投資、対外とは出ていく方の直接投資です。1990年代中葉以降、世界全体の直接投資は急

表14-1 世界の対内・対外直接投資額(100万ドル)

(a) 対内直接投資額

	1987-92 (平均)	1993	1994	1995	1996	1997	1998
世界計	173,530	219,421	253,506	328,862	358,869	464,341	643,879
先進国	136,628	133,850	146,379	208,372	211,120	273,276	460,431
西ヨーロッパ	75,507	78,684	84,345	121,522	115,346	134,915	237,425
北アメリカ	52,110	48,283	53,299	68,031	85,864	120,729	209,875
日本	911	119	908	41	228	3,224	3,192
その他先進国	8,100	6,764	7,827	18,778	9,682	14,408	9,939
発展途上国	35,326	78,813	101,196	106,224	135,343	172,533	165,936
中南米	12,400	20,009	31,451	32,921	46,162	68,255	71,652
南・東・東南アジア	18,569	49,798	61,386	67,065	79,397	87,835	77,277
その他発展途上国	4,357	9,006	8,359	6,238	9,784	16,443	17,007
中東欧	1,576	6,757	5,932	14,266	12,406	18,532	17,513

(b) 対外直接投資額

	1987-92 (平均)	1993	1994	1995	1996	1997	1998
世界計	198,670	247,425	284,915	358,573	379,872	475,125	648,920
先進国	184,680	207,378	242,029	306,025	319,820	406,668	594,699
西ヨーロッパ	110,957	108,295	136,018	175,511	203,942	240,238	406,220
北アメリカ	35,384	80,548	82,545	103,540	87,718	131,999	159,406
日本	33,549	13,834	18,521	22,630	23,428	25,993	24,152
その他先進国	4,790	4,701	4,945	4,344	4,732	8,438	4,921
発展途上国	13,946	39,756	42,600	52,089	58,947	65,031	52,318
中南米	1,309	7,575	6,255	7,510	7,202	15,598	15,455
南・東・東南アジア	10,646	30,700	37,201	44,944	49,567	45,653	34,312
その他発展途上国	1,991	1,481	-856	-365	2,178	3,780	2,551
中東欧	44	292	286	460	1,105	3,425	1,903

出所:UNCTAD (1999, pp. 477-487).

速に増大しています。とくに1998年における先進国同士の直接投資の急増は、国際的M&Aブームを通じて先進国経済の統合化が進んでいることを示しています。日本への対内直接投資は、伸び率としては大きくなっていますが、日本経済の大きさを考えるときわめて低い水準にとどまっているといえます。発展途上国向けの直接投資は、アジア経済危機の影響も見られますが、全般に上昇傾向にあります。一方、対外直接投資額の方を見ると、東ア

ジアにいくらか直接投資を行う新興工業国が現れていますが、現状では直接投資のほとんどが先進国発であることがわかります。

　直接投資によって設立された海外子会社は、世界全体でどの程度の規模の生産を行っているのでしょうか。これも世界各国の統計が未整備であることから正確な把握は難しいのですが、Lipsey, Blomstrom, and Ramstetter (1998) の推計によれば、1990年の時点で世界全体の生産の7％程度が海外子会社によって担われていました。この数字は一見小さく見えるかもしれませんが、直接投資のかなりの部分が製造業に集中していること、輸出・輸入への貢献はこれよりもはるかに大きいと考えられること、1990年以降さらに国際展開が進んでいることを考慮すると、マクロ的にも決して無視できない大きさとなってきているといえます。

　以下ではまず、直接投資がいかなる動機に基づいてなされるのかを説明する理論についてお話しします。このトピックは、国際貿易理論よりもむしろ経営学・国際ビジネス論や多国籍企業論の分野で議論されてきたものですが、近年はそれを経済理論の枠組みに取り込む努力がなされています。次に、直接投資をめぐる最近の実証研究のいくつかをレヴューします。そして最後に、直接投資をめぐる政策論について言及します。

2．直接投資決定の理論

ダニングの OLI 理論

　ダニングは1970年代からの一連の研究の中で、直接投資の決定要因をめぐる折衷（eclectic）理論、あるいは OLI (ownership, location, and internalization) 理論を提唱しました。

　彼は、3つの優位性によって直接投資の動機を説明できるとしています (Dunning (1993, pp.81-) 参照)。第1は、所有にかかわる国の企業が他国の企業に対して有する優位性 (ownership advantages: "O") です。ここで所有されるものとして想定されているのは、製品開発、生産管理、人的資本

の蓄積、マーケティング・ノウハウ、その他にかかわる財産権および無形資産 (intangible assets) です。さらに、それらを利用して国境をまたいで企業活動を統合することによって生ずる優位性も、ここに含まれます。これらが十分に備わっていなければ、他の国籍の企業、とくに投資受入国の企業に対する優位性がなくなってしまうわけで、この優位性が海外進出のための必要条件の1つと考えられるのです。

　第2に、OLI という順序通りにはなりませんが、内部化によって生ずる優位性 (internalization advantages: "I") を挙げておきましょう。取引相手を捜したり、取引相手の行動に伴う情報の不完全性などから生ずる費用を軽減するために、その活動を企業の中に取り込む（内部化する）ことによって生ずる優位性です。企業特殊資産から生ずる優位性は、生産物に体化させて外国企業に売却することもできますし、技術ライセンスなどの形で売ることもできます。直接投資を行うということは、海外でのオペレーションを他企業に任せずに、企業が自らの中に内部化することを意味します。内部化による優位性がなければ、やはり直接投資は行われないものと考えられます。

　第3は立地条件から生ずる優位性 (location advantages: "L") です。これは、直接投資が相対的に有利な国に対して行われるということを表しています。この立地条件には、天然資源賦存、賃金水準、インフラストラクチャーの整備状況、市場の大きさ、投資優遇その他の政府施策、その他政治的・経済的・社会的諸条件などが含まれます。

　彼の研究アプローチは、国際貿易理論よりはむしろ企業経営の研究あるいは多国籍企業論に立脚するものです。企業行動の研究が中心となっているという意味で、分析を産業あるいはマクロに足し上げていくのが難しい方法論を採っています。また、企業の多国籍化の動機に関する諸要素を列挙していますが、それらの間の因果関係は不明確なままで、経済学的な理論化がなされていません。彼の研究は直接投資の動機を考える上でのスコープを提示した点で大変重要なのですが、経済学者に対しては難しい宿題を残したともいえます。

垂直統合と取引費用の理論

ダニングの OLI のうち内部化（"I"）に関する部分については以前から、産業組織論の中の垂直統合（vertical integration）の理論という形で経済学的な理論化がなされています。垂直統合とは、生産の川上部門と川下部門を単一企業が統一的に保有・支配することを指します。例えば、研究開発部門と生産部門、あるいは生産部門と流通部門が1つの企業内で行われている時、垂直統合されているといいます。本来別々の企業によって担われることも可能な各部門を1企業が内部に取り込んでいるとすれば、そこに何らかの経済的理由があるはずです。企業が垂直統合を行うことによって得られる利点は、大きく1）効率性の向上と2）市場支配力の拡大に分けて整理できます[1]。第1の効率性の向上の内容としては、各部門間での情報の円滑な活用、取引相手の短期的利害に左右された機会主義的行動によって生じうる損害の回避、部門の間に存在する外部性の内部化などがあげられています。これらの便益はしばしば、取引費用の節約から生ずるものと解釈されています[2]。第2の市場支配力の拡大の方は、上流部門と下流部門を自らの中に取り込むことによって価格支配力を増大できる場合に生じてきます。一方、垂直統合のコストの方も忘れてはなりません。各部門における専門知識・熟練の相対的低下や多くの業務を行うことによる効率性低下、他の企業との取引機会が制約されることによる非効率の発生などが、垂直統合の費用と考えられます。これらの便益と費用を勘案して、企業は垂直統合を行うかどうかを決定します。

この垂直統合の理論には、地理上の立地という切り口は直接入っていません。しかし、企業の内部化の度合い、あるいはアクティヴィティのどこからどこまでを1企業の中に取り込むかという企業の境界の設定を内生的に扱っているという意味で、ダニングのいう"O"と"I"の部分を経済理論の中で定式化する際に用いることができます。

1）詳しくは長岡・平尾（1998、第4章）などを参照してください。
2）取引費用の理論については Williamson（1985）を見てください。

産業立地論

　一方、ダニングの立地（"L"）に関する部分は、伝統的な国際貿易理論の中で長い間研究されてきました。とくに生産面での立地条件と産業立地の研究は、国際貿易理論の中心課題でした。第3章で解説したヘクシャー＝オリーン・モデルは、国によって異なる生産要素賦存比率に注目して立地論を展開したものです。第2章のリカード・モデルも、技術の違いが立地条件から生ずるものと解釈すれば、やはり立地論の一種と考えられます。一方、消費面に注目した立地論は十分に展開されてきたとはいえませんが、アイデア自体は少なくとも Linder（1961）まで遡ります。直接投資には市場に近いところに販売拠点を設けるというタイプのものも多く、消費面に関する立地条件も重要です。

　これらの従来からの国際貿易理論に基づく立地論に加え、近年は規模の経済性あるいは集積効果（agglomeration effect）を強調する立地論が、国際経済学者の主要な研究課題の1つとなりました。空間的な次元での経済活動の配置についてはかねてから経済地理や都市計画などの分野で研究が行われていましたが、国際貿易理論の文脈での先導役を務めたのがクルグマンの一連の研究です（Krugman（1991a）、Krugman（1995b）など参照）。そこでは、企業が地理的に集中立地することによって生ずる利益をモデルに取り込み、複数均衡が存在する場合や、過去における歴史的偶然によって現在の均衡が決まってくる場合（経路依存的（path-dependent）という）も生じてくるような理論モデルが分析されました。

　これらの立地論の発想は、直接投資の動機を分析する上で当然必要です。しかし、これと企業の内部化動機とを同時に分析しなければ、直接投資の全貌をとらえることはできません。

多国籍企業生成の内生化

　第5章で説明したように、国際貿易理論の文脈では「貿易と直接投資は代替的なのか、補完的なのか」という問題について、多くの研究がなされてき

ました。この問題を拡張して考えていけば、企業の販路選択の問題にもつながってきます。ある企業がその製品を外国市場で販売したいと考えた時、その企業は外国の輸入業者向けに直接輸出する（arm's-length export という）のか、それとも直接投資を通じて外国に販売拠点を設けてそこを通じて販売するのか、という選択に迫られます。また、生産活動の立地条件として外国の方が有利な場合でも、外国企業に技術ライセンスを販売（技術輸出）して生産させるのか、それとも直接投資によって外国に生産拠点を設けて自ら生産するのか、を決めなければなりません。

Horstman and Markusen (1992) は、ブランダー＝スペンサー・モデル（第9章参照）をベースとして、多国籍企業の生成の内生化を試みました。そこでは通常の限界費用に加え、企業特殊の固定費用、プラント特殊の固定費用、および輸送費を伴う技術が設定され、その下で2つの企業がクルノー＝ナッシュ競争を行うモデルが構築されています。企業およびプラントを単位として生ずる規模の経済性と輸送費の間の関係から、多国籍企業化せずに輸出のみを行う場合、海外にプラントを設けて多国籍企業化する場合など、いくつかの均衡が存在しうることを示しました[3]。

統合理論構築の試み

国際貿易理論本来の立地論と企業の内部化選択の分析をもっと有機的に接続すべき、というのが、最近の多くの貿易理論研究者が共有する問題です。そのための試みの1つが、R. W. ジョーンズ、A. V. ディアドルフらによるフラグメンテーション（fragmentation）の研究です。フラグメンテーションとは、「ある同一の最終生産物を生産するプロセスを、複数のステップに分割して、異なる場所に立地させること」（Deardorff (1998)）です。図14－1を見てください。上流の部品・中間財生産から下流の組立工程、さらに卸売、小売とつながる生産・流通過程の中で、企業はまず、上流のどこから

3）この方向での新しい理論動向を知りたい人は、Markusen (1995) および彼のその後の一連の研究を見るとよいでしょう。

図14-1　内部化選択とフラグメンテーション

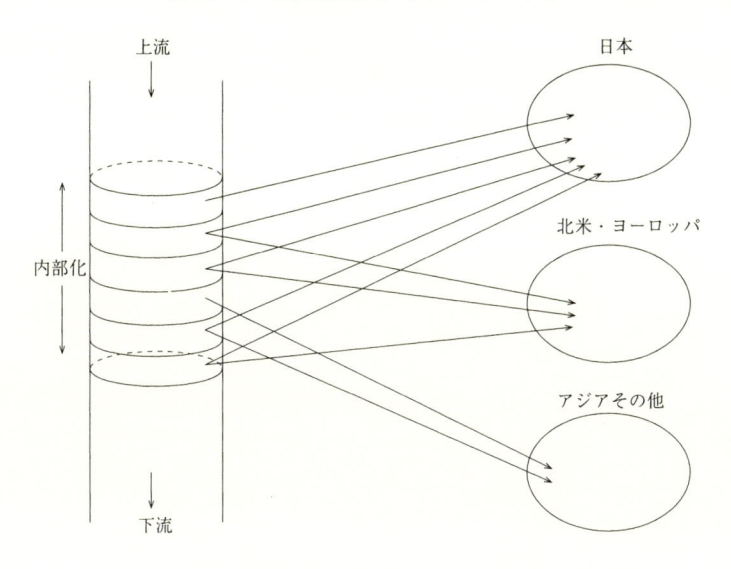

下流のどこまでを自らの中に取り込むかという内部化選択をします。その選択した円筒をさらに輪切りにして、それぞれに適した場所に立地させるのがフラグメンテーションです[4]。ここでは、生産・流通過程を輪切りにすることによって生ずるコストと、それぞれの断片を有利な場所に立地させるベネフィットとを比較考量し、最適なフラグメンテーションが選択されると考えるわけです。ここでは当然、異なる場所に立地された断片の間をつなぐ「サービス・リンク」(Jones and Kierzkowski (1990)) がいかにうまく機能するかどうかも大いに影響してきます。

このフラグメンテーションの研究では、1つの企業の活動が複数の場所にまたがって配置するという状況を想定しているという意味で、それ以前の理論よりも内部化と立地選択の問題により深く入り込んでいます。しかし、こ

---

4) 生産・流通過程の垂直的分業以外のフラグメンテーションもありえます。例えば第5章で解説した Helpman (1984) のモデルでは、本社サービスと生産ラインの間のフラグメンテーションが取り扱われていました。

図 14 - 2　内部化・立地選択と企業組織：例

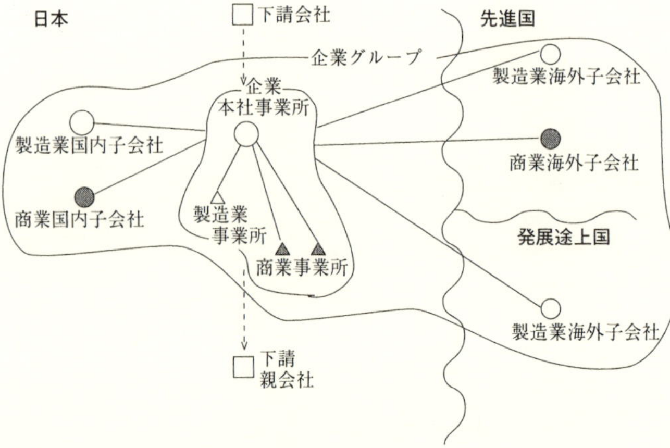

日本　　　　　□下請会社　　　　先進国
　　　　　　　　　　企業グループ　　　製造業海外子会社
　　　　　　　↓企業
　　　　　　　本社事業所　　　　　　商業海外子会社
　製造業国内子会社
　　　　　　　　　　　　　　　　　発展途上国
　商業国内子会社　製造業
　　　　　　　　　事業所
　　　　　　　　　　商業事業所　　　製造業海外子会社

　　　　　　　　　↓
　　　　　　　　□下請
　　　　　　　　　親会社

　こではまだ、企業が実際にどのような内部化選択を行っているのか、またその内部化選択に影響を与えるものは何であるのかについては、十分な検討がなされていません。現実には、内部化選択がなされてから立地選択がなされる、という順序で企業行動が決まってくるというよりは、内部化と立地は企業の持つ資質を考慮しながら同時に選択されていると考えるべきでしょう。

　また内部化選択は、上流に部品・中間財を供給してくれる企業があるか、下流に販売を任せられる流通業者がいるかなど、周囲にどのような企業群が存在しているかに依存してくるはずです。下請け・系列関係などを含めた周囲の企業との企業間関係と内部化選択との間には、密接な関係が存在しています。さらに、内部化といっても、他の場所に別の事業所を設けるのか、それとも国内子会社あるいは海外子会社を設立するのか、子会社の場合ならば100％子会社なのか他社とのジョイント・ヴェンチャーなのかなど、さまざまな内部化の態様の選択がありえます。

　図14-2には、内部化・立地選択を経て形成された企業組織の例を描いてみました。規模の大きな企業の多くは、本社事業所の他にいくつかの事業所

を持っています。さらに自らの外側に、国内子会社、海外子会社を保有している場合もあります。それらに加え、統計的には把握しにくい他企業とのアライアンス（提携）関係を結んでいることもあります。これら全体で、企業あるいは企業グループが組織されているのです。どのような内部化・立地選択がなされるかは、回りの企業とどのような関係が形成されているか、日本企業の場合ではどのような下請け関係が結ばれているかによって変わってきます。大規模な生産・流通ネットワークを内部に取り込む大きな企業が存在する反面、多くの機能を他企業に任せて自らをスリムにして効率的に活動する企業も存在します。直接投資における内部化選択の問題は、最終的にはこのような企業組織の問題に結びついていくのではないかと筆者は考えています。

3．直接投資をめぐる実証研究

このように、直接投資をめぐる理論研究はまだまだ発展途上の段階にありますが、実証研究の方もさまざまな困難に直面しています。とくに、直接投資の実態を把握するための統計資料が質、量ともに十分でないことは大きな問題です。直接投資には国際間の資金フローという側面と生産・販売拠点としての直接投資企業という側面の2つがありますが、どちらに関する統計データも大変不満足な状態にあります。それぞれの統計データの限界をよく理解した上で分析を進めていくことが必要です[5]。

直接投資をめぐる実証研究は、とくに多国籍企業研究の文脈で数多くなされてきました[6]。しかし、産業・マクロに積み上がるような公式統計に基づく実証研究、あるいは国際貿易理論の文脈での実証研究は、まだまだ発展途

---

5) 直接投資関係統計については木村（1997a）および北村・木村・新保・中島（近刊）で詳しく解説しました。
6) 過去の研究についてはDunning（1993）とCaves（1996）が詳しい文献サーベイを行っています。

上の段階にあります。以下では、国際貿易理論につながる形でなされてきた実証研究を便宜上4つに分類し、とくに日本の対外直接投資に関するものを中心にレヴューします[7]。

直接投資の動機に関する実証研究

第1のカテゴリーの実証研究は、直接投資の動機に関するものです。まず、日本の対外直接投資についての定性的分類を説明しましょう。直接投資の動機別分類はいろいろな人が試みています[8]が、ここでは大きく1）生産条件指向型、2）市場指向型、3）貿易政策回避型、4）グローバル・ネットワーク構築型の4つに整理してみます。

生産条件指向型というのは生産面での有利性を重視した直接投資のことで、資源開発目的のものや、低賃金労働を求めての投資などが含まれます。1980年代初めまでの日本の対外直接投資は、日本が比較劣位にある産業を中心とするものとされてきました。それら鉱業や繊維・衣料産業などの直接投資は生産条件指向型であったといえます。また、為替レートが増価したために国内生産が不利となり、生産拠点を海外に移す場合なども、この生産条件指向型に含まれます。さらに、アメリカに進出した企業の一部は、アメリカの研究開発資源の蓄積の利用を目的としたものとされていますが、これもこの分類に含めて考えることができるでしょう。

次の市場指向型は、逆に需要面での有利性に着目するものです。電子・電気製品、自動車など付帯サービスやアフターケアの必要な産業や、現地の需要動向に関するきめ細かい情報収集の必要な産業が現地に販売子会社を設立する場合などが、ここに含まれます。日本の対外直接投資の特徴の1つは、卸売業に分類される海外子会社が多く、しかもそれらの親会社の多くが卸売

---

[7]『三田学会雑誌』、90巻2号、1997年7月の直接投資に関する小特集は、参考文献を捜すという意味でも有用です。

[8] 例えば伊藤（1996、464〜468ページ）や小田（1997、207〜208ページ）を参照してください。

業ではなく製造業に属していることです[9]。したがって、このタイプの直接投資は、日本の対先進国向け直接投資を考える上でとくに重要です。

3番目の貿易政策回避型には、輸入制限政策を飛び越えて現地に生産拠点を設ける場合、あるいは現実にはまだ貿易政策は課されていないけれども将来発生しうる貿易摩擦を回避するために進出する場合[10]などが含まれます。自動車産業による直接投資などはその典型例といえるかもしれません。地域統合が形成された際の域外国からの直接投資にも、このタイプのものが数多く見られます。

最後のグローバル・ネットワーク構築型とは、総合商社や金融部門に見られるように、広域にわたって支店・子会社網を構築することによって利益を生み出そうとするものを指しています。製造業でも、為替変動に対するヘッジを行っている場合などは、このタイプに分類できます。

これら動機別分類の一部は、統計データを用いた分析によって識別可能です。例えばSazanami and Wong（1994）は、製造業部門のアジア・北米・ヨーロッパ向け直接投資を被説明変数、日本と各地域間の貿易量、相対的経済成長率、賃金比、為替レートを説明変数として、時系列データを用いて回帰分析を行っています。そこでは、アジアへの直接投資は賃金格差を主な動機とし、北米への直接投資は為替レートの変化を動機としている、との仮説に整合的な結論が得られています。

以上の議論は、OLIの枠組みでいえば、基本的には立地にかかわるものと解釈することもできます。立地選択についてはもっと精緻な実証研究が数多く行われています。その例としては、Smith and Florida（1994）、Head, Ries, and Swenson（1995）、Yamawaki, Barbarito, and Thiran（1998）が挙げられます。前二者は、日系子会社がアメリカのどこに立地しているかに

9）Yamawaki（1991）は、アメリカにおける日系販売子会社が日本の輸出増大に貢献したことを実証的に示しています。

10）保護主義台頭の恐れから行われる直接投資は"quid pro quo" investmentと呼ばれることもあります。詳しくはBhagwati（1988, p.80）を参照してください。

ついて、とくに集積効果に焦点を当てて計量分析を行い、産業レベルで集積効果があることを示しました。またヤマワキらは、日系子会社の立地をヨーロッパの国のみならず各国内の地域にまでおりて計量的に分析し、国の特性のみならず地域の特性も立地に影響しているとの結論を得ています。この種の分析では、ある特定地域に進出したかどうかを1と0で表した離散変数を被説明変数、立地条件に関する諸条件を説明変数とするロジット分析やプロビット分析がしばしば用いられます。さらに"O"や"I"の一部を表す親会社や子会社の特性が説明変数に含まれていることもあります。ただし、これらの回帰分析は因果関係を記述する理論モデルに支えられていないため、計量経済学上の問題が生じてしまうこともよくあります[11]。

最近では、理論モデルそのものの現実妥当性の検証を目指した論文も出始めています。例えば Markusen and Maskus (1999a, 1999b) は、アメリカの対外・対内直接投資企業のデータを用いて、プラント・レベルの規模の経済性および国際間輸送費の存在を踏まえた市場指向立地を特徴とする「水平的直接投資」と生産要素賦存比率の違いを利用しようとする「垂直的直接投資」とではどちらが優勢なのかを、実証的に検証しようと試みています。

直接投資の動機についての OLI のうち"O"と"I"についての実証研究は、まだわずかしか試みられていません。立地モデルの説明変数の中に親会社の研究開発投資などを導入することによって、"O"と"I"の一部を取り込もうという試みは以前からよくなされています。また、海外子会社が株式を100%保有する形で設立されるのか、それとも他の企業とのジョイント・ヴェンチャーという形をとるのかについても、かなりの研究蓄積があります。しかしこれらの研究では一般に、基本的な視点が海外子会社の方に置かれていて、親会社側から見た海外進出という視点からの分析はほとんどなされていません。データ制約の問題もありますが、親会社と海外子会社を一体のものと考えるアプローチが必要とされています。

---

11) ここではとくに、内生性、多重共線性などが問題となります。これらの計量経済学上の問題点とそれに対する対処方法については、蓑谷 (1997) などを見てください。

貿易と直接投資に関する実証研究

　第2のカテゴリーは、貿易との関連を考察する実証研究です。財の貿易と生産要素移動の代替性、補完性については第5章でお話ししました。そこで紹介した Kawai and Urata (1998) は、多くの製造業につき、日本の輸出入と直接投資の間に強い正の相関を見出しています[12]。

　これをさらに細かく分析するには当然、海外子会社が何をどこから仕入れて、どのように加工し、どこに販売しているかを見ていくことになるでしょう。しかし残念ながら、企業系列内取引や企業内貿易に関する統計データ、さらに何が貿易されているのかという情報は、少なくとも日系企業に関するものについては、ごくわずかしか得られません。Sazanami and Wong (1996) は、通産省の企業活動基本調査のデータなどを用いて、国内の企業内取引と企業内貿易の決定要因を分析し、国境をまたぐ場合とそうでない場合とで有意な説明変数が大きく異なってくるとの暫定的結論を得ています。

　この文脈の実証研究は、地理的に分散立地された親会社、子会社の間にどのようなサービス・リンクが設定されているのかを見ることになるわけで、データ制約も大きいですが、直接投資を含む企業活動の全体像を把握するために不可欠なものといえます。とくに1990年代に入って以来、半導体その他の電子部品は日本の輸入主要品目となっており、企業内取引あるいは日系企業同士の取引の実態を把握することは大変重要な課題といえるでしょう。

直接投資企業のパフォーマンスに関する実証研究

　第3のカテゴリーは、直接投資企業のパフォーマンスをめぐる実証研究です。直接投資企業のパフォーマンスが受入国別にどのように異なるか、同じ受入国でも進出企業の国籍によってどんな違いがあるのか、さらに現地企業との間でどのような差異があるのかは、政策論にもつながる重要な問題で

---

12) 深尾 (1995) は海外生産と輸出の代替性をめぐる実証研究のサーベイをしています。さらに最近は、個票データを用いた研究も行われるようになってきており、そこでも両者の補完性が検証されつつあります。

す。私がボールドウィンと行った一連の研究（Baldwin and Kimura (1998)、Kimura and Baldwin (1998)、Kimura (1998)）では、企業行動がその国籍によって異なる点に着目し、従来の居住者ベースの統計を補完するものとして企業国籍ベースの統計体系を提案しています。

　また、企業のパフォーマンスに関し精緻な統計的解析を行うにはどうしても、集計されたデータではなく個票レベルのデータ、すなわち1企業を1サンプルとするデータの利用が必要となってきます。できればそれがさらに工業統計の事業所レベルの個票とリンクしていて、生産関数の推計に必要な情報などが得られるとよいわけです。アメリカの対内直接投資については製造業センサスと対内直接投資企業のデータ、さらには対外直接投資企業のデータが個票レベルで接続されており、例えば企業国籍、あるいはアメリカ人の保有する企業でも海外子会社を持っているかどうかによってどのようにパフォーマンスが異なるかを分析した論文も発表されています（Doms and Jensen (1998)）。そこでは、1987年の全要素生産性その他の指標で計ったアメリカ国内の事業所のパフォーマンスは、アメリカ系多国籍企業が最も高く、以下、外資系企業、アメリカ系非多国籍企業の順となっていることが明らかにされました。日本での対外・対内直接投資についても個票データの分析が始まっており、新しい研究成果が報告されつつあります。

直接投資の厚生効果についての実証研究

　第4のカテゴリーは、直接投資の厚生効果についての実証研究です。この種の定量的実証分析はまだほとんど行われていないといっても過言ではありません。厚生効果測定は政策論を行う上で大いに役立つものですが、直接投資に関してはそれがなかなか難しいのです。問題は、直接投資が単なる資本移動ではなく企業特殊の生産要素の移動を伴うものであること、それがゆえに多国籍企業はしばしば市場支配力を有していて完全競争モデルでは分析しきれないこと、さらに計測の難しい技術移転の問題を避けて通れないところにあります。CGE（computable general equilibrium）モデルなどで直接投

資が取り扱われている場合もありますが、基本的には色のついていない同質的な資本が動くという設定のものがほとんどで、まだまだ十分ではありません。企業特殊資産が移動するという部分をどのように定量化していくかが今後の課題として残されています。

とくに、直接投資を受け入れる発展途上国がどのような影響を受けるかについては、強い政策的要請もあり、さまざまな研究者が取り組んでいます。直接投資の自由化を促進しようという立場からは、直接投資のホスト国に対する正のインパクトを検証しようという努力がなされていますが、実はそれほど明快な結論が出ているわけではありません。ごく大雑把に、マクロの成長パフォーマンスと直接投資受入の関係を見れば、もちろん正の相関が見出せます。しかし、この両者の間の因果関係の矢印の向きはそう簡単には検証できず、直接投資を受け入れたから成長した、とは必ずしも結論づけることができません。企業・事業所レベルの個票データを用いた研究では、少なくとも短期的には、発展途上国に先進国企業が直接投資をすると、競争力の劣る地場系企業のパフォーマンスはむしろ低下することもある、との結果が報告されています[13]。

また、外資系企業を通じての技術の移転あるいはスピルオーバーもホスト国への正の影響として期待されるものです。しかし、ケーススタディの域を出て数量的に検証する試みは、方法論上の困難もあり、必ずしも説得力のある結果を得ていません。直接投資は本当に望ましいものなのか、というごく基本的な問題についても、まだまだ実証研究の余地が残されています。

4．直接投資関連政策と投資ルール構築

第2次世界大戦後、国際通貨基金（International Monetary Fund：IMF）と世界銀行（International Bank for Reconstruction and Develop-

---

13) 例えば Harrison (1996b) などを見てください。

ment：IBRD）と並んで設立されるはずであった国際貿易機構（International Trade Organization：ITO）は、貿易と投資の双方の自由化を目的とするものでした。しかし、アメリカが批准に失敗したことなどによって結局ITOは成立せず、1948年、その貿易自由化の部分のみを引き継ぐGATTが多国間条約として発効したのです。実物面の国際商取引の自由化に、財貨・サービス貿易のみならず、投資を含めて考えるという発想は、きわめて早い時期から存在していたといえます。

　直接投資関連政策は国内政策という性格も併せ持っているため、国家主権の問題ともからみ、国際的な政策規律が確立されるには至っていません。しかし、企業活動の国際化が進行する現在、世界全体の効率性の観点から見れば、自由化促進が望ましいことは明らかでしょう。ただし、幼稚産業保護への配慮、競争政策上の手当てなどが同時に必要となってくることはいうまでもありません。自由化によって引き起こされる市場の失敗には十分な手当てをしなければなりませんが、大きな方向付けとして自由化を志向することには、大方の理解が得られるでしょう。

　しかし現状では、各国の直接投資関連政策はほぼ野放し状態です。国際間取引自由化の大原則である最恵国待遇（MFN）原則と内国民待遇（NT）原則すら、多国間協定のレベルでは確認されていません。とくに発展途上国では多くの直接投資関連政策が課されています。直接投資関連政策には大きく、海外子会社の設立・撤退に関するものと進出後の海外子会社の活動に関するもの（パフォーマンス規制といわれる）に分けられます。また、直接投資を規制・阻害するものとむしろ優遇・促進するもの、という分類も可能です。これらは多くの場合、市場を歪める効果を持っています。また、政策規律が課されていないことから、ホスト国側の官僚・政治家と寡占的な進出企業との間でさまざまなレント・シーキングが発生しがちであることも事実です[14]。

14）世界各国の直接投資関連政策については、日本貿易振興会が毎年出している『ジェトロ投資白書（世界と日本の海外直接投資）』を見てください。

前回のウルグアイ・ラウンド（1986〜93年）では直接投資のうちとくに貿易にかかわる部分についての政策規律が議論され、「貿易に関連する投資措置（trade-related investment measures）に関する協定（TRIM 協定）」が結ばれました。そこでは、ローカル・コンテント要求、輸出入均衡要求、為替規制、輸出制限といった措置を例示して、明示的に禁止しています[15]。しかしこれは、直接投資関連政策のほんの一部をカバーしているに過ぎません。

先進国を主要参加国とする OECD（Organization for Economic Cooperation and Development：経済協力開発機構）では、1995年5月から多数国間投資協定（Multilateral Agreement on Investment：MAI）策定のための作業が進められました。そこでは投資自由化、投資保護、紛争解決メカニズム構築を骨子とした協定の条文作りが行われ、将来的にはそれを発展途上国へも広げていくことが目指されました。しかし、交渉開始後3年を経ても合意を形成するに至らず、交渉は暗礁に乗り上げてしまいました。その後、投資をめぐる議論は WTO へと舞台を移すこととなりました[16]。

WTO では1996年12月に「貿易と投資に関する作業部会」が設置され、投資に関し今後 WTO がどのようにかかわっていくべきかについて、話し合いが持たれました。しかし、1999年12月の WTO 閣僚会議が新ラウンドの立ち上げに失敗したため、投資ルールに関する WTO の関与についても見通しの立たない状況にあります。

直接投資の担い手はほぼすべてが先進国企業であり、投資ルールが課されることによって政策変更を迫られるのはほとんどが発展途上国です。この非対称性から途上国は、直接投資を誘致したいという希望は強い反面、できれば政策に足かせをはめられることは避けたいとの思惑もあります。また、日本はまだ数カ国としか結んでいませんが、欧米諸国は途上国と数多くの2国間投資（保護）協定（bilateral investment treaty：BIT）をすでに締結し

---

15) 詳しくは、通商産業省の『不公正貿易報告書』などを見てください。
16) MAI については小寺（1998）が丁寧な解説を加えています。

ています。そのためアメリカなどは、2国間協定以上のものをWTO交渉で獲得できないのであれば、労働や環境問題を刺激しないという意味でも、WTOで投資ルールを取り上げる必要はないとしています。

このような事情から、経済学者の思惑とは異なり、直接投資関連政策についての政策規律をWTOベースで構築するには、まだしばらく時間がかかりそうです。

研究課題

(1) 直接投資の特殊性：直接投資と証券投資その他ではどのように性格が異なるか、考えてみよう。また、IMF統計（*Balance of Payments Statistics*）などから各国のデータを入手し、両者の動きの違いを検証してみよう。

(2) 仕向地別直接投資の違い：先進国向け直接投資と発展途上国向け直接投資とではどのような違いがあるか、調べてみましょう。

(3) 親会社の性格と直接投資：親会社の規模などによって、直接投資パターンはどのように異なってくるでしょうか。また、日系企業とアメリカ系企業とでは、どのような違いが見られるでしょうか。

(4) WTOと投資ルール：新聞などを通じて投資ルールをめぐる議論をたどり、その背景となっている政治経済学について考えてみよう。

第15章
地域経済統合と新しい国際経済体制

［この章のポイント］
- 国際通商政策チャンネルは、2国間交渉、地域経済統合、多角主義など重層的に成り立っており、それらは必ずしも整合的にできあがっているわけではない。
- 地域経済統合は、政策面の統合度に基づき、自由貿易地域、関税同盟、共同市場、経済共同体に分類される。現在、世界貿易機関（WTO）加盟国の約9割の国々は、何らかの地域経済統合に参加している。
- 地域経済統合は、適切な設定がなされれば、世界全体の自由化を促進し、厚生水準を高める方向に働きうる。しかしその過程で、域外国が被害を被ってしまう可能性も否定できない。1947年GATTの第24条も不完全な条項である。
- ウルグアイ・ラウンドの合意に基づき1995年に発足したWTOは、モノの貿易以外にも交渉分野を広げ、多くの発展途上国を取り込み、また紛争解決手続を整備することによって、多角主義の比重を高めることに成功した。
- WTOの基本理念は、1）外外差別の除去と内外差別の除去を柱とする政策原則による政策規律の貫徹、2）互恵性の原則に基づく交渉、3）「より深い統合」を指向する交渉範囲、4）紛争解決などの経常的活動の充実、という4点に集約される。

1. 重層的な国際通商政策チャンネル

1990年代に入ってからの貿易・投資をめぐる国際経済体制の変化には、じつにめまぐるしいものがあります。1つの大きな流れは、世界各地で起こっている地域経済統合への動きです。1980年代から1993年11月の欧州連合（European Union：EU）の成立、1994年1月の北米自由貿易協定（North American Free Trade Agreement：NAFTA）の発効へと連なる地域主義（regionalism）の台頭は、発展途上国をも巻き込んだ大規模なものとなってきています。一方、1994年の関税と貿易に関する一般協定（General Agreement on Tariffs and Trade：GATT）の下でのウルグアイ・ラウンドの調印と1995年1月の世界貿易機関（World Trade Organization：WTO）体制の発足は、多国間の国際経済体制、多角主義（multilateralism）を一新するものとなっています。

現在の国際通商体制の特徴は、さまざまなレベルの経済的取り決めが重層的に共存していることです。各国の貿易交渉の当事者たちは、国際通商体制の重層性を十分に認識し、問題ごとに自らに有利なチャンネルを選択するようになってきています。WTOが成立したからといって、それが2国間交渉や地域経済統合よりもつねに上位に位置付けられる「憲法」のようなものだと考えてしまったのでは、現在の国際通商政策体系の本質を見誤ることになります。

例えばアメリカの場合、国際通商政策を明示的に4つのチャンネルに分けて、問題ごとに適切なチャンネルを選んで対応してきました。4つのチャンネルとは、1）一方的（unilateral）措置、2）2国間（bilateral）交渉、3）地域（regional）経済統合、4）多角的（multilateral）交渉のことです。「ユニラテラル」とは、悪名高いスーパー301条や、一応GATT整合的と主張される反ダンピング措置など、アメリカが単独で施行してしまうタイプの通商政策です。「バイラテラル」とは、日米構造協議などに代表されるような、2国間の協議を通じて自らの通商政策上の目的を達成しようとする

ものです。「リージョナル」は NAFTA など、「マルチラテラル」は WTO などの場を用いて進められるチャンネルです。かねてからアメリカは、GATT を場とする多角的交渉を行いつつ、2 国間交渉に軸足を置いた通商政策を推し進めてきました。1980年代後半に入ると一方的措置の整備が進み、さらにウルグアイ・ラウンド（1986〜94年）の交渉難航をきっかけとして NAFTA という地域のチャンネルも併設するに至りました。1995年の WTO 成立後はマルチラテラルのチャンネルのウェイトが高まっていますが、もちろん他のチャンネルを放棄したわけではなく、4つのチャンネルをうまく使い分けていこうとする基本的なスタンスに変化はありません[1]。

ヨーロッパ諸国の場合には EU という強力な地域経済統合ができあがっていますから、アメリカ以上にリージョナルのチャンネルが太い状況です。

オーストラリアとニュージーランドも1990年に豪州・ニュージーランド経済緊密化協定（Australia-New Zealand Closer Economic Relations Trade Agreement：CER または ANZCERTA）を発足させましたから、もっぱらバイとマルチだけで通商政策を行っている主要先進国は日本のみということになります。

自由化を促進するために地域主義と多角主義は補完的関係にあるといわれることも多いのですが、両者の関係はそれほど単純ではありません。地域経済統合は、統合参加国を選別し、参加国と非参加国を差別的に扱うことにその眼目があるわけで、GATT＝WTO の無差別原則とは最初からあいいれない性格を持っているのです。本章では、新しい動きにも言及しながら、国際通商体制における地域主義と多角主義をどのように経済学的に考えていけばよいかについて議論します。

---

[1] アメリカ通商代表部（United States Trade Representative：USTR）の年次報告書（USTR（1997））を見ると、目次立てそのものがこの4つのチャンネルに分けて構成されていることに驚かされます。

2. 地域経済統合とは何か

　まず地域経済統合の概念について、かいつまんで説明しておきましょう。一般に地域経済統合は、次の4つに分類されます。第1は自由貿易地域（free trade area）です。これは、参加国相互の貿易は完全に自由化するけれども、域外国に対しては各参加国が独自の貿易障壁を設定するというものです。NAFTAやCER、ASEAN自由貿易地域（ASEAN Free Trade Area：AFTA）などは、この自由貿易地域に当たります。第2は関税同盟（customs union）です。これは、参加国相互の貿易を完全に自由化するのみならず、域外国に対し共通の貿易障壁を設けるというものです。貿易に関しては1つの統合された経済単位として行動するようになるわけです。1995年1月に発足した南米南部共同市場（El Mercado Comun del Sur：MERCOSUR）などがこれに含まれます。第3は共同市場（common market）です。これはモノの貿易のみならず、労働を含む生産要素の国際間移動をも自由にしようというものです。第4は経済共同体（economic union）です。ここではさらに、経済関係機関の統合や細かい経済政策のコーディネーションまで行われます。通貨単位の統一を含む場合には、通貨共同体（monetary union）とも呼ばれます。EUはこの第4のカテゴリーに分類されます。なお、GATT上は自由貿易地域と関税同盟という2種類の分類がなされており、EUも関税同盟とされています。アジア・太平洋経済地域協力（Asia-Pacific Economic Cooperation：APEC）もやはり貿易自由化を目標の1つとするものですが、域内の貿易障壁削減を域外国にも無差別に適用する「開かれた地域主義（open regionalism）」をとるとしていますから、GATT上は地域経済統合とはみなされません。

　Bhagwati（1993）は、地域統合の動きが盛んになった1960年代と1980年代をそれぞれ「第1の地域主義」、「第2の地域主義」と呼んでいますが、1990年代にはさらに地域主義への指向が高まりました。1990年以降、70件以上の地域貿易協定の形成がGATTに通報されています。これらの中には2

表15-1　世界貿易に占める地域統合の割合

(モノ分野、単位：10億ドル)

	輸出額			輸入額		
	1997	(%)	1990-7	1997	(%)	1990-7
世界	5305	(100.0)	7	5470	(100.0)	7
北米	903	(17.0)	8	1101	(20.1)	8
（米国）	689	(13.0)	10	899	(16.4)	9
南米	270	(5.3)	10	319	(5.8)	15
西欧	2276	(42.9)	5	2263	(41.4)	4
アジア	1379	(26.0)	9	1321	(24.0)	9
（日本）	421	(7.9)	6	339	(6.2)	5
（中国）	183	(3.4)	17	142	(2.6)	1.5
EU(15)	2105	(39.7)	5	2070	(37.8)	4
NAFTA(3)	1012	(19.1)	9	1204	(22.0)	9
MERCOSUR(4)	82	(1.5)	9	102	(1.9)	20
ASEAN(7)	352	(6.6)	14	371	(6.8)	13
APEC(18)	2182	(41.1)	9	2349	(42.9)	10

注：1990-7：増加率（%）

	輸出額			輸入額		
	1997 (10億ドル)	域内輸出(%)	域外輸出(%)	1997 (10億ドル)	域内輸入(%)	域外輸入(%)
EU(15)	2105	60.8 (4)	39.2 (7)	2070	62.0 (4)	38.0(5)
NAFTA(3)	1012	49.0(11)	51.0 (7)	1204	3909(11)	60.1 (7)
MERCOSUR(4)	82	24.4(25)	75.6 (6)	102	20.5(26)	79.5(18)
ASEAN(7)	352	23.6(17)	76.4(13)	371	18.6(16)	81.4(12)
APEC(18)	2182	73.2(10)	26.8 (7)	2349	70.8(11)	29.2 (8)

注：域内／域外輸出、域内／域外輸入の（　）内は1990-7の増加率 (%)。
原出典：WTO, *WTO Annual Report 1998.*
出所：通商産業省（1999、333ページ）。

国間の自由貿易協定や EU と単独国との間の協定なども多数含まれています。現在 WTO 加盟国の約9割は何らかの地域統合に参加しており、全く参加していないのは日本、韓国などごく少数のみです。表15-1は、主要な地域経済統合が世界の財貨貿易に占める割合を示したものです。上の表の下の部分は各地域統合に参加する国の総輸出額、総輸入額を示したもの、下の表はそれを域内貿易と域外貿易とに分けたものです。地域統合ではありませんが、参考のために APEC も含めてあります。いかに広範な貿易が地域統

合とかかわっているのか、よく認識しておく必要があります。

なお、政策としての経済統合がなされても、それによって本当に参加国の経済が実態として「統合」されるとは限りません。もともと経済の結びつきが小さい国同士の場合や発展局面が大きく異なる国同士の場合には、そう簡単に純経済的な意味で経済が統合されるわけではありません。また、仮にモノの貿易が完全に自由になったとしても、参加国経済が全体として一国経済のようになるとは限りません。純粋に経済的な意味で統合度を測るとすれば、財・サービスや生産要素の価格が参加国の間でどの程度平準化されるか、またそれを生み出す動きとして、国際取引チャンネルの多様化がどの程度進むかが問題となってきます。このような経済の実態面としての経済統合については、木村（1997b）で若干の議論をしましたので、興味のある方はご覧ください。

3．地域経済統合の理論

次に、経済理論は地域経済統合をどのように扱っているかを見ていきましょう。そもそも地域経済統合というのは、理論モデルを書こうと思うとずいぶんと込み入った設定を行わざるをえないトピックです。すでに何らかの貿易障壁が存在する状態から出発するので、統合前から市場は歪んでいます。さらに統合後も、世界全体の貿易障壁を撤廃するのではなく、統合参加国の間だけで自由貿易となるのです。市場が歪んでいる状態からもう1つの歪んでいる状態に移行するのですから、一般に一国ごとあるいは世界全体の厚生水準が上昇するという保証はありません。また、少なくとも3国以上を含むモデルを組まなくてはなりませんから、モデルはどうしても大きくなります。こんな事情から、明快な結論を得るのはそもそも難しいのです。

こういう時は、なるべく標準的なモデルに戻り、一番ありそうなシナリオに従って理論的直観をなぞってみるのが一番です。以下では、De Melo, Panagariya, and Rodrik（1993）を参考にしながら、経済統合をめぐる理

図15-1　自由貿易協定の厚生効果

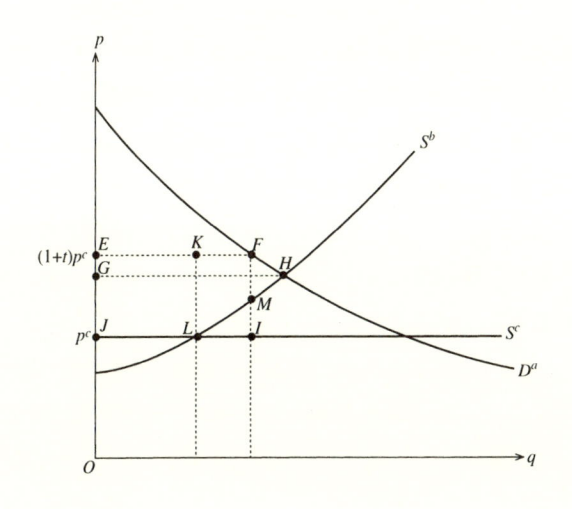

論を整理していきます。

　第1に、地域経済統合は厚生を高めるものと考えられるでしょうか。答えは、多くの場合高めると考えてよいが、かえって低下してしまうこともありうる、となります。これは、ヴァイナーの「関税同盟の理論」(Viner (1950)) が主張するところです。図15-1を見てください[2]。A国、B国、C国を含む3国モデルを考えます。ある商品についてのA国の需要曲線を D^a、B国、C国からの輸入供給曲線を S^b、S^c とし、A国はその商品をもっぱら輸入に頼っているものとします。自由貿易協定締結前、A国は従価関税 t を一律に課していて、B国から EK、C国から KF だけの輸入を行っていました。ここでA国とB国が自由貿易協定を結び、両国の間の関税が撤廃されたとします。従来のC国からの輸入はB国からの輸入に置き換えられ(貿易転換 (trade diversion) 効果)、一方A国の総輸入量は GH へと増加

---

2) ここではB国からの輸入供給曲線が右上がりのケースを示しています。通常教科書で用いられるヴァージョンはそれが水平なケースです。それについては、例えば木村・小浜 (1995、161〜162ページ) を見てください。

(貿易創出 (trade creation) 効果) します。A国については、消費者余剰が $EFHG$ だけ上昇する一方、関税収入が $EFIJ$ だけ減少しますから、この図の場合には厚生低下がみられることになります。一方B国については、$GHLJ$ だけ生産者余剰が増加します。自由貿易地域全体としては、FHM だけの厚生上昇と MIL だけの厚生低下がもたらされます。これが正となるか負となるかは、一概には決められません。このように、地域経済統合により統合当事国の厚生が低下してしまう場合も、理論上はありうるのです。ましてや域外国は貿易転換による被害を受ける可能性があるわけですから、世界全体としても厚生が低下するかもしれません。

もっとも、以上の議論はモノの貿易の自由化だけを考慮したもので、しかも時間を通じた動学的効果も無視しています。過去、EUやNAFTAについて行われた実証的シミュレーションによれば、このような静学的厚生効果はごく微少なものでしかありません。しかし、生産面に規模の経済性を入れたり、資本移動の効果を加えたり、あるいは成長率に対する動学的効果を加えると、経済統合の正の厚生効果ははるかに大きくなります[3]。統合参加国の経済が順調に成長すれば、域外国にも正の効果が及んできます。したがって、静学的な貿易転換から域外国が被害を受けるというシナリオをあまり強調しすぎるのも問題でしょう。

第2に、厚生水準を高めるような経済統合をデザインすることはできるのでしょうか。この問題については、Kemp and Wan (1976) などの一連の研究により、ごく標準的なセッティングの下で可能なことが証明されています。直観的に説明すれば、域外国との貿易量が不変となるような関税体系を課しながら、域内で厚生が高まるような貿易自由化を進めるならば、世界全体の厚生は確実に上昇するわけです。これにさらに、域内国の間での所得再分配が可能ならば、すべての国の厚生を下げずに世界全体の厚生を上げるよ

---

3) 各種の実証的シミュレーションについては、木村・小浜 (1995、第8章) やBaldwin and Venables (1995) を参照してください。

うな経済統合を設計することができます。

　第3に、一方的貿易障壁削減よりも地域経済統合が選択されるのはなぜでしょうか。先の図15－1も含め、標準的なモデルでは、経済統合よりもすべての貿易障壁を取り払ってしまった方が、世界全体の厚生のみならず、当事国自身の厚生も高めることができるとの結論が得られます。それにもかかわらず現実には地域経済統合が志向されるわけで、それなりの説明をしなければなりません。これには、小国がヨーロッパや北米などの巨大な統合相手国市場へのアクセスを確保しようとする場合など、純経済的な動機ももちろん考えられます。しかしそれに加え、政治的あるいは政治経済的動機も考慮すべきでしょう。まず、EUの例に明らかなように、外交・国防上の配慮が経済統合の大きな動機となっている場合もあります。さらに、統合によって国際政治経済の文脈での交渉力や支配力を強化したいという動機も無視できません。また何よりも、経済統合を進める過程で、自国の抱えている非関税障壁などの問題点を洗い出し、外圧をもって国内の政治経済学をうち破って改革を進めることができるという利点も、大いに強調しておかねばならないでしょう。

　第4に、世界経済がブロック化し、ブロック間で貿易戦争が巻き起こったとすると、どうなるでしょうか。Krugman（1991b）は経済ブロック間で最適関税をかけ合うような極端な貿易戦争のシナリオを想定し、経済ブロックの数と世界全体の厚生水準の関係を分析しました。ここでは、各経済ブロックの大きさは同じであるとし、1つの経済ブロックの中の関税はすべて撤廃されるという設定がなされています。世界全体が1つの経済ブロックとなっている場合は、完全な自由貿易均衡が達成されるわけですから、厚生は最大となります。一方、経済ブロックの数が無限大に近づいていくと、それぞれの経済ブロックが「小国」になっていきますから、最適関税はゼロに近づき、したがってやはり厚生は最大水準へと収束していきます（図15－2参照）。問題は、経済ブロックの数が1と無限大の間にある場合です。クルグマンの設定では、ブロックがちょうど3つの時、世界全体の厚生が最も低く

図15-2 経済ブロックの数と世界全体の厚生

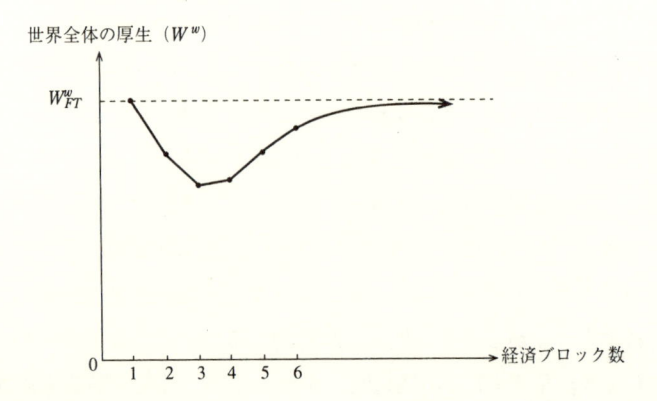

[図: 縦軸「世界全体の厚生（W^w）」、W^w_{FT}の水平線。横軸「経済ブロック数」1〜6。曲線は1でW^w_{FT}、3〜4で最低、以降上昇してW^w_{FT}に漸近]

なるとの結論が得られました。この3という数字が意味深長であったために、この論文は大変話題を呼びました。

Kennan and Riezman（1988）はさらに恐ろしいシナリオの可能性を示しました。クルグマンの設定では経済ブロックの大きさは同一となっており、貿易戦争になれば自由貿易の場合に比べ、どの経済ブロックの厚生も低下します。しかし、経済ブロックあるいは国の大きさが極端に非対称である場合には、大きな経済ブロックにとっては貿易戦争を行った方が自由貿易を行うよりも厚生が高くなるケースが存在することを、彼らは示したのです。大きな国は、小さな国からの輸入品に関税をかけることによって、容易に交易条件を自国に有利に設定することができます。それに対し小さな方の国は、価格に影響を与えることは難しく、最適関税を計算してもほとんどゼロに近いものにしかなりません。したがって、大きな国が交易条件をコントロールすることによって小さな国を搾取する、というシナリオも理論上ありうるのです。幸い最近は、アメリカやEUも自由化への積極的な姿勢を示しているため、世界経済のブロック化への懸念は薄らいでいます。しかし、大きな市場支配力を持ちうる北米とEUの動向にはつねに注意を払っておく必要がありますし、地域主義への過度な傾斜を抑えるために多角主義の枠組みであるWTOを支えていくことも重要です。

以上の議論をまとめると、地域経済統合はうまくデザインされれば、世界全体の自由化を促進し、厚生水準を高める方向に働きうるといえます。しかしその過程で、域外国が被害を被ってしまう可能性も否定できないので、それを未然に防ぎ、かつ事後的にも補償措置がとれるような制度的環境を整えておくことが重要と考えられます。

4．地域主義とWTO

　それではGATT＝WTOの枠組みの中で地域主義はどのように扱われているのでしょうか。自由貿易地域と関税同盟を無差別原則についての例外として規定しているのが1947年GATTの第24条です[4]。この条項がGATT＝WTOの体系と地域主義の整合性を保つために置かれているのですが、その内容、運用とも大いに問題を抱えたものとなっています。ここでは、「構成領域間の貿易を容易」にすることを目的とし、かつ「そのような領域と他のGATT締結国との間の貿易に対する障害を引き上げること」を目的としない限りにおいて（第24条4項）、一定の要件の下に自由貿易地域と関税同盟の締結が認められています。以下、Hoekman and Kostecki（1995、pp.218-223）とGrimwade（1996、Chapter 7）を参考に第24条の内容を3点に整理し、そこに内在する問題点を挙げていきます[5]。

　第1に、締結前と比べ締結後の域外向け貿易障壁が高くなってはならないということが規定されています。これは、貿易転換効果により域外国が受ける被害をなるべく回避するという意味で最低限必要な規定です。しかし、この規定の1つの問題点として、関税同盟の場合の条文の「全般的な水準」の解釈があいまいであること、関税以外の通商規則の扱いが不明確なことが、

4）条文は外務省経済局（1995、970〜977ページ）に載っています。また、通商産業省通商政策局（1999、第15章）は第24条の問題点をわかりやすく説明しています。

5）GATT第24条以外にも、サービスの国際間取引と地域経済統合に関するGATS第5条など、同種の規定がいくつか存在します。

かねてから指摘されています。

　第2に、第24条は、自由貿易地域や関税同盟を作る以上、「妥当な期間内」に関税その他の制限的通商規則を構成地域間の「実質上すべての貿易」について廃止することを求めています。もし部分的域内自由化が許されるならば、従来は域外から輸入されていた商品についての域内障壁を選択的に撤廃することが可能となってしまいます。この規定は、そのような恣意的地域統合を認めないという目的で設けられています。しかし問題は、「実質上すべての貿易」の定義があいまいであり、またどのくらいの期間で完全な域内自由化を達成しなければならないかが明記されていないことにあるとされてきました。

　第3に、第24条は、上記の用件が満たされているかどうか審査するための作業部会を設置できるよう、自由貿易地域や関税同盟の結成をGATTに報告することを義務づけています。この規定に基づきこれまでも作業部会は設けられてきたのですが、そのつど第24条の解釈をめぐり対立が生じ、作業部会の結論のほとんどは両論併記という形となっており、また同条に基づいた勧告は1件もなされたことがありません。

　この第24条については、上に指摘した他にも諸々の問題点が指摘されています。まず、そもそも理論上、域外向け貿易障壁の高さが変わらなくても、貿易転換効果によって域外国が被害を受ける可能性があります。域外向け貿易障壁を変化させないだけでは十分でないのです。また、域外国の特定産業が貿易転換によって被害を受けた場合の事後的審査や補償措置の可能性は何ら規定されていません。さらに、地域統合が世界全体の自由化に向かう過程であると主張するならば、域外国が参加したいといってきた時には原則として認めるべきとの考え方も成り立ちうるわけですが、域外国の参加希望の扱いについての規定はありません。加えて、1979年に発展途上国間の地域貿易協定については広範な例外が認められているのですが、その解釈をめぐっても見解の相違が存在しています。

　ウルグアイ・ラウンド交渉の過程で第24条の解釈についても話し合いが持

たれ、関税同盟結成の際の関税率の計算には貿易量を考慮した加重平均を用いること、地域統合完成は原則10年以内とすることなどが了解事項とされました[6]が、まだ十分な制度的整備がなされていないことは明らかです。NAFTAの原産地規則（rules of origin）の強化の問題（通商産業省通商政策局（1999、356〜358ページ））などさまざまな関連紛争案件も生じてきており、根本的な解決が望まれる分野であることは確かです。しかしアメリカとEUが地域統合の当事者である以上、実効性のある第24条の改訂は難しいのが現状です。

McMillan（1993）は、Kemp and Wan（1976）の議論を踏まえ、対域外国の貿易障壁を高めないことを基準とするのではなく、域外国との貿易量が減少しないことを条件として、経済統合の審査をすべきとの提案を行っています。これはある意味で「結果主義」に基づく制度となってしまうかもしれませんが、それなりに説得力のある提案だと思います。しかし、今や財の貿易だけではなく、直接投資の転換効果なども起きてきているとすれば、理想的な制度改革はますます難しくなってきているといえるでしょう。

5．ウルグアイ・ラウンドとWTO体制の成立

WTOについては第13章以降あちこちで触れてきたので話が前後してしまいますが、以下ではWTOを中心とする多角主義の概要についてお話しします。

第2次世界大戦の末期から戦後にかけて、世界経済秩序の根幹をなす国際機関として、世界銀行、IMFとともに国際貿易機構（International Trade Organization：ITO）の設立が計画されました。このITOは、1930年代の世界経済のブロック化が第2次世界大戦の一因となったとの反省から、貿易

6）外務省経済局（1995、52〜59ページ）、外務省経済局国際機関第一課（1996、77〜84ページ）などを参照してください。

と投資の自由化を世界規模で進める機関として計画されました。しかしITOは、米国議会が批准しなかったために実現に至りませんでした。結局、そのITOによって担われる予定であった通商協定としてのGATTのみが発効し、モノの貿易に関する障壁の削減および市場アクセスに関する公平性の確保を目的として、事務局が設けられて暫定的な活動が行われてきたわけです。1995年1月、ウルグアイ・ラウンドの合意（マラケシュ協定）に基づき正式な国際機関としてのWTOが設立されて初めて、協定に基づく正式な事務局が設置されました。GATTからWTOとなったことによって、組織の国際法上の地位は大きく変わったわけですが、ジュネーブのGATT事務局の建物とスタッフは基本的にはそのまま継承されています。

GATTは「自由、無差別、多角、互恵」を基本原則として、1947年以来8回にわたる多角的貿易障壁削減交渉を主導してきました。1986年に開始された第8回目のウルグアイ・ラウンドは、ケネディ・ラウンド（1964〜67年）、東京ラウンド（1973〜79年）に至るそれまでのラウンドと比べると、次のような点に特徴がありました。第1に、カバーする交渉分野が大幅に拡大されました。表15‐2を見てください。東京ラウンドまでは主としてモノの貿易を対象として自由化が推し進められてきたのですが、ウルグアイ・ラウンドでは、モノのなかでも交渉が遅れていた農業、繊維製品などの分野についても話し合いが持たれ、さらにサービスの貿易に関する一般協定（General Agreement on Trade in Services : GATS）、貿易に関連する投資措置（Trade-Related Investment Measures : TRIM）、知的所有権の貿易関連の側面（Trade-Related Aspects of Intellectual Property Rights : TRIPS）など、モノの貿易を超える新分野についても合意が成立しました。

第2に、協定受諾国の数が東京ラウンドの場合よりはるかに多くなり、発展途上国を大幅に取り込むものとなりました。交渉参加国数だけをみると、東京ラウンドの99カ国に対しウルグアイ・ラウンド交渉参加国は124カ国と、それほど変わっていません。大きく変わったのは、東京ラウンドまでは各国が細かい協定ごとに受諾するかどうかを決めることができたので協定受諾国

表15-2　主要なラウンドにおける交渉分野

(協定等が策定された分野)

	ケネディ・ラウンド (64〜67)	東京ラウンド (73〜79)	ウルグアイ・ラウンド (86〜94)
関　税	＊	＊	＊
関税評価	＊	＊	＊
アンチ・ダンピング	＊	＊	＊
TBT（スタンダード）		＊	＊
ライセンシング		＊	＊
補助金及び相殺措置		＊	＊
農　業	＊	＊	＊
原産地規則			＊
船積前検査			＊
セーフガード			＊
TRIM			＊
繊維製品等			＊
GATT条文		＊	＊
紛争処理		＊	＊
貿易政策レビュー			＊
サービス貿易			＊
TRIPS			＊
政府調達		＊	＊（注）
民間航空機		＊	＊（注）
国際酪農品		＊	＊（注）
国際牛肉		＊	＊（注）

注：ウルグアイ・ラウンドと並行して交渉が行われた。
出所：通商産業省通商政策局（1996、12ページ）。

はおおむね先進国に限られる傾向があったのに対し、ウルグアイ・ラウンドでは一括受諾方式（single undertaking）がとられたために発展途上国にも諸規定（協定書のAnnex 1AからAnnex 3まで）が適用されるようになったことです。1999年2月末の段階で、WTO加盟国・地域は134、受諾手続き中の国が0、WTO加盟申請中の国が31となっています（通商産業省通商政策局（1999、492ページ））。

　第3に、貿易政策・措置をめぐる紛争解決手続が大幅に改善されたことがあげられます。旧GATTの下でも紛争解決手続の制度はありましたが、パネルの報告書の採択が理事会におけるコンセンサス（全会一致）によってい

たために当事国が反対しただけでも決定が行われないなど、不完全なところがありました。それが今回の整備によって迅速化、自動化が計られ、少なくとも規定上は紛争処理能力が大幅に強化されました。

第4に、ウルグアイ・ラウンドの成果としてWTO協定（Marrakesh Agreement Establishing the World Trade Organization：世界貿易機関を設立するマラケシュ協定）が結ばれ、正式な国際機関であるWTOの下に多国間アプローチが集約されるようになったことを、繰り返しあげておきたいと思います。

図15-3は、マラケシュ協定の構成を示したものです。それぞれの項目の内容には不十分なところも多々ありますが、少なくともこれだけの広範な枠組みを発展途上国も含めた多くの国が受け入れたというだけでも、大きな前進であったといえます。

6．WTOの基本理念

WTOはきわめて複雑な構造を持つマラケシュ協定に基づいて成立しており、その活動の全貌をつかむのは容易なことではありません。しかし多くの通商問題がWTO抜きに語れなくなってきた現在、それを経済学的に理解・解釈しておくことは大変重要だと思います。前節の内容と若干重複するところもありますが、改めてWTOの基本理念をまとめておきます。

第1に、WTOは加盟国政府の通商関連政策に一定の規律を課すことを目的としており、その政策原則は大きく、「外外差別の除去」と「内外差別の除去」という2つの柱からなっています。前者の外外差別の除去とは、外国人Aと外国人B、あるいは外国製品Aと外国製品Bとを差別するような政策は除去すべき、というものです。これが最恵国待遇原則（most-favored-nation (MFN) principle）と呼ばれているものです。後者の内外差別の除去とは、内国民に比して外国人を差別的に扱うとか、国産品に比べて外国製品を不利な条件下に置くというようなことをやめる、ということです。モノ

図15-3　マラケシュ協定（WTO協定）の構成

```
世界貿易機関を設立するマラケシュ協定（WTO設立協定）
├── 物品の貿易に関する多角的協定 [ANNEX 1A]
│      ├── 1994年の関税及び貿易に関する一般協定
│      │    （1994年のガット）
│      ├── 農業に関する協定
│      ├── 衛生植物検疫措置の適用に関する協定（SPS）
│      ├── 繊維及び繊維製品（衣類を含む）に関する協定
│      ├── 貿易の技術的障害に関する協定（TBT）
│      ├── 貿易に関連する投資措置に関する協定（TRIM）
│      ├── アンチ・ダンピング協定
│      ├── 関税評価に関する協定
│      ├── 船積み前検査に関する協定（PSI）
│      ├── 原産地規則に関する協定
│      ├── 輸入許可手続に関する協定
│      ├── 補助金及び相殺措置に関する協定（SCM）
│      └── セーフガードに関する協定
├── サービスの貿易に関する一般協定（GATS）[ANNEX 1B]
├── 知的所有権の貿易関連の側面に関する協定（TRIPS）[ANNEX 1C]
├── 紛争解決に係る規則及び手続に関する了解 [ANNEX 2]
├── 貿易政策検討制度（TPRM）[ANNEX 3]
└--- 複数国間貿易協定 [ANNEX 4] *
        ├── 民間航空機貿易に関する協定
        └── 政府調達に関する協定
```

注：国際酪農品協定及び国際牛肉協定については、1995年から3年間有効とされていたが、1998年以降の延長はしないとの決定がなされたため、1997年末に失効している。
出所：通商産業省通商政策局（1999、491ページ）。

の貿易で言えば自由貿易がそれに当たり、その他の分野では内国民待遇原則（national treatment（NT）principle）と呼ばれるものがそれに対応します。この2つの政策原則は、例外的状況はもちろん考えられますが、経済学上もおおむね守るべき大原則と考えられます。GATT/WTOにおいても、

さまざまな例外規定は設けられてはいますが、基底となる政策原則として全体を貫いています。

　もう1つ、「内外差異の除去」すなわち経済制度の国際間収束（convergence）も、3番目の政策原則として扱われている場合があります。確かに、経済活動が国境を越えて行われる場面が増えると、経済制度が各国共通であった方が便利な場合も多くなってくるでしょう。しかし経済学は、経済制度が過去の歴史的背景や発展段階によって多様性を有することも認識しており、制度の国際間差異にも一定の評価を与えています。その意味で、経済制度がすべて共通とならなければならないという理論的根拠は存在しません。分野ごとにケース・バイ・ケースで対応していくべき、というのが経済学の立場であり、WTOもおおむねその原則の下で活動しています。

　第2に、WTOにおける貿易自由化交渉は、互恵性（reciprocity）の原則の下に進められることになっています。互恵性に基づく交渉とは、交渉当事国がお互いに譲歩を出し合いながら自由化に向けての合意を形成していくというものです。これは、一部の国が他国の自由化努力にフリーライドしてしまうことを防ぐということでもありますし、また、お互いに国内事情によって自由化しにくい部分を指摘し合って意図的に「外圧」を作り出そうとするものでもあります。それを多角的に進めることによって、2国間交渉の場合には歪んでしまいがちな自由化プロセスを理念に基づいて行おうとすることになります。

　第3に、WTOの交渉範囲は、モノの貿易から出発して、次第にその他の分野へと拡張され、「より深い統合（deeper integration）」を目指すものとなりつつあります。もともとの守備範囲はあくまでも「貿易」にかかわるものに限定されていました。しかし、企業活動の国際化や国際取引チャンネルの多様化に対応して、従来は純粋に国内政策とみなされていた政策分野の一部にもWTOの政策規律が及ぶようになってきています。ウルグアイ・ラウンドの合意のなかでも、例えば知的財産権に関するTRIPSなどは、国内政策の色彩がかなり強い部分に踏み込んでいます。また最近では、労働や環

境の国内政策にWTOがどのようにかかわっていくべきか、という問題を生みだしています。将来、マルチの政策原則と国家主権との間の摩擦も問題となってくる可能性があり、いずれかの段階で国内政策との線引きも必要となってくるでしょう。

第4に、地味な部分が大きいのですが、WTOの経常的活動も重要です。WTOは、大規模な多角的交渉の事務局という仕事ももちろんやっていますが、それ以外に、各国がすでに自由化約束をしたものの履行状況をモニターしたり、新たな交渉分野についての下ごしらえをすることなども行っています。また、強化された紛争処理機能は当初の予定以上に成果をあげ、1999年2月までに163件の協議要請が寄せられ、それらを着実に解決していっています。さらに、貿易政策検討制度 (Trade Policy Review Mechanism：TPRM) といって、各加盟国の貿易政策などを定期的に審査する制度も設けられています。これは、審査を嫌がる国が多いことからまだ十分に活用されていませんが、本来WTOの重要な機能の1つとなるべきものです。

7．地域主義と多角主義をめぐる最近の動き

1995年に発足したWTOは、世銀やIMFに比べればはるかに規模の小さな事務局しか持っていないにもかかわらず、紛争解決など多くの分野で当初の予想を大きく上回る働きを見せ、国際通商体制におけるマルチのチャンネルのウェイトを高めることに成功してきました。しかし、この原稿の執筆時点（1999年12月）では、シアトルの閣僚会議が2000年からの新ラウンドの立ち上げに失敗したことから、今後の推移が案じられています。

シアトルでの交渉が不調に終わった直接的原因の1つは、交渉分野と交渉方法についての合意が形成されなかったことにあります。アメリカは、ウルグアイ・ラウンドの合意ですでに2000年から交渉することが決まっている農業とサービス（いわゆるビルト・イン・アジェンダ）に分野を絞り、早期決着を目指すべきと主張しました。それに対し日本とEUは、他の新しい分野

図15-4 WTOにおける自由化交渉の流れ

		モノ分野		サービス・知的所有権分野	
48年1月	GATT発足				
73～79年	東京ラウンド	鉱工業品関税 一部ルール（ダンピング等）			
86～94年	ウルグアイ・ラウンド	鉱工業品関税 農業・繊維ルール（紛争解決ルール等を含む）		サービス TRIPS	
95年1月	WTO発足				貿易と環境についての検討開始
96年12月	第1回閣僚会議（シンガポール）	既存合意の着実な実施を確認			投資、競争等の新分野について検討開始
97年		ITA成立（3月）秋からITA II交渉		基本電気通信交渉妥結（2月）金融交渉妥結（12月）	
98年5月	第2回閣僚会議（ジュネーブ）	次期自由化交渉の準備プロセスをスタート			
99年11月	第3回閣僚会議（シアトル）	次期自由化交渉のスタートを決定（目標）			
2000年～	次期自由化交渉	鉱工業品関税？アンチ・ダンピング？	農業	サービス TRIPS？	投資？環境？競争？政府調達？電子商取引？

□：ビルト・イン・アジェンダ（次期交渉において交渉対象となることがすでに決まっている分野）
出所：通商産業省通商政策局（1999、498ページ）。

も含めて一括受諾の包括交渉とすべきとの立場をとりました。一方、多くの発展途上国は新分野の交渉におおむね及び腰で、まず先進国側が自由化努力を示すべきと主張しました。アメリカがWTOから脱退するなどの不測の事態でも起きない限り、何らかの形で新分野を含めた交渉とする方向で今後話が進むものと思われますが、新分野にはさまざまな性格のものが混在しており、かなりの交通整理が必要です。図15-4は、WTOにおける自由化交渉の分野別推移を示したものです。またシアトルでは、多くの発展途上国が参加する中、効率的な討議形式を確立する必要性も強く認識されました。

　一方、1990年代末を迎え、より広範な地域にわたる地域協力関係の構築がますます盛んになってきています。例えば1999年12月現在、メキシコはEUとの間で自由貿易協定を結び（正式承認は2000年）、韓国とも交渉を開始しています。韓国はそれ以外にも、チリとの交渉を本格化し、タイとの間でも

検討を始めています。ASEANとCERも自由貿易地域形成の研究を始めました。それとは別途、シンガポールとニュージーランドも交渉を開始しています。

これらの動きは、かつてのような経済ブロック形成につながりうる地域統合とはかなり性格の異なるものであるように思われます。積極的なのはシンガポール、メキシコ、チリなど比較的自由貿易の進んだ小国であり、実際の経済効果が目的というよりは、むしろ世界全体の自由化へのモメンタムを持続させるための戦略的意義が前面に出ています。

そうしたなか、日本も、1998年に韓国との間で自由貿易協定に関する共同研究を開始し、また1999年末にはシンガポールとの間でも共同研究を始めることになりました。これは、一貫して地域統合に反対の立場をとってきた日本にとっては大きな方向転換となる動きであり、WTOを通商政策の中心と据えてきた立場との潜在的不整合を指摘する声もあります。これについては今後さらに議論を重ねていく必要がありますが、自由化へのモメンタムを保持し、また日本自身の市場開放を進めていくためにも、前向きに検討する意義があるのではないかと筆者は考えています。

研究課題

(1) 地域経済統合をめぐる実証研究：EU、NAFTAなどについての厚生効果測定を行った実証研究を批判的にレヴューし、そこではカウントされていないその他の政策効果について議論してみよう。

(2) GATT第24条：1947年GATTの抱える問題点について文献サーベイを行い、地域主義と多角主義のあるべき姿について議論してみよう。

(3) 多角主義の推移：GATTベースの多角的貿易障壁削減交渉の歴史を追い、WTO成立と多角主義のウェイトの変化を考察してみよう。

(4) 今後のWTO交渉の行方：2000年以降のWTOにおける交渉の行方を、交渉分野、交渉方法などをめぐる各国の思惑を調べながら考えてみよう。

第5部●為替変動と国際貿易

第16章
為替レートと貿易

[この章のポイント]
- 標準的な国際貿易モデルは、貿易収支がゼロとなるように為替レートが決定されているモデルと解釈することも可能である。
- 為替レート決定理論には、大別してフロー・アプローチ、アセット・アプローチ、購買力平価説の3つがある。貿易の為替レートへの影響を貿易理論の枠内で考えるとすれば、一種のフロー・アプローチを採用していることになる。
- 為替変動は、各貿易財産業の国際競争力に影響を与えるのみならず、貿易財産業と非貿易財産業との間のバランスにも影響する。

1. 為替レートと国際貿易の関係

　実際の経済の中で国際貿易を考える際に為替レートが決定的に重要な役割を果たしていることは、毎日の新聞を読んでいれば自明のことでしょう。それにもかかわらず、為替レートの話はもっぱら、国際経済学のマクロ的側面を担当する国際金融論の中で取り上げられており、ミクロ的側面を分析する国際貿易論にはほとんど登場しません。したがって、せっかく国際貿易論を勉強しても、為替レートと国際貿易の間にどのような関係があるのかがよく

わからないという人も多いのではないかと思います。以下では、為替レートと貿易の関係について、伝統的な貿易論の枠から少々はみだした部分も含めてお話しします。

以下では、まず通常の国際貿易モデルにおいて為替レートがどのように扱われているのかを確認した上で、国際金融論で議論される為替レート決定の理論を復習します。さらにそれらを踏まえて、国際貿易が為替レートにどのような影響を与えると考えられるか、また逆に、為替レートが変動した場合に国際貿易はどのような影響を受けるのかを解説していきます。後者の為替変動の貿易に対する影響については、次章でさらに細かい産業・品目まで降りていって、とくに価格変化についてのミクロ的分析を紹介します。

2．国際貿易モデルと為替レートの決定

為替レートは2つの異なる通貨の間の交換比率です。通常、国際貿易モデルは実物経済のみを取り扱っていて、したがって通貨は明示的には含まれておらず、為替レートも登場しません。それでは為替レートと国際貿易モデルには何の関係もないのかというと、そうではありません。国際貿易モデルも、各国が異なる通貨を用いているものとし、為替レートを含むものとして解釈することが可能です。

通常の国際貿易モデルは静学的モデルであり、各国の支出の合計が所得と等しくなるようにモデルを閉じていたことを思い出してください。これは言い方を変えれば、貿易収支がゼロとなるような均衡を求めていることになります。2国の通貨の存在を想定して為替レートをはさんで考えると、ちょうど貿易収支がゼロとなるように、変動相場制下で為替レートも同時に決まっていると解釈することができます。

このことは直観的にはわかりにくいかもしれないので、簡単な2財2国モデルを用いて説明しておきましょう。例えば、日本とアメリカでそれぞれ円とドルが流通しており、日本は財1を輸出し、アメリカは財2を輸出してい

図16-1 2財の国際貿易モデルにおける自由貿易均衡

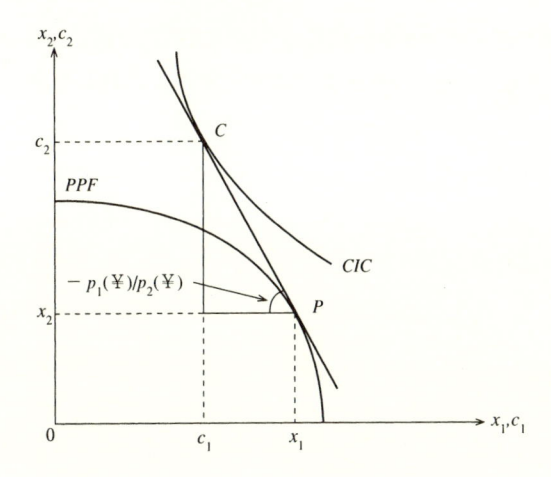

るものとします。日本に関し所得イコール支出という関係は次のように表せます。

$$p_1(¥)x_1 + p_2(¥)x_2 = p_1(¥)c_1 + p_2(¥)c_2$$

ここで x_1、x_2 は日本におけるそれぞれの財の生産量、c_1、c_2 は日本における消費量、$p_1(¥)$、$p_2(¥)$ は円建ての価格です。これを変形すると、

$$p_1(¥)(x_1 - c_1) + p_2(¥)(x_2 - c_2) = 0$$

と書けます。$x_1 - c_1$ は財1の輸出、$c_2 - x_2$ は財2の輸入であり、上の式の第1項は正、第2項は負となっています。このように、所得イコール支出ということと貿易収支がバランスしているということは同値なのです。さらにこの式は、

$$-p_1(¥)/p_2(¥) = (x_2 - c_2)/(x_1 - c_1)$$

と変形することもできます。このことは、おなじみの図（図16-1）における「貿易の三角形」の斜辺の傾きとして表すこともできます。

一方、アメリカにおいても同様に、

$$-p_1(\$)/p_2(\$) = (x_2^* - c_2^*)/(x_1^* - c_1^*)$$

第16章 為替レートと貿易 307

という関係が成り立っているはずです。ただし $p_1(\$)$、$p_2(\$)$ はそれぞれの財のドル建ての価格、＊印はアメリカにおける生産量、消費量であることを表します。2国モデルですから、貿易パターンは日本と逆になるはずで、したがって $x_1^* - c_1^*$ は負、$x_2^* - c_2^*$ は正であり、さらに各財の生産と消費が世界全体でバランスしていなければならないことから、

$(x_1 - c_1) + (x_1^* - c_1^*) = 0$

$(x_2 - c_2) + (x_2^* - c_2^*) = 0$

という関係が成り立っています。

　以上の式から、円とドルがどのような通貨単位であろうと、自由貿易下では、

$p_1(¥)/p_2(¥) = p_1(\$)/p_2(\$)$

という関係が成り立っていることがわかるでしょう。ここで、為替レートを e（1ドル当たりの円）と表すと、

$p_1(¥) = e p_1(\$)$

$p_2(¥) = e p_2(\$)$

と書けます。したがって、貿易収支がゼロとなるように為替レートが決定されていると解釈することができるのです[1]。

　繰り返しますが、以上の関係は、為替レートが貿易収支を均衡させるように変動するという仮定の下で導かれるものです。例えば固定相場制下のように、為替レートがその他の要因によって決定されている場合には成り立たないわけですが、そこでは逆に貿易収支が均衡する保証はなく、したがって所得イコール支出となるとも限りません。所得と支出の差は資本収支あるいは外貨保有の増減となるのです[2]。

---

[1] この関係から導かれるのが、変動相場制のインフレ隔離効果（伊藤（1996、pp.190-191））です。本文中のモデルでは、例えばアメリカでインフレが起きて $p_1(\$)$ と $p_2(\$)$ がそれぞれ20％上昇したとしても、為替レートが20％円高となる（e が下がる）だけで、日本の円建ての輸出・輸入価格には影響が及びません。これはもちろん、為替レートが貿易収支を均衡させるように決定されるというフロー・アプローチのモデル設定に依存して導かれる結論です。

貿易収支がゼロ、あるいは生産要素が移動する場合も考慮した上での経常収支がゼロという設定は、静学的モデルとしては当然のものです。ここでは、言い方を変えれば、国際間の貸し借りがない、あるいは資本収支がゼロ、という状態を考えているわけです。しかし、現実の世界は静学的にできているわけではありません。為替レートの決定を考えるには、どうしても動学的な設定が必要となってきます。ここに、静学的な国際貿易モデルと為替決定理論を論じる国際金融論との間の関係をわかりにくくする原因が存在するのです。

3．為替レートの決定理論

　以下、国際金融論では為替レートの決定メカニズムをどのように考えているのか、簡単に復習しておきましょう。為替決定の理論にはさまざまなヴァリエーションがあり、また教科書によっても整理の仕方が異なっています。ここではとくに、どのような経済論理に基づいて為替レートが決まると考えるかという点に注目して、理論の流れを大きく3つに分けて説明します。

フロー・アプローチ

　第1は伝統的なフロー・アプローチと呼ばれるものです[3]。変動相場制下の為替レートが通貨の需要と供給のバランスによって決定されるということは、誰でも認めるところです。問題は、外貨の需要と供給がどのような要因によって決定されるかにあります。フロー・アプローチでは、輸出や資本流入を主たる外貨の供給要因、輸入や資本流出を外貨の需要要因と考えます。実物面の取引に伴う外貨の供給と需要を重視するのが、このアプローチの特

2）資本収支がゼロとならない場合に財空間の図がどのようになるかについては、第1章の練習問題(5)で取り上げました。

3）フロー・アプローチについては、深尾（1990、第4章）が明快な解説を加えています。

徴です。

　国際収支表は一国の居住者と非居住者の間の取引のフローを記録するものです。ここで大雑把に、一国の居住者はもともと自国通貨、非居住者は外貨を持っているとすれば、国際収支表の中のプラスの数字は外貨の供給、マイナスの数字は外貨の需要と考えることができます。したがってフロー・アプローチとは、国際収支がバランスするように為替レートが決まるという考え方と解釈することもできます。もう少し正確には、ここではとくに実物面の国際間取引から生ずる外貨の供給と需要に着目しているわけで、典型的には資本収支と外貨準備増減を所与として、とくに経常収支のバランスを保つように為替レートが決まると考えることになります。その意味では標準的国際貿易モデルも、原則としてフロー・アプローチによる為替レート決定という考え方を採用していると言ってもよいでしょう。

　このフロー・アプローチは、1970年代初頭に先進各国が変動相場制へと移行する際、為替レートが対外的ショックを相当程度吸収するように働くであろうとの楽観論を支える論理として用いられました。しかし実際に変動相場制が施行されると為替レートは予想以上に変動してしまい、期待したような調整機能を持たないことが次第に明らかになってきました。そこから、次のアセット・アプローチが台頭してくることになります。

アセット・アプローチ

　第2のアセット・アプローチは、両通貨建ての金融資産の取引から生ずる外貨の需要と供給に基づいて為替レートが決定されるという考え方です。金融資産には国債、社債、株式などが含まれますが、どの通貨建てであるかによってこれらを仕分けすることができるものとしましょう。資産（asset）はストックであり、それぞれの国の民間部門は互いに外貨建ての金融資産を保有しています。アセット・アプローチでは、これらの金融資産の一部が取引されることによって外貨の需要と供給が生ずると考えます。

　アセット・アプローチをマクロ・モデルに組み入れる時によく登場するの

が次のような「カバーなしの金利平価条件式 (uncovered interest rate parity condition)」です。

$$i - i^* = (e^e - e)/e$$

ここで i、i^* はそれぞれ自国通貨建て、外貨建て資産の利子率、e は為替レート（外国通貨1単位当たりの自国通貨）、e^e は次期の予想為替レートです。この式は、今期から次期にかけて為替レートがどのように変化するかを考慮に入れた上で、自国通貨建て資産と外貨建て資産のどちらに投資しても同じリターンが得られるように今期の為替レートが決まる、ということを表しています。もし今期の自国の利子率（i）の方が外国のそれ（i^*）よりも低いとすれば、その分だけ今期から来期にかけて自国通貨が切り上がるであろうと人々は予想している、というわけです。期待為替レート（e^e）がどのように決まるかをモデルに組み入れれば、上の式は為替レート（e）を決定する式となります。この金利平価条件式にはさまざまなヴァリエーションがあり、期待為替レートの代わりに先物為替レートを入れた「カバー付きの金利平価条件式」、自国通貨建て資産と外貨建て資産が完全代替でないという設定にしたもの、リスク・プレミアムや取引費用を追加したものなどが用いられることもありますが、基本となる考え方は同じです。

このようにアセット・アプローチでは、金融資産の取引によって外貨の需給が生じ、それによって為替レートが決定されると考えます。したがって、貿易収支や経常収支がゼロあるいは一定の値に保たれる保証はありません。為替レートは実物面の取引とは関係のないところで決まってしまうわけです。

このような考え方が有力となった背景としては、国際間の金融資産取引についての制約が取り払われ、外貨需給を生み出す主要因が実物取引から金融資産取引へと変わってきたことが挙げられます。1970年代半ばからは、このアセット・アプローチがとくに短期の為替レート決定の理論の主流となります。

しかしその後、為替レートはさらに予想を超えて大きく変動したため、そ

もそも金利や経常収支などの経済指標(しばしばファンダメンタルズと呼ばれる)を用いて為替レート決定、とりわけ超短期のそれを説明すること自体に限界があるのではないかと考えられるようになりました。そこで注目されたのが、期待形成と投機的取引の役割です。1980年代以降の為替レート決定をめぐる研究は、もっぱらこの方向に進んでいくことになります。これも金融資産の取引によって為替レートが決定されると考えるという意味ではアセット・アプローチの延長上にありますが、さらに動学的発想を強めたものとなっています。いずれにせよ、実物面の取引とは関係の薄いところで為替レートが決まってくると考える点は共通しています。

購買力平価説

第3の考え方は、購買力平価(purchasing power parity：PPP)説です[4]。通貨は財やサービスを購買するために保有されるものであると考えるならば、各通貨の購買力を等しくするように為替レートが決まるはずだ、というのが、その根本にある考え方です。この関係は、

$$e = P(¥)/P^*(\$)$$

と表されます。ここで e はさきほどと同じ為替レート(外貨1単位当たりの自国通貨)、$P(¥)$ は自国通貨建ての自国の物価水準、$P^*(\$)$ は外貨建ての外国の物価水準です。これが成り立つためには、購買する人が国境を越えて自由に動けるか、あるいは購買される財・サービスが摩擦なく貿易されるか、どちらかが必要です。通常は、財・サービスが自由に移動でき、価格裁定が起こるという仮定の下で、上の式が成り立つと考えます。その意味で、上式は

$$P(¥) = eP^*(\$)$$

という一物一価の法則(law of one price)を表しているとも解釈できます。また、上の式を「絶対的な購買力平価説の式」と呼び、それを変化率に直し

---

4) 購買力平価説については河合(1994、第3章)に解説があります。

た式、

$$\hat{e} = \hat{P}(¥) - \hat{P}(\$)$$

を「相対的な購買力平価説の式」ということもあります（ˆは変化率を表します）。

　実際には、国際間輸送費や貿易障壁の存在、貿易されない財・サービスの存在、市場支配力に基づく価格差別、各国の物価水準のベースとなる財バスケットの違いなどによって、一物一価の法則は文字通りには成り立ちません。しかし、何十年というような長期や、短期であってもハイパーインフレーションに見舞われている国の通貨などについては、購買力平価説とほぼ整合的な為替レートの変化が見られます。

　この購買力平価説の式は、しばしば貨幣の需給均衡式と組み合わされてマクロ・モデルに導入されます。マクロ・モデルにおける貨幣の需給均衡式は通常

$$M/P = L(i, Y)$$

と表現されます。ここでMは自国通貨の供給量、Pは物価水準、iは利子率（多くの場合名目利子率ですが、実質利子率を用いる場合もあります）、Yは実質所得です。左辺は実質貨幣供給、右辺は実質貨幣需要を表します。実質貨幣需要は、利子率の負の関数、実質所得の正の関数と設定されます。これと同様の式を外国についても考え、それを先の絶対的購買力平価説の式と組み合わせ、

$$e = P/P^* = (M/L)/(M^*/L^*) = (M/M^*)(L^*/L)$$

という形でモデルに組み込まれるのです（*は外国を表します）。このようなモデル設定をマネタリー・アプローチと呼ぶこともあります。

3つのアプローチの関係

　以上が、よってたつ論理に着目して分類した3つの為替レート決定の理論です。マクロ経済モデルを構築する際には、これら3つのアプローチを適宜組み合わせて使うこともよくなされます。しかし、もとになっている論理自

体は大きく異なっていることをよく理解しておく必要があります。

　どれが説明能力を持つかは、国際間資本取引がどの程度自由に行われているか、外貨取引がどのくらい自由化されているか、あるいは財価格の調整がどのくらいの時間ラグをもってなされるのか、といった点にかかっています。多くの実証研究の結果を大胆にまとめるとすれば、超短期の為替レート決定は外貨取引にかかわる期待や投機的投資に大きく左右されるが、短期・中期についてはファンダメンタルズに基づくアセット・アプローチが有用、ということになります。購買力平価説は、前述の通り、長期の為替レートの動きやハイパーインフレーションの国の通貨の為替レートの変動などについて、ある程度の説明能力があるとされています。

４．貿易が為替レートに与える影響

　さて、国際貿易論に戻って、以上のような国際金融論の研究成果の意義を考えてみましょう。

　アセット・アプローチのように実物面の取引と直接関係ないところで為替レートが決まってしまうということになると、為替レートは貿易モデルの外側で決まってしまって外生的にモデルに入ってくることになります。そうすると、為替レートが貿易に及ぼす影響については分析できますが、貿易が為替レートにどう影響するかについては議論できないことになってしまいます。

　貿易の為替レートへの影響を貿易理論の枠内で考えるには、モデルを本格的に動学化して資産を取り入れることが難しい以上、やはりフロー・アプローチに頼らざるをえないとも言えます。為替レート決定の理論としてはやや旗色の悪いフロー・アプローチですが、全く説明能力がないわけではありません。とくに、国際間資本移動や外貨取引に制限が課されている多くの発展途上国については、フロー・アプローチの有効性も失われていません。もし経常収支と資本収支の合計がゼロになっていないならば、中央銀行の外貨保

有を増減することによってバランスさせているのですから、どのような為替レジームにあったとしてもいずれは国際収支を均衡させる方向に為替レートが動いていくものと考えられます。また、例えば比較優位が飛び抜けて強い産業があれば、それにつられて為替レートが増価することも確かに起こります。フロー・アプローチの指し示す方向に為替レートがすぐに動くとは言えませんが、少なくとも実物面のバランスが為替レートを動かす1つの力となることは認めてもよいでしょう。

5. 為替レートが貿易に与える影響

次に、逆の因果関係、すなわち為替レートが貿易にどのような影響を与えるのかについて、考えてみましょう。価格に関するミクロ的側面については次章で改めて取り上げますので、ここではとくに、貿易パターンの変化と非貿易財産業を含む産業構造の変化という2点について見ていきます。

貿易パターンへの影響

為替レートが変化すれば、各貿易財産業の国際競争力が変わります。第2章で紹介した多財2国のリカード・モデルを用いて、そのことを確認してみましょう。財 i の生産関数が両国でそれぞれ次のように書けるものとします。

$$x_i = L_i/a_{Li}; \quad x_i^* = L_i^*/a_{Li}^* \quad (i = 1, 2, \cdots, N)$$

ここで x は生産量、L は労働投入量、a_L は1単位の生産に必要な労働投入量（投入係数）、下付きの i は財 i、＊は外国を表します。自国と外国の賃金がそれぞれの通貨建てで $w(¥)$、$w^*(\$)$ であるならば、輸出されている財と輸入している財の境目である境界財 n は次のようにして見つけられます。

$$a_1^*/a_1 > a_2^*/a_2 > \cdots > w(¥)/\{ew^*(\$)\} = a_n^*/a_n > \cdots > a_N^*/a_N$$

ここで e は為替レート（外貨1単位当たりの自国通貨）です。便宜上、投入係数比の順に財の番号をつけかえてあります。ここでは、自国は財1から財

図16-2 連続財のリカード・モデルにおける
為替レートの変化

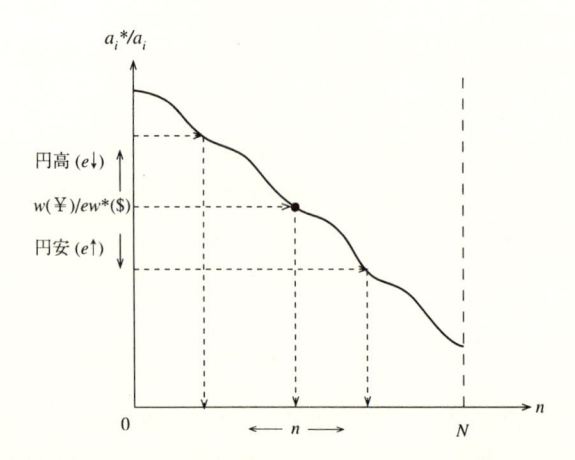

$n-1$ までの財を生産・輸出し、財 $n+1$ から財 N までの財を輸入します。財 n は境界財で、どちらの国が輸出しているかは一概には決められません。以上の関係を、財の種類を連続的なものとして描いたのが図16-2です。

　ここで、為替レートが何らかの要因で外生的に変化したものとします。単純化のため、投入係数はもちろんのこと、両国の賃金水準もそれぞれの通貨建てで変化しないものとします。そうすると、図16-2に示したように、自国通貨が増価（e が下落）すると境界財が左に移動し、逆に減価（e が上昇）すると右に移動することがわかります。円高になると日本の輸出財の範囲は狭まって輸入に転じる財が生ずる一方、円安では逆に輸出する財の種類が増える、というわけです。ここではもちろん、通常右上がりの曲線として表現される貿易収支均衡の条件ははずしてありますから、貿易収支はゼロとはなりません。

　いうまでもなく、ここで用いたモデルはごく単純なリカード・モデルですから、これがこのまま現実にあてはまるわけではありません。実際には、為替レートが変化すると、中間投入財の価格や賃金が変化して生産費用が変わります。また、国産財と輸入財は完全代替的でないのが普通であり、さらに

国際間輸送費や貿易障壁も存在するので、リカード・モデルに見るような極端な完全特化は起こりません。しかし全体的な傾向として、通貨の増価は輸出産業に不利に働き、逆に通貨の減価は有利に働くことは事実です。

産業構造への影響

為替レートの変化は産業構造全体に影響を与えます。貿易財産業の国際競争力の変化によって貿易財産業の構成が変わることはいうまでもありませんが、それにとどまらず貿易財産業と非貿易財産業の間のバランスも変化します。

例えば自国通貨が増価すると、貿易財は定義上貿易されるわけですから、自国通貨建ての貿易財価格は外国価格に引きずられて下落します。貿易財を中間投入財として用いている産業は生産費用も下がるので、価格低下の影響は産業ごとに異なってきますが、全般に貿易財産業に属する企業の経営が圧迫されることは確かです。それに対し非貿易財の方は、貿易されないのですから外国との価格裁定は働かず、貿易財に比べ価格が高止まりします。こちらも生産費用構造が変わるので影響は複雑ですが、全体としては非貿易財価格が貿易財価格に比べ相対的に上昇します。したがって、自国通貨の増価は非貿易財産業を有利にし、貿易財産業の縮小と非貿易財産業の拡大をもたらします。逆に自国通貨が減価した場合には、非貿易財産業に対して貿易財産業の方が有利となります。

第12章でオランダ病の話をしましたが、ここで起きていることはまさにオランダ病における支出効果（spending effect）です。これについてはさまざまな事例が挙げられます。例えば1985年以降の円高期の日本では、理論通り製造業品の価格が下落し、サービス価格は相対的に上昇しています[5]。これは、資源の貿易財産業から非貿易財産業へのシフトを促したはずです。また、製造業の生産拠点の海外への移転が盛んになったのもこの時期でした。

1990年代のアルゼンチンやブラジルでは、インフレを抑制してマクロ諸指標を安定させるために、自国通貨をドルに完全にリンクさせるという大胆な

政策がとられました。通常の通貨切り下げあるいは変動相場制への移行によってマクロ諸指標を安定させることができない時には、逆に極端な固定相場制を導入してインフレ退治をするというやり方もあるのです。ただしこの場合にも、貿易財価格のインフレが外国価格とリンクして急速に鎮静に向かう一方、非貿易財についてのインフレは慣性がついてすぐには止まらず、資源が非貿易財産業の方にシフトする傾向が生じます。また貿易収支も赤字傾向となるので、それを補う資本流入を得られるかどうかが勝負の分かれ目となります。

　国際間の通貨統合をめぐる最適通貨圏の問題も、この文脈の中で検討することが可能です。比較優位構造の大きく異なる2国が生産要素移動を抑制したままで通貨統合を行えば、やはりオランダ病の支出効果に近い問題が生じてくる可能性があります。為替レートが高めに設定されることは、海外市場での購買力の向上という意味では大変結構なことです。しかし、経常収支が負の方向に振れるだけでなく、本来育つべき製造業などの貿易財産業の成長を阻害してしまう危険性を伴うのです。

　本章では、国際金融論における為替レート決定の理論と国際貿易論の関係について解説し、さらに為替レートが変化した時に貿易にどのような影響がもたらされるかについてまとめました。まだしっかりと論じていないのは、輸入品と国産品の間でどの程度価格裁定が働くのか、また為替レートの変化はどこに転嫁されるのか、といった細かい品目に降りた価格付けをめぐる問題です。これらは次章で論ずることとします。

---

5) 木村他 (1997) では、経済企画庁が作成している SNA ベースの産業連関表を用い、1985～94年の価格変化を分析しました。そこで用いた価格は名目表と実質表から計算したデフレーターですので、品質の変化や細品目のウェイトの変化などは考慮されていないことに注意しなければなりませんが、貿易財価格が下落する一方、非貿易財価格は高止まりするという全体の傾向は明らかです。貿易財生産においては貿易財中間投入のウェイトが高く、非貿易財生産では非貿易財中間投入が大きいので、貿易財と非貿易財の価格の動きの差はさらに増幅される傾向があります。

練習問題

(1) 国際貿易モデルにおける為替レート決定：第2節の議論は、貿易収支がゼロではないが一定である場合にも成り立つことを確認してください。

(2) 為替レートが貿易に与える影響：為替増価（減価）によって有利になる産業と不利になる産業はどのようなものでしょうか。貿易財産業・非貿易財産業の違い、輸入中間投入の大きさ、輸出比率の高さなどがどのように影響するか、考えてみよう。

第17章
為替変動のミクロ的帰結

[この章のポイント]
・貿易財であっても、一般に国産品と輸入品は完全代替とはなっていない。しかし、為替レートが変動しても国内価格がごくわずかしか動かない場合には、何らかの貿易障壁が存在する可能性が高い。
・国産品と輸入品を完全に同質的な財と仮定すれば、内外価格差を3つの層に分離して検討することが可能となる。それらの層の絶対的な大きさ、あるいは為替が変動した際の変化の度合いを計測することによって、隠れた政府規制や貿易制限的民間商慣行を発見することができる。
・為替変動の影響をどれだけ外貨建て輸出価格に転嫁するかは、パススルー率という指標によって数量化することができる。パススルー率は、輸出品に関しての供給曲線と需要曲線の形状、さらには市場構造によって決まってくる。

1．代替の弾力性と商品裁定

　前章では為替レートの決定理論を復習し、貿易の為替レートへの影響についてお話ししました。さらに逆の因果関係、すなわち為替レートが貿易に与える影響についても、さわりの部分を説明しました。本章ではもっとミクロ

の世界に下りていって、為替レートが国内外の価格にどのような影響を与えるのかについて議論していきます。

為替レートと価格の関係を考えるに当たっては、まずその財が国際間で取引されるのかされないのか、すなわち貿易財なのか非貿易財なのかが決定的に重要となってきます。どちらの財も、需要と供給のバランスによって価格が決定されるという点では同じです。しかし、非貿易財の場合には国内の需要・供給曲線の交わる点で価格が決定されるのに対し、貿易財では世界全体の両曲線の形状が問題となってきます。非貿易財の価格は国ごとにまったく異なる値をとることもありますが、貿易財の価格はそうはなりません。貿易財と非貿易財の区別は実際にはそれほど明確ではなく、国際間輸送費の大小による程度問題と考えることもできます。しかし以下では、概念上はっきりと区別できるものとして、とくに貿易財の価格についてお話ししていきます[1]。

国際貿易モデルでは多くの場合、自国と外国が同じ産業を共有している状況を考え、そこではまったく同じ財が生産されるものと設定します。同一産業に属していれば、国産財と外国財は同質的で、完全に代替的であると仮定するのです。この設定の下では、国内市場、外国市場のそれぞれにおいて、国産財と外国財の価格は等しくならなくてはなりません。

さらに、国際間輸送費がゼロで貿易障壁も存在しないとすれば、それらの財の国内市場における価格と国際市場における価格も等しくならなくてはなりません。すなわち、内外価格差がゼロとなるわけです。もし２つの市場の間で価格差が生じているとすれば、価格の低い方から高い方へと商品が移動するはずです。その移動は価格が等しくなるまで続きます。このような商品取引をとくに商品裁定（commodity arbitrage）と呼んでいます。現実には国際間取引に伴って輸送費や保険料、流通コストなどがかかり、さらに関税

1）貿易財、非貿易財という言葉は、英語では、実際に貿易されているかということでは traded goods、nontraded goods、財の性質として貿易可能かどうかという意味では tradables、nontradables と、使い分ける場合もあります。

その他の国境政策や輸入財に対する差別的取り扱いがなされている場合もあるので、その分だけは国際間で価格が乖離する余地が生じてきます。

価格データを用いる時には、本当に同じ財の価格を比較しているのかということがいつも問題となります。これは、一国経済の中で国産財と輸入財の価格を比較する際にも、また自国市場と外国市場との間の内外価格差をみる時にも、避けられない問題です。実証的データに基づいて国産財と輸入財との間の代替の弾力性（交叉価格弾力性）を推計してみると、通常の理論モデルが想定するような完全代替を示す無限大の弾力性などは得られず、財によってはかなり低い弾力性を示します。もちろん、この代替の弾力性は各種貿易障壁や商慣行の関数となっているはずであり、また短期と長期では異なる値をとるものと考えられるので、低い弾力性が全面的に財の異質性によってもたらされているとはいえません。しかし価格の比較をする時には、財が同質的でないことから価格差の一部が生じている可能性があることをつねに念頭に置いておく必要があります。国際間で価格を比較する際にはさらに慎重に考えなければなりません。とはいえ、細かい商品分類に基づいてもなおかつ大きな内外価格差が生じてくる時、あるいは時系列で価格が他の財と極端に異なった動きを示す時などは、貿易障壁の存在などを疑ってみる必要があります[2]。

財の同質性に基づき内外価格差がゼロとなるケースをベンチマークとするアプローチは、論理的にはなかなか強固です。そこで主張されるのは、財が自由に貿易されて商品裁定が働いていれば、両国における消費者の選好の違いあるいは両国における生産コストの違いは、内外価格差の理由とはならないということです。貿易財に関する内外価格差が財の質の違いや流通コスト

---

2) 実証的シミュレーションなどに用いられるCGEモデル（computable general equilibrium models）などではしばしば、同じ商品分類に属する財であっても生産された国によって差別化されていて、互いに不完全特化の関係にあると設定します。このような不完全特化の仮定は「アーミントンの仮定」（Armington (1969)）と呼ばれています。

の違い、両国間の輸送費を勘案してもなおかつ大きい場合には、「日本人はその商品をとくに好むから値段が外国より高いのだ」とか、「日本は労働コストが高いのだからモノの値段が高いのは当然だ」というような論理は、まったく根拠のないものとなるのです。貿易財について大きな内外価格差が存在している時には、貿易障壁の存在や貿易阻害的な商慣行など、商品裁定が働かない何らかの原因があるものと考えていく必要があります。

さて話を為替レートに戻して、商品裁定が働いていることを前提とした場合、為替レートの変動が個々の財の価格にどのような影響を与えるかを見ておきましょう。例えば円が何らかの原因によって外生的に増価した場合には、もともと

$$p_i = e p_i^*$$

というように内外価格が一致していたものが、e が下落して

$$p_i > e' p_i^*$$

と不釣り合いになってしまいます(ここで p_i、p_i^* はそれぞれ日本と外国における円建て、外貨建ての財 i の価格、e、e' はそれぞれ変化前、変化後の為替レート(外貨1単位当たりの円))。このように価格差が生じると、商品裁定が起こり、財価格が変化します。もし日本市場が外国市場に対し無視しうるほど小さいならば、p_i^* は為替レートの変化に影響を受けず、p_i が為替レートの変化分だけ下落しなければなりません。もし日本がその財について「大国」であるならば、p_i^* もある程度上昇します。

以上のような理論的予測を念頭に置きつつ、まず大雑把に、日本における為替変動と価格の変化を見てみましょう。図17-1は日銀データに基づいて、国内卸売物価指数(国内市場向け国内生産品の卸売物価指数:P_d)、f.o.b.ベースの円建て輸出物価指数(P_x)、c.i.f.ベースの円建て輸入物価指数(P_m)をグラフにしたものです[3]。これらの物価指数は1990年基準のラスパイレス指数、すなわち1990年の取引ウェイトによって各品目の価格指数を足

---

3) f.o.b.ベースの輸出価格、c.i.f.ベースの輸入価格については第13章を見てください。

図17-1 為替変動と国内卸売・輸出・輸入物価

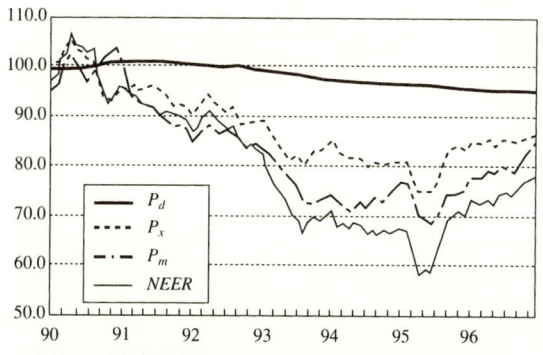

P_d
P_x
P_m
NEER

出所：日本銀行調査統計局（1997）、International Monetary Fund (various issues)。

し上げたものとなっており、品目構成は時系列で固定されていることに注意してください。いっしょに書き込んであるのは名目実効為替レート（nominal effective exchange rate：NEER）で、1990年の平均を100とし、円高の時は下に動くように表現してあります。

　ここで見ていただきたいのは、全般に、為替レートの増価幅ほど円建ての輸出・輸入物価は下落しておらず、また国内卸売物価の低下幅はそれよりさらに小さいことです。国内卸売物価指数と輸出・輸入物価指数の間のギャップは、円高期（1990年4月～1995年4月）には拡大し、円安期（1995年6月～）には縮小しています。もちろん国内卸売物価には、輸出財、輸入財と代替性の高いものだけでなく、非貿易財に近いものも含まれています。また、国内卸売物価指数はだいたい第1次卸売業者の販売段階の価格を押さえているので、そこには卸売マージンの一部も含まれています。それにしても、為替レートの動きと輸出・輸入物価の動きとの乖離、輸出・輸入物価と国内卸売物価との乖離は、単なる商品ウェイトの違いだけで説明しきれるものではないかもしれません。これは、輸入に関しては内外価格差と関連し、輸出に関しては価格転嫁（パススルー）と価格差別に関連する問題です。以下、これらをもう少し詳しく見ていくことにしましょう。

図 17-2　国際間価格差の3層構造

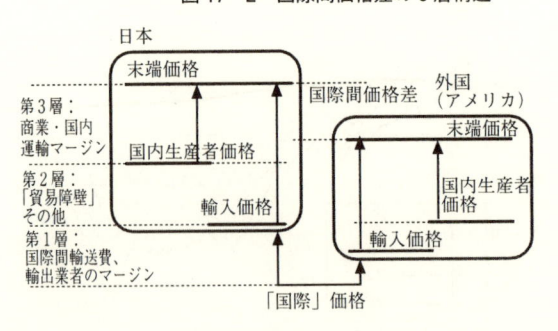

2．輸入価格の浸透と貿易障壁

　まず輸入側に注目して、為替レートと輸入・国内価格の関係を考えてみましょう。以下では、輸送費や流通コストの存在を明示的に考慮します。2国を仮に日本、アメリカと呼ぶこととして、各国においてある財の価格がどのように決まってくるかを示したのが図17-2です。

　ここでは、価格の比較が可能であるように、国産財と輸入財はまったく同一の商品で完全に代替的であるものと仮定します。そうすると、1つの市場における両財の末端価格は同じにならなくてはなりません。末端価格とは、資本財・中間投入財の場合には卸売価格、消費財であれば小売価格、と考えてよいでしょう。通常内外価格差と呼ぶのは、国際間の末端価格の差です。何がこの価格差を生んだのかをみるには、図のような3層構造を考えると便利です。

　まず、アメリカ、日本の両国にその財を輸出している第3国があるものとして、その輸出国の出荷価格を「国際」価格と呼ぶことにします。この財が海を渡って日本の港についた時の価格がc.i.f.ベースの輸入価格ですが、これはすでに「国際」価格よりも高くなっています。この2つの価格のギャップを第1層と呼ぶことにします。ここには国際間輸送に伴う輸送費、保険料、流通マージンなどが含まれます。もし外国の輸出業者あるいは日本の商

社がその財の輸入に関して市場支配力を有していて輸入価格に超過利潤を乗せているとすれば、その分もこの第1層に含まれます。また、輸入数量制限（クォータ）が課されていてそのレントを外国人や商社が獲得する場合にも、その分の価格上昇はここにカウントされます[4]。

次に、輸入財が国産財との比較で負っているハンディキャップの分があります。国産財と輸入財はどちらも、国内の流通機構を通過して末端の消費者（購入者）に届けられます。国産財の場合には、国内生産者価格と末端価格の間のギャップが国内運輸・流通マージンに当たります。輸入財に何らかのハンディキャップが課されているとすれば、その分だけ輸入価格と国内生産者価格の間にギャップが生じているはずです。この部分を第2層と呼ぶことにします。この第2層には、政府によって設けられた関税その他の貿易障壁による価格上昇分、輸入品に特殊な流通マージンやレントなどが含まれます。輸入数量制限の場合、国内の流通業者がレントを獲得するケースに限ってこの第2層にカウントされます。とりあえず第2層をまとめて「貿易障壁」と呼んでおきますが、その中には政府施策によるもの、取り除かれるべき民間商慣行によるもの、さらに市場メカニズムの中で当然正当化されるものを含んでいることに注意してください。

最後の第3層は、国内生産者価格に上乗せされる国内運輸・商業マージンです。このギャップの大きさは、流通部門の効率性や不完全競争、参入障壁の存在などに依存することになります。

このように3つの層に分けて考えると、2国の間の末端価格の差が何によって生じているかがはっきりしてきます。例えば日米間で末端価格に差があるという場合、どの部分が政府施策によるもので、どれだけが取り除かれるべき民間商慣行で、さらにどれだけが市場原理の当然の帰結として許容されるべきであるのかをはっきりさせることは、政策論のために大変重要です。

佐々波・浦田・河井（1996）はこのような問題意識から、図17-2で言え

4）輸入数量制限については第7章で解説しました。

ば第2層の絶対的な大きさを、輸入価格と国内生産者価格の間の差を求めることによって、実証的に測定しています。ここでも、国産財と輸入財を同質的な財と考えるのが妥当かどうかという問題が最後までつきまといます。佐々波らによる研究に対する小宮（1996、15〜16ページ）の批判点の1つは、この価格データの比較可能性にあります。たしかに佐々波らの論文中、繊維や電気機械製品については明らかに財の異質性による価格差が混入しているようで、それは本文にも明記されています。しかし、大きな価格差が検出された財の多くについては、何らかの政府規制が関係していたり、貿易紛争案件となっていることも事実であり、問題のありそうな財を発見するための第1次的接近としてはある程度成功していると言えるでしょう。

さて次に、為替レートの変化がこれら3つの層からなる内外価格差にどのような影響を与えるのかを見ていきましょう。先の図17‐1に示したように、円高期の集計レベルのデータでは、為替レートと円建て輸入物価指数は、後者の下げ幅がやや小さいとはいえほぼ平行に下がっているのに対し、国内卸売物価指数はごく小さな下落にとどまっています。これは、「国際」価格が大きく変化していないとすれば、第1層の大きさは変化しなかったのに対し、第2層と第3層を加えた部分が円高に伴って拡大したことを示唆しています。しかし、集計レベルのデータでは国内卸売物価指数と輸入物価指数の品目構成が異なっているため、直接比較するのは危険です。財の同質性に基づいて価格の動きを見ていくためには、できるだけ細かい品目分類のレベルで価格変化を観察する必要があります。

日銀の国内卸売物価指数は945品目、輸入物価指数は184品目について作成されており、これが公表されているものでは最も細かい品目分類となります。このレベルでマッチングをしてもなおかつ異質な品目の価格を比較している可能性がありますが、以下では絶対的な価格差ではなく価格変化のずれを見るので、方法論上の問題は相対的には軽いといえるでしょう。しかも、日銀データは品質変化についての調整も行っており、ここでの分析に適しています[5]。

この細かい品目マッチングによる価格データ分析からは、じつにさまざまなことが読み取れます。経済企画庁が発表した『物価レポート'96』（経済企画庁物価局（1996、50〜64ページ））は1990年11月以降の5年間の円高期、集計レベルでも細かい品目レベルでも、東京とニューヨークの間の内外価格差が多くの貿易財について拡大したことを明らかにしていますが、ここでの私たちのデータも円高期における内外価格差の拡大を確認するものです。まず、為替増価よりも輸入物価の方が下げ幅の小さい品目が一部みられ、第1層の拡大が示唆されます。しかしそれ以上に顕著なのは、輸入物価に比べ国内卸売物価の下げ幅の小さい品目が数多く存在することです。これは、国内卸売物価の変化を末端価格の変化にほぼ対応するものと考えるならば、第2層と第3層が円高とともに拡大したことを意味します。もちろん、価格は瞬時に調整されるものではなく、ある程度の時間的ラグが存在することには注意する必要があります。しかし、各層の拡大幅がとくに大きい品目は、競争法上問題とされたり、外国との貿易摩擦の対象となっている場合が多く、問題発見のための第1次的接近方法としては価格データの分析が有効であることがわかります。

　詳しいデータ分析については別の機会に書きました[6]のでそちらを見てもらうこととして、ここでは例として4つの品目を図17‐3に掲げておきます。(a)のブランデーでは、国内卸売物価（P_d）、輸入物価（P_m）とも、為替（$NEER$）変動にほとんど反応しておらず、第1層が拡大しています。競争による輸入価格低下は起こらず、円高から生じた差益は流通の第1層に携わっている外国の輸出業者あるいは日本の商社の懐に超過利潤として入ってしまった、という可能性がここに示唆されます。(b)のガラス製品では、輸入価格は為替レートとほぼ同様の動きを示しているにもかかわらず、国内卸売物

5）輸出品、輸入品の価格は平均単価という形で通関統計からも取れますが、時系列での品質変化についての調整が行えないので、ここでは使用していません。
6）1985年基準の物価データの分析については木村・河井・田中（1996）、1990年基準のものについては Sazanami, Kimura, and Kawai（1997）を参照してください。

図 17-3　為替変動と各品目の国内卸売・輸入物価

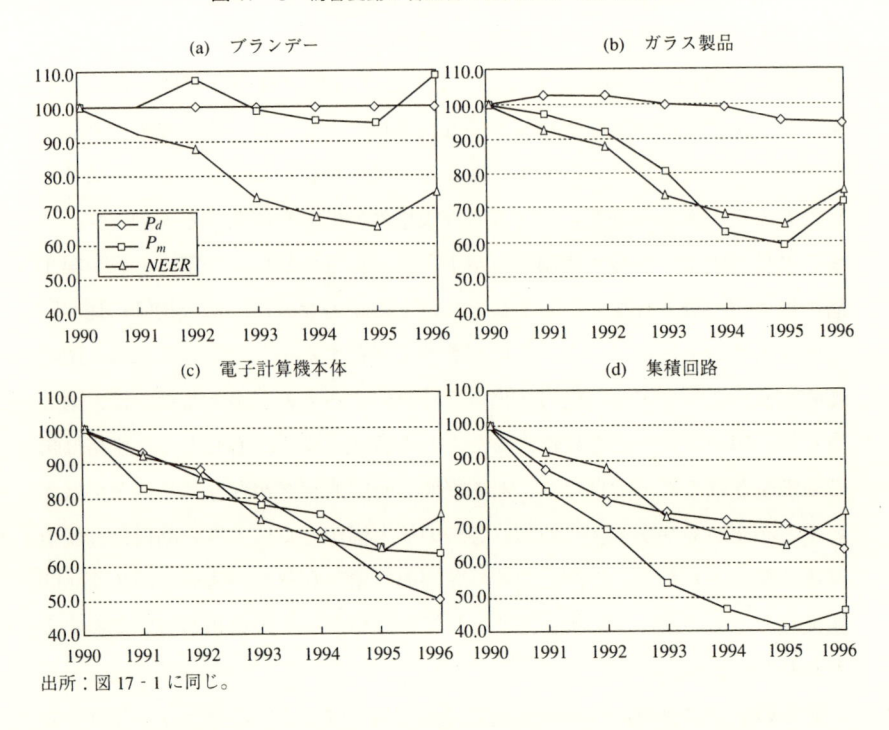

(a) ブランデー　　(b) ガラス製品

(c) 電子計算機本体　　(d) 集積回路

凡例：P_d、P_m、NEER

出所：図 17-1 に同じ。

価はほとんど変化していません。つまり、第2層、第3層が拡大しているのです。ガラス製品は、かねてから公正取引委員会によって国内流通機構の問題を指摘されてきた品目であり、円高差益は国内流通過程で吸収されてしまったものと考えられます。(c)には電子計算機本体を示しました。為替レート、輸入物価、国内卸売物価は完全に平行に動いているというわけではありませんが、為替変動が末端価格にも大きく影響を与えていることは明らかでしょう。(d)の集積回路においても輸入物価、国内卸売物価ともに下降傾向がはっきりしていますが、両物価が乖離している原因はよくわかりません。

　このように、為替レートが個別品目の輸入・国内物価に与える影響は、単純な理論から導かれる予想とはかなり食い違っています。肝心なことは、理論値とのずれがとくに大きい場合、何らかの政府規制や貿易制限的民間商慣

行が存在する可能性が高いということです。価格が奇妙な動きをする時には、何かおかしなことが起きているものと疑ってかかる必要があるのです。

3．為替変動と輸出価格

次に、輸出側を見てみましょう。為替レートが変動した時の輸出価格の変化は、従来からパススルー（為替転嫁）問題として研究対象となってきました。

パススルー率とは、為替が変動した際、どれだけを外貨建て輸出価格の変化に転嫁し、どれだけを自国通貨建て輸出価格の変化で吸収するかを計るものです。例えば円が20％増価した時、外貨建て価格を20％上げて自国通貨建て価格を据え置けばパススルー率は100％、逆に外貨建て価格を変化させないように自国通貨建て価格を引き下げればパススルー率は０％です。自国通貨建て輸出価格（$P_x(yen)$）と外貨建て輸出価格（$P_x(fc)$）の間には、国際間輸送費・流通コストや水際以前にかかってくる貿易障壁の影響などを無視すれば、つねに次のような関係が成り立っているはずです。

$$P_x(yen) = eP_x(fc)$$

ここでeは為替レート（外貨１単位当たりの円）です。円高となった時にはeが小さくなるわけですから、輸出を続けるためには$P_x(yen)$を下げるか$P_x(fc)$を上げるかして、この等号を保たなければなりません。$P_x(fc)$の変化率を$(1/e)$の変化率で割ったものがパススルー率です。

パススルー率の大きさは輸出価格がどのように決定されるかに依存するわけで、輸出品に関しての供給曲線と需要曲線の形状と市場構造によって決まってきます。生産が完全競争下で行われていて（すなわち$P_x(yen) = mc(yen)$、ただし$mc(yen)$は円ベースの限界費用）しかも限界費用が円ベースで固定されているならば、為替レートの変化は外貨建て価格（$P_x(fc)$）に100％転嫁されるはずです。生産側から見てパススルー率が100％以下になるためには、為替変動によって中間投入コストが変化したり、産業全体の供

給曲線が右上がりとなっていたり、あるいは生産が完全競争下で行われていないなどの条件が必要です。一方需要側からみると、海外においても日本製品と完全に代替的な製品が生産されていて、しかも日本の輸出が外国市場において小さなシェアしか占めていない場合には、その商品について日本は「小国」であるわけですから、円が変動しても外国市場における価格は影響を受けず、したがって輸出が続く限りパススルー率は０％となるはずです。逆に、日本製品が外国市場において大きなシェアを占めていたり、商品が差別化されている場合には、外国価格の変化する余地があるので、パススルー率が正の値をとる可能性も出てきます。このように、パススルー率の決定要因については供給側と需要側の両方から考えていく必要があります。

　アメリカは1980年代前半にドル高、後半にドル安を経験しましたが、その過程でパススルー率が研究者の注目を集めるようになりました。アメリカ企業が輸出する際の輸入国通貨建て価格は為替レートとほぼ平行に動く（パススルー率が高い）のに対し、外国からアメリカに入ってくる商品のドル価格は為替レートの変化を反映しない（パススルー率が低い）、という非対称性がとくに問題となったのです。これについては、アメリカ市場が巨大で輸入依存度も比較的低いことから輸出国が「小国」となりがちであること、契約通貨（invoice currency）がドルであることが多いために少なくとも短期的には価格がドル・ベースで硬直的となりがちであることなど、いくつかの説明が可能です。しかし、とりわけドル安期に問題となったのは、外国企業がアメリカ市場における市場シェアを守るためにドル価格を不当に低く据え置いているのではないかということでした。このような行動が可能であるためには、外国の輸出企業はアメリカ市場以外のどこかで超過利潤を得ていることが必要で、それを原資としてはじめてアメリカへの輸出価格を低く押さえることができるというわけです。このような解釈に基づけば、パススルー率が低いということは輸出企業の不公正な貿易慣行の存在を意味することになるのです。

　１つの企業が２つの市場で異なった価格を設定することを、第３度価格差

別と言います[7]。「学生割引」や「子供用運賃」などが例としてよく挙げられますが、自国市場の価格を高止まりさせながら外国市場の価格を低くするのもやはり第3度価格差別です。このような価格差別が可能であるためには、少なくとも2つの要件が必要です。第1に、2つの市場が分断されていなければなりません。分断されていないならば、2つの市場の間でいったん価格差が生じても、商品裁定が起こって価格が均等化してしまうからです。われわれの例で言えば、何らかの貿易障壁や商慣行によって、国境をまたいだ商品裁定が起こらないようになっていることが必要なのです。第2に、少なくとも高い価格を設定している市場は不完全競争下になければなりません。完全競争下では価格は限界費用と等しくなるはずですから、仮に市場が分断されていても2つの市場における価格は等しくなってしまいます。以上の2つの要件を考慮すれば、外国企業の低いパススルー率は不公正な貿易慣行を意味する、と主張するアメリカ人の理屈もわかるでしょう。低いパススルー率は、輸出国における貿易障壁の存在と不完全競争による超過利潤の享受を意味するというわけです。

　このような企業の価格差別行動が合理的に説明できるかどうかは、別途理論モデルを書いてチェックする必要があります。しかし、実際に自国市場と外国市場とで価格差別を行っているかどうかは、物価データが整備されていれば直接確認することができます。先に示した図17-1では、1990年以降の円高期、日本の輸出物価は下落しているのに対し、国内卸売物価はわずかしか下がっていませんでした。これはもちろん集計レベルの物価指数を見たものであり、両指数の商品構成が異なっているので、解釈は慎重でなければなりません。しかしあえて大胆に解釈すれば、日本企業のパススルー率は相当低く、しかも国内市場と輸出市場との間で価格差別を行っている可能性があることになります。

　輸出物価指数も184品目（輸入物価指数の品目とは一致しない）について

---

7) 3種類の価格差別については、例えばTirole（1988, Ch.3）を見てください。

図17-4 為替変動と各品目の国内卸売・輸出物価

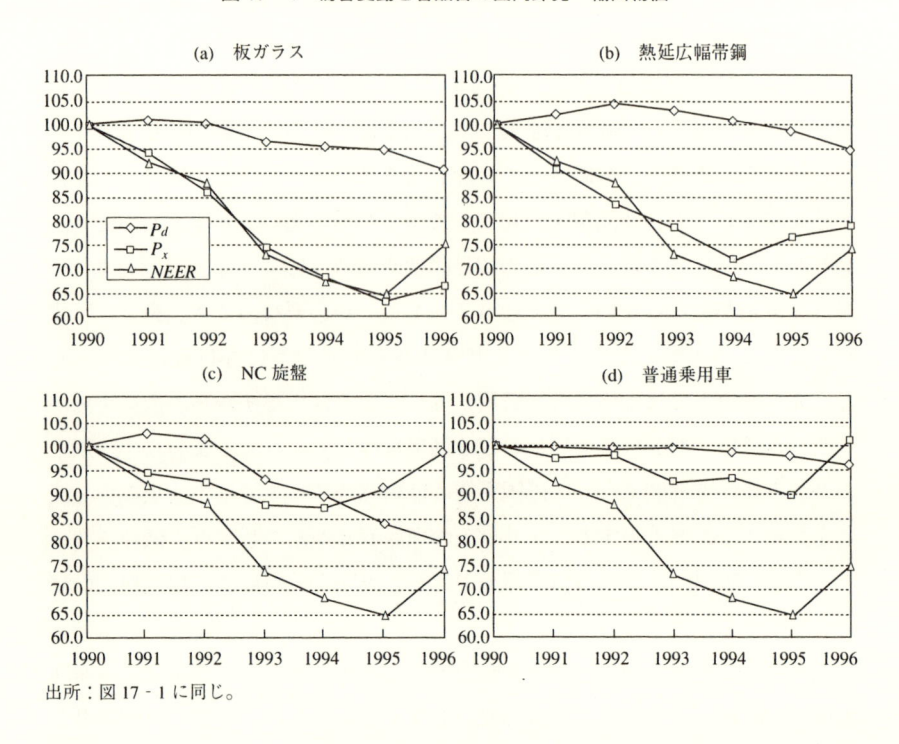

(a) 板ガラス
(b) 熱延広幅帯鋼
(c) NC旋盤
(d) 普通乗用車

凡例: P_d, P_x, $NEER$

出所：図17-1に同じ。

作成されています。これらと国内卸売物価指数の品目をマッチングすることによって、各品目についての価格の動きを観察することができます。図17-4に四つの品目についての価格変化を例として示しました。(a)は板ガラスです。円建て輸出物価（P_x）は為替レート（$NEER$）とほぼ平行に下がっており、パススルー率はほとんど0％であることがわかります。一方、国内卸売物価（P_d）はごくわずかしか下がっていません。ここでは物価指数を見ているので絶対的な価格差はわかりませんが、国内市場向け価格は高く維持しつつ輸出価格を引き下げているものと考えられます。(b)の熱延広幅帯鋼も同様の動きを示しています。おそらくこれらの産業は製品差別化などが十分にできず、輸出市場においてはプライステイカーに近い価格付けをしてお

り、そのためにパススルー率が低くなっているのでしょう。一方、国内市場で価格を高止まりさせることができるとすれば、何らかの形で国際間の商品裁定を妨げるメカニズムが存在し、かつ国内供給が不完全競争下にあるものと考えられます。これらはアメリカが非難したケースによく似ています。輸出はダンピングとなっている可能性もあります[8]。

　一方、図7-4(c)は NC 旋盤です。為替レートと輸出物価はかなり異なった動きをしています。円高となっても円建て輸出価格をそれほど引き下げていませんから、パススルー率はかなり高いことがわかります。国内卸売物価と輸出物価の動きが必ずしも一致しないのは、日本の生産者の強い市場支配力による第3度価格差別を表しているのかもしれません。(d)は普通乗用車です。こちらも、輸出物価は為替レートとははっきりと異なった動きを見せており、パススルー率は高くなっています。輸出物価と国内卸売物価はほぼ平行して動いており、第3度価格差別はそれほど行われていないものと思われます。このように、日本企業が強い国際競争力を有している場合には、為替レートの変動は外貨建て輸出価格に転嫁される傾向が強いといえます。

　以上、為替変動の価格に対する影響をミクロ面からとらえることにより、さまざまなことが読み取れることを示しました。価格は需要面、供給面のさまざまな経済変数によって影響を受けますから、為替変動の影響だけを純粋に検出するのは容易ではありません。また、2つの価格データの突き合わせをする際には、本当に同質的な財の価格を比較しているのかという問題がつねにつきまといます。しかし、それらの難しさにもかかわらず、価格データ

---

8) ダンピングが認定されるケースの大半は、国内競争法が問題視する略奪的価格付け (predatory pricing) あるいは不当廉売というよりはむしろ、このように輸出国国内の価格が不完全競争と市場分断のために高く設定されている場合となっています。実は安価な輸入品が入ってくることは輸入国全体の不利益とは必ずしもならないわけで、反ダンピング関税の経済学的根拠は薄弱です。反ダンピング関税制度は競争法と整合的な形に改訂されるべきで、一時的な国内産業の保護が目的ならばセーフガード措置を用いるべき、というのが、多くの経済学者の主張です。詳しくは Finger (1993) や Clarida (1996) を見てください。

は思いのほか雄弁に、その背後にある経済の問題点を語るのです。問題発見のための第1次的アプローチとしては、価格データの分析は大変有効と言えます。

研究課題

(1) 輸入価格の国内への浸透：日銀の物価統計を用い、貿易障壁が存在すると考えられる商品とそうでない商品について、月次の輸入物価と国内卸売物価をグラフにプロットしてみよう。合わせて為替レート（対ドルでも名目実効でも構いません）もプロットしてみよう。これらのグラフから何が読み取れるでしょうか。

(2) 輸出価格における為替転嫁：同じく日銀の物価統計を用います。国際競争力の強そうな商品とそうでない商品について、月次の輸出物価と国内卸売物価をグラフにプロットしてみよう。為替レートもプロットして、為替転嫁（パススルー）について論じてみよう。

練習問題のためのヒント・略答

　以下は、各章末につけた練習問題についてのヒント・略答です。これらはあくまでも「ヒント・略答」であり、とくに紙幅を節約するために図を省略しているので、自ら手を動かして完全な答えを作成してみてください。答え方は1つしかないとは限りません。さまざまな答え方を考えてみるのも、よい練習になると思います。

第1章　国際貿易モデルの構造

　(1)　「規模に関して収穫一定」という時には、資本と労働の両方を同じ比率で増やした場合を考えています。それに対し「限界生産物逓減」の方は、一方の生産要素のみを増やした場合にあたります。したがって、両方が同時に成り立ってもおかしくありません。また、「規模に関して収穫一定」を仮定した時には、固定費用は存在しないと設定したことになります。限界費用も、生産要素価格が変化しない限り一定となります。

　(2)　収穫逓増の場合は限界生産性が平均生産性を上回ってしまいますから、利潤は負となります。収穫逓減の時は、それと逆のことが起きます。

　(3)　限界変形率と財の価格比が一致しない場合、生産者は価格に比して限界費用が低い財の生産へとシフトします。限界代替率と財の価格比が一致しない場合、消費者も同様に消費比率を変えます。財空間の図を描いて考えてみてください。

　(4)　前者では輸出入のパターンが逆になり、後者では貿易は起きません。

　(5)　貿易線は生産可能性フロンティアに接しなくなります。資本収支赤字の場合、貿易線はもっと内側に描かれなくてはなりません。

第2章　リカード・モデル

(1) 両財についての2国の生産関数が全く同じならば、財貿易が自由になっても貿易は起きず、両国の賃金比はちょうど1となります。2財の労働生産性の比が2国の間で一致している場合も、やはり貿易は起きませんが、両国の賃金比は両国の労働生産性比と等しくなります。それぞれ、図2-1、図2-3、図2-6と同様の図を描いてみてください。

(2) 収穫逓増の場合は原点に向かって凸、収穫逓減の場合は原点に向かって凹となります。図2-1に対応する図を描いてみてください。

(3) それぞれの財の生産に絶対優位を持つ国のみがその財を生産するようになります。両財の生産量は世界全体の限界変形率、財の価格比、限界代替率が等しくなるように決定され、労働はそれに合わせて国際間を移動することになります。その場合に対応する世界全体の生産可能性領域を図2-6にならって描いてみてください。

(4) 例えば本文の例で、自国がワインを生産せずに繊維のみを生産している場合には、$p_c = a_{Lc}^h w^h$ でかつ $a_{Lc}^h/a_{Lw}^h < p_c/p_w$ という関係が成り立っているはずです。ここから $p_w < a_{Lw}^h w_h$、すなわち自由貿易下の財価格では自国のワイン生産の利潤は負となることがわかります。したがってこの場合には、自国ではワインは生産されません。

(5) 図2-2における原点から両国の生産点へのベクトルを足し上げたところに世界全体の生産点がきます。その点は図2-6の世界全体の生産可能性フロンティアよりも内側の点となってしまうことを確認してください。貿易は世界全体の消費可能性領域を拡大するのです。

(6) 例えば外国が生産技術を持っていない財 i があれば a_i^*/a_i は無限大となり、逆に自国が作れない財 j があれば a_j^*/a_j はゼロとなります。それらの場合の供給条件スケジュールが自分で描いてみてください。また、新たな財が生み出されれば、図2-7のNが外側にシフトしていくことになります。

第3章 ヘクシャー＝オリーン・モデル

(1) 要素空間の図と要素価格空間の図では、単に財1と財2を入れ替えればよく、また財空間の図は外見上は変化しません。しかし、要素空間のエッジワース・ボックスでは契約曲線の曲がり方が逆になり、対角線の上にきます。サムエルソン＝ジョンソン・ダイアグラムでは、右側の2つの曲線が入れ替わるのみならず、左側の曲線の傾きが逆になります。

(2) 要素空間の図と要素価格空間の図では、両財の曲線が一致します。要素空間のエッジワース・ボックスでは、契約曲線が対角線と一致します。財空間では、生産可能性フロンティアが直線となります。サムエルソン＝ジョンソン・ダイアグラムでは、右側の2曲線が一致し、左側の曲線は垂直となるはずです。このケースではもちろん、2財の要素集約度とその国の要素賦存比率が一致していなければ、均衡とはなりません。

(3) それぞれの原点から延ばした直線上では、等量曲線の傾きは等しくなっているはずです。このことを利用すれば、図を描くことによって証明できます。

(4) 2財の要素集約度の違いは、要素空間の図では2曲線の離れ具合、要素価格空間では2曲線の傾きの違い、要素空間のエッジワース・ボックスでは契約曲線の曲がり具合、財空間では生産可能性フロンティアの曲がり具合、サムエルソン＝ジョンソン・ダイアグラムでは右側の2曲線の離れ具合と左側の曲線の傾きとして表されます。2財の要素集約度が違うほど不完全特化となりやすい、と言えます。

(5) 2国の要素賦存比率が接近しているほど同じ不完全特化錐に入る可能性が高くなりますから、両国とも不完全特化となりやすいはずです。

(6) 2本の要素価格フロンティアが2回交わるケースに対応しています。

(7) 要素空間の図、要素価格空間の図、および財空間の図では、2つの財を入れ替えればよいのですから、すぐにわかるでしょう。要素空間のエッジワース・ボックスとサムエルソン＝ジョンソン・ダイアグラムではいくつかの曲線の曲がり方が逆になっているので、注意してください。

(8) 財価格が変化しない限り動かない曲線もあることに注意してください。

(9) 完全雇用条件式
$$a_{L1}x_1 + a_{L2}x_2 = L$$
$$a_{K1}x_1 + a_{K2}x_2 = K$$
を全微分すると
$$a_{L1}dx_1 + x_1 da_{L1} + a_{L2}dx_2 + x_2 da_{L2} = dL$$
$$a_{K1}dx_1 + x_1 da_{K1} + a_{K2}dx_2 + x_2 da_{K2} = dK$$
となりますが、ストルパー＝サムエルソンの時と違って da_{L1}、da_{L2}、da_{K1}、da_{K2} はゼロです。両辺をそれぞれ L と K で割って整理すれば
$$\lambda_{L1}\hat{x}_1 + \lambda_{L2}\hat{x}_2 = \hat{L}$$
$$\lambda_{K1}\hat{x}_1 + \lambda_{K2}\hat{x}_2 = \hat{K}$$
$$(\lambda_{Li} = a_{Li}x_i/L, \ \lambda_{Ki} = a_{Ki}x_i/K)$$
が導けます。

(10) ストルパー＝サムエルソンの定理に関しては要素空間の図や要素価格空間の図、リプチンスキーの定理に関しては要素空間のエッジワース・ボックスなどを描いてみればわかるでしょう。

(11) 要素空間の図では不完全特化錐が複数存在する可能性が生ずること、サムエルソン＝ジョンソン・ダイアグラムでは1つの財の相対価格が複数の要素価格比に対応しうることを確認してください。

(12) 図3-19と図3-20を完全特化のケースについて描いてみてください。

第4章　特殊要素モデル

(1) 資本が産業間で移動できないことから、生産可能性フロンティアはヘクシャー＝オリーン・モデルの場合よりも内側で、しかも曲がり方がきつくなります。

(2) x 財が資本集約的である場合には、契約曲線が対角線よりも上にきます。また、短期と長期では賃金の変化が逆方向になります。長期均衡で完全

特化が起きる場合（例えば x 財に特化する場合）は、長期均衡点は上の図では右側の縦軸の上、下の図では O_z 点にくるはずです。

(3) 下の図の契約曲線が対角線の上にきます。長期均衡では、リプチンスキーの定理により、x 財の生産は減少し、z 財の生産は増加するはずです。

(4) やはり、下の図の契約曲線の曲がり方が逆になります。長期均衡では、x 財の生産が増加し、z 財の生産が減少します。

(5) 農業と工業という2部門からなる特殊要素モデルを設定し、VMPL ダイアグラムを描いてください。(a)、(b)、(c)はそれぞれ、価格が変化した場合、労働が増加した場合、特殊要素が増加した場合に当たります。とくに(a)の場合の厚生効果を見る時には、財の相対価格が変化していることに注意してください。

(6) 工業の方の VMPL 曲線は、通常の規模に関して収穫一定の生産関数を想定するならば、水平な直線となるはずです。完全特化は、第1次産業の VMPL 曲線が工業の VMPL 曲線よりもつねに上にある場合に起こります。工業化が開始されるには、1次産品の相対価格が低下するか、天然資源の投入が減少するか、もしくは人的資源賦存量が増加することが必要です。これらは図を描けば確認できます。

第5章 国際間生産要素移動

(1) 人間の移動は単なる生産要素の移動ではない、ということをよく考える必要があります。

(2) VMPK 曲線は、不完全特化の時には水平となります。そのことに注意しながら、VMPK ダイアグラムを描いてみてください。木村・小浜（1995、65～67ページ）に解説があります。

(3) 資本と労働の移動の方向は一般に逆になります。労働が流出すれば、国内生産点はもともとの生産可能性フロンティアの内側にくるはずです。

第6章 「新」国際貿易理論

(1) 規模の経済性がある産業では生産量が増えるほど生産性が高まるわけですから、原点に向かって凹となっている生産可能性フロンティアの曲がり方が小さくなるはずです。図1-3(e)のように部分的に原点に向かって凸となったり、あるいは生産可能性フロンティア全体が原点に向かって凸となったりする場合もあります。

(2) 財2はどちらか一方の国ですべて生産しなくてはならないことを考慮して、図を描いてみてください。まず、両方の原点から、財2への要素投入にあたる直線を先に描いてしまう方が簡単でしょう。

(3) エリアは2つの平行な直線(線分)となるはずです。

(4) 要素賦存点が対角線上にある時には、2国間の貸し借りがない以上、消費点も同じところにきます。一方の財が差別化している場合というのは、図6-5の特殊ケースです。

第7章 完全競争下の貿易政策の厚生効果

(1) 図7-5と図7-6にどのような変更を加えなければならないか、考えてみてください。輸出補助金が与えられれば輸出が増えるので、自国の輸出財の国際価格は低下するはずです。

(2) 輸入補助金が与えられると、当該財の国内価格は低下します。また、大国の場合、当該財の国際価格は上昇します。これらを考慮しながら、図を描いてみてください。一般均衡アプローチでは、輸出補助金の場合と全く同じ図となるはずです。

(3) 輸出税により、当該財の国内価格は低下します。また、大国の場合、当該財の国際価格は上昇します。一般均衡アプローチでは、関税と全く同じ図となるはずです。

(4) 小国の場合は、定義上、国際価格は変化しませんから、交易条件も変わりません。大国の場合、関税、輸出税は交易条件を改善し、輸出補助金、輸入補助金は交易条件を悪化させます。一般に、交易条件の改善はその国の

厚生水準を上昇させます。以上のことを、一般均衡アプローチに基づく図を描いて確認してください。

(5) 水平の部分は、関税率が極端に高いために輸入がゼロとなってしまった場合に対応しています。「禁止的関税（prohibitive tariff）」のケースです。

(6) 厚生ロスは生産者側のみとなるはずです。

第8章　市場の歪み理論

(1) 小国の場合、消費可能性フロンティアは、生産可能性フロンティアに接する貿易線となります。大国の場合は注7）の「ボールドウィンの包絡線」となります。

(2) 図8-4とは逆に、$social\ DRT$ が $private\ DRT$ を上回っているケースです。製造業の生産を増加させる政策を検討することになります。

(3) 生産には歪みはなく、消費サイドが歪んでいるケースです。タバコの消費を抑える政策を検討することになります。

第9章　規模の経済性・不完全競争と戦略的貿易政策

(1) 図9-1の部分均衡で考える限り、関税賦課によって本来もっと生産されるべき当該財の生産がさらに減少してしまうので、世界全体の厚生は低下します。

(2) 安定的な均衡と不安定な均衡が交互に現れるはずです。

(3) 反応曲線上の点は、相手企業の生産量が与えられた時の自らの最適な生産量を表していることを、よく考えてみてください。

(4) 固定費用が存在しないモデルでは、相手企業の反応曲線上でその生産がゼロである点がその時の均衡になります。

(5) ブランダー＝スペンサー・モデルでは、自国政府の政策によって外国企業の利潤は減少します。それに対しイートン＝グロスマン・モデルでは、外国企業の利潤は逆に増加します。

第10章　貿易政策と政治経済学

(1)　C_{FT} 点よりも高い厚生を得るケースは考えられないことを確認してください。

(2)　そもそも政治過程には一定の資源投入が必要であり、必ずしも資源の浪費とみなすべきでない、との考え方もありうるでしょう。また、DUP 活動によって効用を得る場合ももちろんあります。いろいろな例を考えてみてください。

(3)　現実の政治過程がどちらに近いかを考えてみてください。

(4)　アメリカとの政治形態の違いに配慮する必要がありますが、基本的な議論は共通であることがわかるでしょう。

第11章　経済成長が貿易に与える影響

(1)　図11-2の財1について言えば、下級財はケースⅠ、正常財はケースⅡ、Ⅲ、Ⅳ、贅沢品はケースⅢとⅣ、必需品はケースⅡにあたります。

(2)　2産業の要素集約度が大きく異なるほど、生産可能性フロンティアの曲がり方が大きくなります。

(3)　超逆貿易偏向的となるはずです。

(4)　例えば、所得が上昇するにつれて財2の支出シェアが大きくなってくるケースを考えてみてください。

第16章　為替レートと貿易

(1)　2国モデルで、自国の貿易収支を b、外国の貿易収支を $-b$ とおけば、全く同じ結論を導くことができます。

(2)　一般に為替増価によって相対的に有利になる産業は、貿易財産業よりも非貿易財産業、輸入中間投入の小さな産業よりも大きな産業、輸出比率の大きな産業よりも小さな産業です。

あとがき

　本書は、1996年4月から1997年11月にかけて『経済セミナー』に18回にわたって連載した「国際経済学・入門」に大幅に手を加えて書き上げたものです。

　「経済学って、何か世の中の役に立つの？」という素朴な疑問、これを大事にして、毎日自らに問いかけるというのが、私の経済学への取り組み方です。経済学をどのような対象としてとらえるかは研究者によって大きく異なっているのですが、私の場合はあくまでも現実経済を考えるための道具として経済学を用いています。これは経済学とのつきあい方としてはかなり偏った立場ですが、実社会の専門外の人たちから寄せられる経済学への期待に少しでも答えるためには、そういう仕事をする者も必要ではないかと考えています。

　私は、大学を卒業してから4年半ほど（財）国際開発センターで発展途上国への経済協力に関係する仕事に従事し、28歳の時に留学して遅ればせながら経済学を正式に勉強し始めました。最初にコースワークで経済理論の基礎を詰め込んだ時には、よくもまあ、こんなに非現実的なことばかりやりながら社会科学などと言えるものだ、とあきれかえったものでした。そこで出会ったのが国際貿易理論です。この、どちらかというと古風（old-fashioned）な分野は、すでに経済理論の先端を走るものではなかったのかもしれません。しかしそこでは、理論と実証研究の関係をどう考えるべきか、建設的な政策論を展開するにはどうすればよいか、といった問いかけが頻繁に行われていました。私は国際貿易理論の勉強を通じて初めて、現実を理解するために理論がきわめて重要であることに気付いたのです。

　ごく標準的なミクロ経済理論をベースとしてどこまで押していけるのかを知ることは、経済学を道具として用いる際に決定的に重要となってきます。経済学だけで世の中のすべての問題を解決できるなどということはもちろん

ありません。しかし、「経済学の限界」と言われるものは往々にして「経済学者の限界」なのであって、われわれはもっと、経済学という有用な道具を使いこなす必要があります。本書は教科書ではありますが、現実の経済問題に関心を抱く者の視点から書いたつもりです。

本書の執筆にあたっては、多くの先生、同僚、友人からご指導、ご助力を得ました。米国ウィスコンシン大学マディソン校における指導教官であったロバート・E・ボールドウィン教授の影響は随所に明らかです。米国ニューヨーク州立大学オルバニー校時代に小浜裕久氏(静岡県立大学)とともに『実証｜国際経済入門』(日本評論社)を執筆したことは、本書を執筆する直接の動機となりました。慶應に籍を置くようになってからは、専門分野の近い数多くの先輩・同僚に恵まれ、また学外の研究者やエコノミスト、官庁や民間企業で実務に携わっていらっしゃる方々から多くの教えを受けることができました。とくに佐々波楊子(慶應義塾大学名誉教授、明海大学)、浦田秀次郎(早稲田大学)両先生とともに研究活動を行う機会を得て、為替レートと価格、直接投資、WTOなど実証・政策研究上の新しい研究課題に取り組むことができたことは、私の貴重なアセットとなりました。また、慶應義塾大学経済学部の木村研究会の学生諸君、とりわけ入山章栄君(現三菱総合研究所)と藤井孝宗君(現慶應義塾大学研究助手)は、本書の原稿全体に目を通して詳細なコメントをまとめてくれました。その他多くの方々の助けなしには、本書は刊行に至らなかったと思います。ここに感謝の意を表します。

編集の鴇田祐一氏には前回の小浜氏との経済セミナー連載の時からお世話になっています。今回は連載終了後しばらく原稿を放り出してしまった時期もあり、ご心配をかけましたが、最後は元気に脱稿することができました。気持ちよく仕事をさせていただいたことを大いに感謝しております。

  2000年3月10日　熱海にて

木村福成

引用文献

Armington, P. A. (1969) "A Theory of Demand for Products Distinguished by Place of Production," *IMF Staff Papers* 16: 159-178.

Aw, Bee-Yan and Hwang, Amy R. (1995) "Productivity and the Export Market: A Firm Level Analysis," *Journal of Development Economics* 47: 313-332.

Baldwin, Richard E. and Krugman, Paul R. (1988a) "Market Access and Competition: A Simulation Study of 16K Random Access Memories," in R. Feenstra, ed., *Empirical Research for International Trade*, Cambridge: The MIT Press.

―― and ―― (1988b) "Industrial Policy and International Competition in Wide-Bodied Jet Aircraft," in R. E. Baldwin, ed., *Trade Policy Issues and Empirical Analysis*, Chicago: The University of Chicago Press.

Baldwin, Richard E. and Venables, Anthony J. (1995) "Regional Economic Integration," in Gene M. Grossman and Kenneth Rogoff, eds., *Handbook of International Economics*, Vol.3, Amsterdam: North-Holland.

Baldwin, Robert E. (1984) "Rent-Seeking and Trade Policy: An Industry Approach," *Weltwirtschaftliches Archiv* Band 120: 662-677.

―― (1985) *The Political Economy of U.S. Import Policy*, Cambridge: The MIT Press.

―― (1989) "The Political Economy of Trade Policy," *Journal of Economic Perspectives* 3, No.4 (Fall): 119-135.

―― and Cain, Glen G. (1997) "Shifts in U.S. Relative Wages: The Role of Trade, Technology and Factor Endowments," NBER Working Paper No. 5934 (February).

―― and Kimura, Fukunari (1998) "Measuring U.S. International Goods and Services Transactions," in R. E. Baldwin, R. E. Lipsey, and J. D. Richardson, eds., *Geography and Ownership as Bases for Economic Accounting*, Chicago:

The University of Chicago Press.

Bernard, Andrew B. and Jensen, J. Bradford (1995a) "Exporters, Jobs, and Wages in U.S. Manufacturing 1976-1987," *Brookings Papers: Microeconomics 1995*.

—— and —— (1995b) "Exceptional Exporter Performance: Cause, Effect, or Both?," Mimeo.

Bhagwati, Jagdish N. (1958) "Immiserizing Growth: A Geometrical Note," *Review of Economic Studies* 25 (June): 201-205.

—— (1971) "The Generalized Theory of Distortions and Welfare," in J. N. Bhagwati, R. W. Jones, R. A. Mundell, and J. Vanek, eds., *Trade, Balance of Payments, and Growth: Papers in International Economics in Honor of Charles P. Kindleberger*, Amsterdam: North-Holland. Also in J. N. Bhagwati, ed., (1987) *International Trade: Selected Readings*, Second Edition, Cambridge: The MIT Press.

—— (1982) "Directly Unproductive, Profit-Seeking (DUP) Activities," *Journal of Political Economy* 90, No.5: 988-273. Also in Bhagwati, Jagdish N. (edited by Robert C. Feenstra) (1987) *The Theory of Commercial Policy: Essays in International Economic Theory*, Vol.1, Cambridge: The MIT Press.

—— (1988) *Protectionism*, Cambridge: The MIT Press.

—— (1993) "Regionalism and Multilateralism: An Overview," in Jaime de Melo and Arvind Panagariya, eds., *New Dimensions in Regional Integration*, Cambridge: Cambridge University Press.

——; Panagariya, Arvind; and Srinivasan, T.N. (1998) *Lectures on International Trade*, Second Edition, Cambridge: The MIT Press.

—— and Srinivasan, T. N. (1982) "The Welfare Consequences of Directly-Unproductive Profit-Seeking (DUP) Activities: Price versus Quantity Distortions," *Journal of International Economics* 13: 33-44. Also in Bhagwati, Jagdish N. (edited by Robert C. Feenstra) (1987) *The Theory of Commercial Policy: Essays in International Economic Theory*, Vol.1, Cambridge: The MIT Press.

Bowen, Harry P.; Hollander, Abraham; and Viaene, Jean-Marie (1998) *Applied*

International Trade Analysis, London: Macmillan.

Brander, James A. (1995) "Strategic Trade Policy," in G. M. Grossman and K. Rogoff, eds., *Handbook of International Economics*, Vol.III, Amsterdam: North-Holland.

—— and Spencer, Barbara J. (1985) "Export Subsidies and Market Share Rivalry," *Journal of International Economics* 18: 83-100.

Bresiz, E. S.; Krugman, P. R.; and Tsiddon, D. (1993) "Leapfrogging in International Competition: A Theory of Cycles in National Technological Leadership," *American Economic Review* 83, No.5 (December): 1211-1219.

Burmeister, E. and Dobell, A. R. (1970) *Mathematical Theories of Economic Growth*, New York: Macmillan (佐藤隆三・大住栄治訳 (1976) 『テキストブック現代経済成長理論』勁草書房).

Caves, Richard E. (1996) *Multinational Enterprise and Economic Analysis*, Cambridge: Cambridge University Press.

——; Frankel, Jeffrey A.; and Jones, Ronald W. (1993) *World Trade and Payments: An Introduction*, Sixth Edition, New York: Harper Collins.

Clarida, Richard H. (1996) "Dumping: In Theory, in Policy, and in Practice," in Jagdish N. Bhagwati and Robert E. Hudec, eds., *Fair Trade and Harmonization: Prerequisites for Free Trade? Vol. 1: Economic Analysis*, Cambridge: The MIT Press.

Corden, W. Max and Neary, J. Peter (1982) "Booming Sector and De-Industrialization in a Small Open Economy," *Economic Journal* 92 (December): 825-848.

Deardorff, Alan V. (1998) "Fragmentation in Simple Trade Models," Research Seminar in International Economics, School of Public Policy, The University of Michigan, Discussion Paper No.422 (January).

—— and Stern, Robert M. (1998) *Measurement of Nontariff Barriers*, Ann Arbor: The University of Michigan Press.

De Melo, Jaime; Panagariya, Arvind; and Rodrik, Dani (1993) "The New Regionalism: A Country Perspective," in Jaime de Melo and Arvind Panagariya, eds., *New Dimensions in Regional Integration*, Cambridge: Cambridge

University Press.

Dixit, A. K. (1988) "Optimal Trade and Industrial Policy for the U.S. Automobile Industry," in R. Feenstra, ed., *Empirical Research for International Trade*, Cambridge: The MIT Press.

Doms, Mark E. and Jensen, J. Bradford (1998) "Comparing Wages, Skills, and Productivity between Domestically and Foreign-Owned Manufacturing Establishments in the United States," in R. E. Baldwin, R. E. Lipsey, and J. D. Richardson, eds., *Geography and Ownership as Bases for Economic Accounting*, Chicago: The University of Chicago Press.

Dornbusch, Rudigar; Fischer, Stanley; and Samuelson, Paul (1977) "Comparative Advantage, Trade, and Payments in a Ricardian Model with a Continuum of Goods," *American Economic Review*, 67, No.5 (December): 823-839.

Drache, D., ed. (1995) *Staples, Markets, and Cultural Change: Selected Essays Harold A. Innis*, Centenary Edition, Montreal: McGill-Queen's University Press.

Dunning, John H. (1993) *Multinational Enterprises and the Global Economy*, Wokingham: Addison-Wesley.

Eaton, Jonathan and Grossman, Gene M. (1986) "Optimal Trade and Industrial Policy under Oligopoly," *Quarterly Journal of Economics* 101: 383-406.

Ethier, Wilfred J. (1982) "Decreasing Costs in International Trade and Frank Graham's Argument for Protection," *Econometrica* 50: 1243-1268.

Findlay, Ronald J. and Wellisz, Stanislaw (1982) "Endogenous Tariffs, the Political Economy of Trade Restrictions and Welfare," in Jagdish N. Bhagwati, ed., *Import Competition and Response*, Chicago: The University of Chicago Press.

Finger, J. Michael (1993) "Reform," in J. Michael Finger, ed., *Antidumping: How It Works and Who Gets Hurt*, Ann Arbor: The University of Michigan Press.

深尾京司 (1995)「海外生産と輸出の生産性について:実証研究のサーベイと今後の課題」『通産研究レビュー』第5号 (5月)。

深尾光洋 (1990)『実践ゼミナール 国際金融』東洋経済新報社。

福島隆司 (1993)『漸進的政策勧告の経済学：租税と関税改革の厚生経済的評価』創文社。

外務省経済局監修 (1995)『世界貿易機関 (WTO) を設立するマラケシュ協定』財団法人日本国際問題研究所。

外務省経済局国際機関第一課編 (1996)『解説 WTO 協定』財団法人日本国際問題研究所。

外務省経済局サービス貿易室編 (1998)『1998年版 WTO サービス貿易一般協定：最新の動向と各国の約束』財団法人日本国際問題研究所。

Grimwade, Nigel (1996) *International Trade Policy: A Contemporary Analysis*, London: Routledge.

Grossman, Gene M. and Helpman, Elhanan (1991) *Innovation and Growth in the Global Economy*, Cambridge: The MIT Press.

—— and —— (1994) "Protection for Sale," *American Economic Review* 84: 833-850.

—— and —— (1995) "Technology and Trade," in Gene M. Grossman and Kenneth Rogoff, eds., *Handbook of International Economics*, Vol.III, Amsterdam: North-Holland.

Grubel, H. G. and Lloyd, P. J. (1975) *Intra-Industry Trade: The Theory and Measurement of International Trade in Differentiated Products*, London: Macmillan.

Gunning, Jan Willem and Keyzer, Michiel A. (1995) "Applied General Equilibrium Models for Policy Analysis," in Jere Behrman and T. N. Srinivasan, eds., *Handbook of Development Economics*, Vol.III A, Amsterdam: North Holland.

Harrison, Ann (1996a) "Openness and Growth: A Time-Series, Cross-Country Analysis for Developing Countries," *Journal of Development Economics* 48: 419-447.

—— (1996b) "Determinants and Effects of Direct Foreign Investment in Cote d'Ivoire, Morocco, and Venezuela," in Mark J. Roberts and James R. Tybout, eds., *Industrial Evolution in Developing Countries: Micro Patterns of Turnover, Productivity, and Market Structure*, Oxford: Oxford University Press.

速水佑次郎 (1995)『開発経済学：諸国民の貧困と富』創文社。

Head, Keith; Ries, John; and Swenson, Deborah (1995) "Agglomeration Benefits and Location Choice: Evidence from Japanese Manufacturing Investments in the United States," *Journal of International Economics* 38, No.3-4 (May): 223-247.

Helpman, Elhanan (1984) "A Simple Theory of International Trade with Multinational Corporations," *Journal of Political Economy* 92: 451-471.

Helpman, Elhanan and Krugman, Paul R. (1985) *Market Structure and Foreign Trade: Increasing Returns, Imperfect Competition, and the International Economy*, Cambridge: The MIT Press.

—— and —— (1989) *Trade Policy and Market Structure*, Cambridge: The MIT Press（大山道広訳（1992）『現代の貿易政策：国際不完全競争の理論』東洋経済新報社）.

Hertel, Thomas W., ed. (1997) *Global Trade Analysis: Modeling and Applications*, Cambridge: Cambridge University Press.

Hillman, Arye L. (1989) *The Political Economy of Protection*, New York: Harwood Academic.

Hoekman, Bernard and Kostecki, Michel (1995) *The Political Economy of the World Trading System: From GATT to WTO*, Oxford: Oxford University Press.

Horstman, I. and Markusen, J. (1992) "Endogenous Market Structures in International Trade," *Journal of International Economics* 32: 109-129.

Hufbauer, G.C. and Elliott, K. A. (1994) *Measuring the Costs of Protection in the United States*, Washington, D.C.: Institute for International Economics.

池間誠（1996）「貿易政策」貝塚啓明他監修『日本経済辞典』日本経済新聞社。

今井賢一・宇沢弘文・小宮隆太郎・根岸隆・村上泰亮（1971）『価格理論Ⅰ』岩波書店。

International Monetary Fund, *International Financial Statistics*, Various issues.

伊藤元重（1996）『ゼミナール国際経済入門』改訂2版、日本経済新聞社。

—— and Kiyono, Kazuharu (1987) "Welfare-Enhancing Export Subsidies," *Journal of Political Economy*, 95, No.1 (February): 115-137.

——・清野一治・奥野正寛・鈴村興太郎（1988）『産業政策の経済分析』東京大学

出版会。

――・大山道広(1985)『国際貿易』岩波書店。

Johnson, Harry G. (1967) "The Possibility of Income Losses from Increased Efficiency or Factor Accumulation in the Presence of Tariffs," *Economic Journal* 77 (March): 151-154.

Jones, R. W. (1965) "The Structure of Simple General Equilibrium Models," *Journal of Political Economy* 73, No.4 (December): 557-572.

―― and Kierzkowski, Henryk (1990) "The Role of Services in Production and International Trade: A Theoretical Framework," in Ronald W. Jones and Anne O. Krueger, eds., *The Political Economy of International Trade: Essays in Honor of Robert E. Baldwin*, Oxford: Basil Blackwell.

河合正弘(1994)『国際金融論』東京大学出版会。

Kawai, Masahiro and Urata, Shujiro (1998) "Are Trade and Direct Investment Substitutes or Complements?: An Analysis of the Japanese Manufacturing Industry," in Hiro Lee and David W. Roland-Holst, eds., *Economic Development and Cooperation in the Pacific Basin*, Cambridge: Cambridge University Press.

経済企画庁物価局(1996)『物価レポート'96』経済企画協会。

Kemp, Murray and Wan, Henry, Jr. (1976) "An Elementary Proposition Concerning the Formation of Customs Unions," in Murray Kemp, *Three Topics in the Theory of International Trade: Distribution, Welfare and Uncertainty*, Amsterdam: North-Holland. Also in J. N. Bhagwati, ed., (1987) *International Trade: Selected Readings*, Second Edition, Cambridge: The MIT Press.

Kennan, J. and Riezman, R. (1988) "Do Big Countries Win Tariff Wars?," *International Economic Review* 29, No.1 (February): 81-85.

Kim, Jong-Il and Lau, Lawrence J. (1994) "The Sources of Economic Growth of the East Asian Newly Industrialized Countries," *Journal of the Japanese and International Economies* 8, No.3 (September): 235-271.

木村福成(1997a)「国際関係統計」中島隆信・吉岡完治編『実証経済分析の基礎』慶應義塾大学出版会。

――(1997b)「日本企業の活動の国際化とアジアの経済統合」『国際問題』1997年

6月号。

――― (1998) "Japanese Multinationals and Regional Integration in Asia," in Kiichiro Fukasaku, Fukunari Kimura, and Shujiro Urata, eds., *Asia & Europe: Beyond Competing Regionalism*, Brighton: Sussex Academic Press.

――― (1999)「アメリカ製造業の国際競争力」萩原進・公文溥編『アメリカ経済の再工業化:生産システムの転換と情報革命』法政大学出版局。

――― and Baldwin, Robert E. (1998) "Application of a Nationality-Adjusted Net Sales and Value Added Framework: The Case of Japan," in R. E. Baldwin, R. E. Lipsey, and J. D. Richardson, eds., *Geography and Ownership as Bases for Economic Accounting*, Chicago: The University of Chicago Press.

―――・河井啓希・田中巌 (1996)「内外価格差と貿易障壁:価格データを用いた分析」『三田学会雑誌』89巻2号 (7月):85~100ページ。

―――・小浜裕久 (1995)『実証|国際経済入門』日本評論社。

―――・鈴木英之・斉藤哲夫・鈴木俊之・島田文孝・室田弘壽 (1997)「為替増価の経済効果の研究」『経済分析』第148号、経済企画庁経済研究所 (3月)。

北村行伸・木村福成・新保一成・中島隆信 (2000年刊行予定)『経済統計』東洋経済新報社。

清田耕造・木村福成 (1999)「企業・事業所のミクロ実証分析:ロンジチュージナル・データを用いた諸研究の展望」、Discussion Paper #99-DOJ-96, Research Institute of International Trade and Industry, MITI.

小宮隆太郎 (1996)「日本の一経済学者から見たAPEC」通商産業研究所 Discussion Paper #96-DJ-71 (7月)。

小寺彰 (1998)「多数国間投資協定 (MAI):投資自由化体制の意義と課題」『日本国際経済法学会年報』第7号 (9月)。

Krueger, Anne O. (1974) "The Political Economy of the Rent-Seeking Society," *American Economic Review* 64: 291-303. Also in Jagdish N. Bhagwati, ed., (1987) *International Trade: Selected Readings*, Second Edition, Cambridge: The MIT Press, and Anne O. Krueger, (1990) *Perspectives on Trade and Development*, Chicago: The University of Chicago Press.

――― (1990) "Asymmetries in Policy between Exportables and Import-Competing Goods," in Ronald W. Jones and Anne O. Krueger, eds., *The*

Political Economy of International Trade: Essays in Honor of Robert E. Baldwin, Oxford: Basil Blackwell.

——, ed. (1996a) *The Political Economy of American Trade Policy*, Chicago: The University of Chicago Press.

——, ed. (1996b) *The Political Economy of Trade Protection*, Chicago: The University of Chicago Press.

Krugman, Paul R. (1979) "A Model of Innovation, Technology Transfer, and the World Distribution of Income," *Journal of Political Economy* 87, No. 2 (April): 253-266.

—— (1987) "The Narrow Moving Band, the Dutch Disease, and the Competitive Consequences of Mrs. Thatcher: Notes on Trade in the Presence of Dynamic Scale Economies," *Journal of Development Economics*, 27, No.1-2 (October): 41-55.

—— (1991a) "Increasing Returns and Economic Geography," *Journal of Political Economy* 99: 183-199.

—— (1991b) "Is Bilateralism Bad?," in Elhanan Helpman and Assaf Razin, eds., *International Trade and Trade Policy*, Cambridge: The MIT Press.

—— (1994) "The Myth of Asian Miracle," *Foreign Affairs* 73 (Nov./Dec.): 62-68.

—— (1995a) "Increasing Returns, Imperfect Competition and the Positive Theory of International Trade," in G. M. Grossman and K. Rogoff, eds., *Handbook of International Economics* Vol. 3, Amsterdam: North-Holland.

—— (1995b) *Development, Geography, and Economic Theory*, Cambridge: The MIT Press (ポール・R・クルーグマン著、高中公男訳 (1999) 『経済発展と産業立地の理論：開発経済学と経済地理学の再評価』文眞堂).

—— and Smith, Alasdair, eds. (1994) *Empirical Studies of Strategic Trade Policy*, Chicago: The University of Chicago Press.

Lee, Jong-Wha (1995) "Government Interventions and Productivity Growth in Korean Manufacturing Industries," NBER Working Paper No. 5060 (March).

Linder, Staffan Burenstam (1961) *An Essay on Trade and Transformation*,

New York: John Willey and Sons.

Lipsey, Robert E.; Blomstrom, Magnus; and Ramstetter, Eric D. (1998) "Internationalized Production in World Output," in Robert E. Baldwin, Robert E. Lipsey, and J. David Richardson, eds., *Geography and Ownership as Bases for Economic Accounting*, Chicago: The University of Chicago Press.

MacDougall, G. D. A. (1960) "The Benefits and Costs of Private Investment from Abroad: A Theoretical Approach," *Economic Record* 26 (June): 13-35.

Magee, Stephen P.; Brock, William A.; and Young, Leslie (1989) *Black Hole Tariffs and Endogenous Policy Theory: Political Economy in General Equilibrium*, Cambridge: Cambridge University Press.

Markusen, J. R. (1983) "Factor Movements and Commodity Trade as Complements," *Journal of International Economics* 8 (May): 341-356.

—— (1995) "The Boundaries of Multinational Enterprises and the Theory of International Trade," *Journal of Economic Perspectives* 9, No.2 (Spring): 169-189.

Markusen, J. R. and Maskus, K. E. (1999a) "Multinational Firms: Reconciling Theory and Evidence," NBER Working Paper No.7163 (June).

—— and —— (1999b) "Discriminating among Alternative Theories of the Multinational Enterprises," NBER Working Paper No.7164 (June).

丸山雅祥・成生達彦 (1997)『現代のミクロ経済学：情報とゲームの応用ミクロ』創文社。

Matsuyama, Kiminori (1992a) "A Simple Model of Sectoral Adjustment," *Review of Economic Studies* 59(2), No.199 (April): 375-388.

—— (1992b) "Agricultural Productivity, Comparative Advantage and Economic Growth," *Journal of Economic Theory* 58, No.2 (December): 317-334.

Mayer, Wolfgang (1984) "Endogenous Tariff Formation," *American Economic Review* 74: 970-985.

McMillan, John (1993) "Does Regional Integration Foster Open Trade? Economic Theory and GATT's Article XXIV," in Anderson, Kym and Blackhurst, Richard, eds., *Regional Integration and the Global Trading System*, New

York: Harvester Wheatsheaf.

蓑谷千凰彦 (1997)『計量経済学 [第3版]』東洋経済新報社。

Mundell, R. A. (1957) "International Trade and Factor Mobility," *American Economic Review* 47: 321-335.

長岡貞男・平尾由紀子 (1998)『産業組織の経済学：基礎と応用』日本評論社。

中谷巌 (1993)『入門マクロ経済学』第3版、日本評論社。

Neary, J. P. (1978) "Short-run Capital Specificity and the Pure Theory of International Trade," *Economic Journal* 88: 488-510.

Negishi, Takashi (1982) "The Labor Theory of Value in the Ricardian Theory of International Trade," *History of Political Economy*, 14, No.2 (Summer): 199-210.

日本銀行調査統計局 (1997)『物価指数年報（平成8年）』ときわ総合サービス株式会社出版部。

日本銀行国際収支統計研究会 (1996)『国際収支のみかた』日本信用調査株式会社。

西村和雄 (1990)『ミクロ経済学』東洋経済新報社。

小田正雄 (1997)『現代国際経済学』有斐閣。

奥野正寛・鈴村興太郎 (1985)『ミクロ経済学Ⅰ』岩波書店。

――・―― (1988)『ミクロ経済学Ⅱ』岩波書店。

大蔵省 (1998)『財政金融統計月報・国際収支特集』第557号、大蔵省印刷局（9月）。

Organization for Economic Cooperation and Development (OECD) (1995) *Trends in International Migration: Continuous Reporting System and Migration: Annual Report 1994*, Paris: OECD.

Ramaswami, V. K. (1968) "International Factor Movements and the National Advantage," *Economica* 35: 309-310.

Rodriguez, Francisco and Rodrik, Dani (1999) "Trade Policy and Economic Growth: A Skeptic's Guide to the Cross-National Evidence," NBER Working Paper #7081 (April).

Rodrik, Dani (1995) "Political Economy of Trade Policy," in Gene M. Grossman and Kenneth Rogoff, eds., *Handbook of International Economics*, Vol.3, Amsterdam: North-Holland.

Sapir, Andre and Winter, Chantal (1994) "Services Trade," in David Greenaway and L. Alan Winters, eds., *Surveys in International Trade*, Oxford: Basil Blackwell.

Sazanami, Yoko; Kimura, Fukunari; and Kawai, Hiroki (1997) "Sectoral Price Movements under the Yen Appreciation," *Journal of the Japanese and International Economies* 11 (December): 611-641.

佐々波楊子・浦田秀次郎 (1990)『サービス貿易：理論・現状・課題』東洋経済新報社。

─・──・河井啓希 (1996)『内外価格差の経済学』東洋経済新報社 (解説：木村福成)。

Sazanami, Yoko and Wong, Yu Ching (1994) "Strategies of Japanese Multinationals: Changes in the Locational Importance of Asia, EC and North America," in P. Buckley and J.-L. Mucchielli, eds., *Multinational Firms and International Relocation*, London: Edward Elgar.

── and ── (1996) "The Determinants of Intrafirm Transactions and Intrafirm Trade among Japanese MNEs," Mimeo (February).

Scherer, F. M. and Ross, David (1990) *Industrial Structure and Economic Performance*, Third Edition, Boston: Houghton Mifflin Company.

Smith, A. and Venables, A. J. (1988) "Completing the Internal Market in the European Community: Some Industry Simulations," *European Economic Review* 32: 1501-1525.

Smith, Donald F. and Florida, Richard (1994) "Agglomeration and Industrial Location: An Econometric Analysis of Japanese-Affiliated Manufacturing Establishments in Automotive-Related Industries," *Journal of Urban Economics* 36, No.1 (July): 23-41.

スティグリッツ、ジョセフ・E．著、藪下史郎・秋山太郎・金子能宏・木立力・清野一治訳 (1995)『スティグリッツ　ミクロ経済学』東洋経済新報社。

竹森俊平 (1995)『国際経済学』東洋経済新報社。

Tirole, Jean (1988) *The Theory of Industrial Organization*, Cambridge: The MIT Press.

通商産業省 (1999)『通商白書・総論』大蔵省印刷局。

通商産業省通商政策局編（1996）『1996年版不公正貿易報告書：WTO から見た主要国の貿易政策』財団法人通商産業調査会出版部。
——編（1999）『1999年版不公正貿易報告書：WTO 協定から見た主要国の貿易政策』財団法人通商産業調査会出版部。
Tyson, Laura A. (1993) *Who's Bashing Whom?: Trade Conflict in High-Technology Industries*, Washington, D.C.: Institute for International Economics（阿部司訳（1993）『誰が誰を叩いているのか：戦略的管理貿易は、アメリカの正しい選択？』ダイヤモンド社）.
内村広志・田中和子・岡本敏男（1998）『国際収支の読み方・考え方』中央経済社。
United Nations Conference on Trade and Development (UNCTAD) (1999) *World Investment Report 1999: Foreign Direct Investment and the Challenge of Develoment*, United Nations: New York and Geneva.
U.S. Department of Commerce (1998) *National Income and Product Accounts of the United States, 1924-94: Vol.2*, Washington, D.C.: U.S. Department of Commerce.
U.S. Government (1998) *Economic Report of the President Transmitted to the Congress February 1998, Together with the Annual Report of the Council of Economic Advisors*, Washington, D.C.: United States Government Printing Office.
United States Trade Representative (USTR) (1997) *1997 Trade Policy Agenda and 1996 Annual Report of the President of the United States on the Trade Agreements Program*, Washington, D.C.: The U.S. Government Printing Office.
Viner, Jacob (1950) *The Customs Union Issue*, New York: Carnegie Endowment for International Peace.
Watkins, M. H. (1963) "A Staple Theory of Economic Growth," *The Canadian Journal of Economics and Political Science* 29, No.2: 141-158.
Williamson, Oliver E. (1985) *The Economic Institutions of Capitalism: Firms, Markets, and Relational Contracting*, London: Macmillan.
Wong, Kar-yiu (1995) *International Trade in Goods and Factor Mobility*, Cambridge: The MIT Press.

World Bank (1993) *The East Asian Miracle: Economic Growth and Public Policy*, Oxford: Oxford University Press (白鳥正喜監訳 (1994)『東アジアの奇跡』東洋経済新報社).

―― (1999) *World Development Report 1999/2000: Entering the 21st Century*, Washington, D.C.: The World Bank.

Yamawaki, Hideki (1991) "Exports and Foreign Distributional Activities: Evidence on Japanese Firms in the United States," *Review of Economics and Statistics* 73 (May): 294-300.

――; Barbarito, Luca; and Thiran, Jean-Marc (1998) "US and Japanese Multinationals in European Manufacturing: Location Patterns and Host Region/Country Characteristics," in Kiichiro Fukasaku, Fukunari Kimura, and Shujiro Urata, eds., *Asia & Europe: Beyond Competing Regionalism*, Brighton: Sussex Academic Press.

山澤逸平 (1993)『国際経済学』第2版、東洋経済新報社。

柳川範之 (1998)『戦略的貿易政策:ゲーム理論の政策への応用』有斐閣。

Young, Alwyn (1995) "The Tyranny of Numbers: Confronting the Statistical Realities of the East Asian Growth Experience," *Quarterly Journal of Economics* 110, Issue 3 (August): 641-680.

索引

ア行

アーミントンの仮定　323
アセット・アプローチ　310
1次同次の生産技術　15
一物一価の法則　312
ウルグアイ・ラウンド　258,279,282,292,294
エッジワース・ボックス　55
OLI 理論　264
オファー・カーブ　35
オランダ病　87,225,317

カ行

カウンターファクチュアル　136
価格消費曲線　35
価格転嫁　325
GATT 第24条　291
為替レート　306
雁行形態論　218
関税　137,139
関税等価率　151
関税同盟　284
関税同盟の理論　287
関税と貿易に関する一般協定（GATT）282

完全競争　15,17
完全雇用条件　31,84
企業内貿易　275
技術革新　42
技術進歩　94,205
ギッフェン財　175
規模に関して収穫一定（1次同次）　15,16
規模に関して収穫逓増　25
規模の経済性　117,119
　外部的——　121
　内部的——　120
窮乏化成長　216
境界財　41
共同市場　284
居住者概念　243
金利平価条件式　311
近隣窮乏化政策　143
"quid pro quo" investment　273
クルノー競争　175
経済共同体　284
契約曲線　55
契約通貨　332
限界生産性価値　88,106
限界代替率　21,33,162
限界変形率　20,33,161
現地調達要求　139
交易条件　23,108,155,216
購買力平価説　312

国際間資本移動　102
国際間労働移動　104
国際収支統計　243
国際貿易機構　278,293
互恵性　198,298
cost, insurance, and freight (c.i.f.) ベース　245,324

サ行

サービス貿易
　　GATSによる——　251
　　国際収支統計上の——　251
サービスの貿易に関する一般協定（GATS）　294
最恵国待遇　258,278,296
最適関税　146,163,289
最適通貨圏　318
産業政策　43,233
産業調整　87
産業内貿易　119,129
産業内貿易指数　131
産業に特殊な生産要素　86
CGE（AGE）モデル　155,276,323
市場の失敗　159
社会的厚生関数　20
　　ホモセティックな——　49
社会的無差別曲線　20
集積効果　267
自由貿易地域　284
シュタッケルベルク均衡　178,181
小国の仮定　22
消費可能性フロンティア　21
消費者余剰　140
商品裁定　322
所得分配　68
「新」経済成長理論　235
新古典派開発戦略論　235
垂直統合の理論　266

ステープル理論　224
ストルパー＝サムエルソンの定理　50,63
生産可能性フロンティア　18,23
生産可能性領域　31
生産者余剰　140
生産補助金　153
政治経済学的アプローチ　187
成長会計フォーミュラ　213
製品差別化　126
　　垂直的——　126
　　水平的——　126
世界貿易機関（WTO）　279,282,296
世界貿易機関を設立するマラケシュ協定（WTO協定）　258,296
second-best policy　160
絶対優位　28,34
全要素生産性　213
戦略的貿易政策　172
双対的関係　58

タ行

大国の仮定　22
第3度価格差別　332
代替の弾力性
　　国産財と輸入財との間の——　323
多角主義　282
多国籍企業　114,265,268
多数国間投資協定（MAI）　279
単位価値等量曲線　52
単位等費用曲線　57
単位等量曲線　51
ダンピング　335
地域経済統合　284
地域主義　282
知的所有権の貿易関連の側面（TRIPS）　294
調整費用　98
直接投資　103,262

DUP 活動　190
デッドウェイト・ロス　142
天然資源　87, 99, 224
動学的規模の経済性　122
統合された世界経済均衡　125
投票費用　195
等量曲線　51
独占的競争　127
トランスファー問題　217
取引費用　266

ナ行

内外価格差　322
内国民待遇　259, 278, 297
内部化選択　270
ナッシュ均衡　176, 181
2国間投資（保護）協定（BIT）　279

ハ行

パススルー率　331
パステーブルの規準　231
putty-clay model　87
反応関数　176
比較優位　28, 34, 49
非関税障壁　137
非関税措置　137
ヒックス中立　94, 211
first-best policy　160
不完全特化錐　53
フラグメンテーション　268
free on board (f.o.b.) ベース　245, 324
フロー・アプローチ　309
プロダクト・サイクル論　228
ヘクシャー＝オリーン＝ヴァーネックの定理　80
ヘクシャー＝オリーンの定理　50, 74
ベルトラン競争　180

変動相場制のインフレ隔離効果　308
貿易戦争　289
貿易に関連する投資措置（TRIM）　279, 294
貿易の三角形　23
貿易の利益　22
ボールドウィンの包絡線　164
ボックス・ダイアグラム　79

マ行

マーシャルの外部性　122
ミルの規準　232
メツラーの逆説　142

ヤ行

輸出自主規制　137, 151
輸出補助金　43, 146, 178
輸入課徴金　192
輸入自主拡大　139, 152
輸入数量制限（クォータ）　137, 150
要素価格均等化可能性エリア　79, 115, 125
要素価格均等化定理　50, 72
要素価格フロンティア　56
要素コンテンツ・アプローチ　78
要素集約度逆転　62
幼稚産業保護　231
余剰概念　140

ラ行

ラーナーの対称性定理　149
learning by doing　122, 232
love of variety approach　127
leapfrogging　233
利潤ゼロの条件　32, 67
立地論　267
リプチンスキー線　70

リプチンスキーの定理　50,69
レオンティエフの逆説　77
レント　189
レント・シーキング活動　189
労働生産性　30
労働投入係数　30
ロンジテューディナル・データ　236

著 者

木村福成（きむら・ふくなり）
1958年　東京都に生まれる
1982年　東京大学法学部第3類（政治コース）卒業
1982～1986年　財団法人国際開発センター研究助手
1991年　ウィスコンシン大学マディソン校博士課程修了、経済学博士
1991～1994年　ニューヨーク州立大学オルバニー校経済学部助教授
1994～2000年　慶應義塾大学経済学部助教授
現在　同教授（国際経済学、開発経済学）

著 書

『実証｜国際経済入門』日本評論社、1995年（共著）
『経済論文の作法：勉強の仕方・レポートの書き方』日本評論社、1996年、増補版、1998年、第3版、2011年（共著）
Asia & Europe: Beyond Competing Regionalism, Brighton: Sussex Academic Press, 1998（共編著）
『テキストブック経済統計』、東洋経済新報社、2000年（共著）
『アジア地域経済の再編成』、慶應義塾大学出版会、2000年（共編著）
『アジアの構造改革はどこまで進んだか：自律的な経済発展をめざして』、ジェトロ（日本貿易振興会）、2000年（編著）

こくさいけいざいがくにゅうもん
国際経済学 入門

2000年5月20日　第1版第1刷発行
2020年5月30日　第1版第10刷発行

著　者　木村福成
発行所　株式会社日本評論社
　　　　東京都豊島区南大塚3-12-4（〒170-8474）
　　　　電話　03-3987-8595（編集）、03-3987-8621（販売）
印　刷　精文堂印刷（株）
製　本　牧製本印刷（株）
©Fukunari Kimura
ISBN4-535-55128-6

JCOPY ＜(社)出版者著作権管理機構　委託出版物＞
本書の無断複写は著作権法上での例外を除き禁じられています。複写される場合は、そのつど事前に、(社)出版者著作権管理機構（電話 03-5244-5088、FAX 03-5244-5089、e-mail：info@jcopy.or.jp）の許諾を得てください。また、本書を代行業者等の第三者に依頼してスキャニング等の行為によりデジタル化することは、個人の家庭内の利用であっても、一切認められておりません。

経済学の学習に最適な充実のラインナップ

入門｜経済学［第4版］	伊藤元重／著	(3色刷) 3000円
例題で学ぶ 初歩からの経済学	白砂堤津耶・森脇祥太／著	2800円
マクロ経済学［第2版］	伊藤元重／著	(3色刷) 2800円
マクロ経済学パーフェクトマスター［第2版］	伊藤元重・下井直毅／著	(2色刷) 1900円
入門｜マクロ経済学［第5版］	中谷巌／著	(4色刷) 2800円
スタディガイド入門マクロ経済学［第5版］	大竹文雄／著	(2色刷) 1900円
マクロ経済学入門［第3版］	二神孝一／著［新エコノミクス・シリーズ］	(2色刷) 2200円
ミクロ経済学［第3版］	伊藤元重／著	(4色刷) 3000円
ミクロ経済学パーフェクトマスター	伊藤元重・下井直毅／著	(2色刷) 1900円
ミクロ経済学の力	神取道宏／著	(2色刷) 3200円
ミクロ経済学の技	神取道宏／著	(2色刷) 1700円
ミクロ経済学入門	清野一治／著［新エコノミクス・シリーズ］	(2色刷) 2200円
ミクロ経済学 戦略的アプローチ	梶井厚志・松井彰彦／著	2300円
しっかり基礎からミクロ経済学 LQアプローチ	梶谷真也・鈴木史馬／著	2500円
入門 ゲーム理論と情報の経済学	神戸伸輔／著	2500円
例題で学ぶ 初歩からの計量経済学［第2版］	白砂堤津耶／著	2800円
［改訂版］経済学で出る数学	尾山大輔・安田洋祐／編著	2100円
経済学で出る数学 ワークブックでじっくり攻める	白石俊輔／著 尾山大輔・安田洋祐／監修	1500円
例題で学ぶ初歩からの統計学［第2版］	白砂堤津耶／著	2500円
入門 公共経済学［第2版］	土居丈朗／著	2900円
入門 財政学	土居丈朗／著	2800円
実証分析入門	森田果／著	3000円
最新｜日本経済入門［第6版］	小峰隆夫・村田啓子／著	2500円
労働経済学入門	脇坂明／著	2400円
経済学入門	奥野正寛／著［日評ベーシック・シリーズ］	2000円
ミクロ経済学	上田薫／著［日評ベーシック・シリーズ］	1900円
ゲーム理論	土橋俊寛／著［日評ベーシック・シリーズ］	2200円
財政学	小西砂千夫／著［日評ベーシック・シリーズ］	2000円

※表示価格は本体価格です。別途消費税がかかります。

〒170-8474 東京都豊島区南大塚3-12-4　TEL:03-3987-8621　FAX:03-3987-8590
ご注文は日本評論社サービスセンターへ　TEL:049-274-1780　FAX:049-274-1788　https://www.nippyo.co.jp/

日本評論社